西北大学"双一流"建设项目资助

Sponsored by First-class Universities and Academic Programs of Northwest University

NATIONALISM AND
THE CONSTRUCTION OF
NATION STATES
IN THE MIDDLE EAST

黄民兴 ——— 著

裂 土 重 构

中东民族主义
与民族国家构建

社会科学文献出版社
SOCIAL SCIENCES ACADEMIC PRESS (CHINA)

REBUILDING
FRAGMENTED LAND

自　序

本书是我多年来从事中东民族主义问题研究的文集。西北大学中东研究所的名誉所长、我的硕士导师和博士导师彭树智先生是国内著名的民族主义研究大家，先后出版了《现代民族主义运动史》（西北大学出版社 1987 年版）和《东方民族主义思潮》（西北大学出版社 1992 年版）两本专著，发表了许多论文。不过，我在 20 世纪 80 年代初读硕士研究生的时候感兴趣的主要是中东经济，当时对民族主义的研究多持谨慎态度，主要还是因为我认为自己的理论水平不足以从事这个领域的研究。

1987 年，开始读博士研究生的时候，彭先生让我们三名研究生参与写作《二十世纪中东史》，我负责的部分包括"社会生活和社会思潮"一章。彭先生提出该章要对中东民族主义进行论述，这是我第一次涉足民族主义问题。我在这一章中设置了两节："世俗的民族主义"，包括土耳其的凯末尔主义和伊朗巴列维的民族主义；"阿拉伯社会主义"，包括叙利亚的复兴社会主义和埃及的纳赛尔主义。基本的写作方法是归纳它们的特点，我感觉写得还可以，就这样初步树立了研究民族主义问题的信心。

我于1984年硕士毕业，学位论文主要涉及非阿拉伯国家、非产油国阿富汗的经济、外交，实际上也对该国的民族主义有了初步了解。1991年博士毕业后，彭先生和我们一起撰写了《阿富汗史》（陕西旅游出版社1993年版），我负责1900～1992年的部分，从而对阿富汗现当代史有了较为全面的认识。我的博士学位论文内容是沙特阿拉伯的人力资源和经济发展。作为产油国的沙特阿拉伯，其经济发展模式完全不同于非产油国阿富汗，但这两个国家均为君主制，从而具有某种共同性。不过，它们在一定意义上依然处于中东的边缘地带，尤其是从民族主义的角度看。1994年前后，中东研究所开始启动一个大项目，即彭先生考虑多年的《中东国家通史》（共13卷），我自告奋勇一个人承担了伊拉克卷的写作任务。与阿富汗和沙特阿拉伯不同，伊拉克在地理位置和民族主义思潮方面都处于中东的核心地带，对伊拉克政治的探讨使我第一次对阿拉伯民族主义的内涵有了比较系统深入的认识。同一时期，我还参加了阎瑞松老师有关以色列政治的一个教育部课题，因而对犹太民族主义有了一定的了解。尤其重要的是，这一时期我还参加了彭先生有关伊斯兰教与中东现代化进程的一个教育部课题，负责"阿拉伯国家争取独立和独立后政治经济的发展"一章，进而对整个阿拉伯世界的民族主义有了比较全面的认识。

　　1994～1996 年是我在民族主义研究方面的丰收年，我在
《西亚非洲》《史学月刊》《西北大学学报》《中东研究》等刊
物上发表了 6 篇论文，涉及阿富汗君主制民族主义、阿富汗的
伊斯兰原教旨主义、以色列的劳工犹太复国主义、伊斯兰教在
阿拉伯现代民族国家形成中的作用、伊拉克民族主义、第二次
世界大战与中东民族主义的发展等内容。1996 年前后，云南大
学的肖宪教授开始主编一部论文集（《世纪之交看中东》，时
事出版社 1998 年版），我提交的论文是《中东民族主义的源流
和类型探析》，该文对近代以来各个时期中东各国的民族主义
进行了全面的总结，引起了国内一些学者的关注。2001 年，
《二十世纪中东史》再版，我把自己有关阿拉伯民族主义和劳
工犹太复国主义的两篇论文压缩后列入了"社会生活和社会思
潮"一章的"世俗的民族民主主义"一节，充实了书中有关
民族主义的论述。

　　彭先生在《东方民族主义思潮》一书中指出，民族主义包
括思想、运动和国家三个发展阶段，近年来国内日益精进的民
族国家构建研究正好契合了第三个阶段的内容。然而，国内的
有关研究更多地牵涉欧洲、非洲等地区。2003 年伊拉克战争爆
发后，我在中国社会科学院西亚非洲研究所主办的《西亚非
洲》期刊上发表了有关伊拉克民族国家构建的论文。2006 年，
我和中东研究所的杨辉老师分别在《西亚非洲》杂志上发表了
有关中东和巴勒斯坦民族国家构建的专栏论文，此后，民族国
家构建也日益成为中东学界关注的一个重要议题。迄今为止，

我在《西亚非洲》上发表的《论 20 世纪中东国家的民族构建问题》和《从民族国家构建的视角析当代中东国家的社会整合》，是知网上我所有发表的论文中被引率最高的。在西北大学中东研究所，部分博士生把中东国家的民族国家构建个案作为博士学位论文选题，目前已经毕业的博士所撰写的相关学位论文涉及以色列、阿富汗、叙利亚、也门、伊拉克的民族国家构建，值得注意的是部分硕士生的毕业论文或作业也涉及该类选题。2020 年，我指导的博士、陕西师范大学"一带一路"文化研究院执行院长何志龙教授获批国家社科基金重大招标项目"中东现代民族和国家构建的多维比较研究（多卷本）"，这是中东民族国家构建领域最重要的课题，目前已经出版了作为前期成果的系列丛书已陆续出版，其中包含《中东现代民族国家构建典型个案研究·伊拉克卷》（何志龙主编，冯燚著，人民出版社 2023 年版）和《中东现代民族国家构建典型个案研究·也门卷》（何志龙主编，苏瑛著，人民出版社 2025 年版）。

本书收录的论文几乎跨越了 30 年，个别文章的观点和概念在今天看来已经需要修改。例如，《中东民族主义的源流和类型探析》一文对民族主义的分类有重新调整的必要。不过，出于保存历史原貌的考虑，作者未做大的更改，只是对个别地方的一些行文和措辞进行了适当修改。在整理书稿的过程中，我的毕业博士龙沛和出版社编辑李明伟花费了不少精力，在此一并致谢！

近年来，区域国别研究日益成为一门显学，成为一门"大国之学""强国之学"，但作为交叉学科的区域国别学需要掌握多门人文社会科学的理论、方法以及除英语等通用语言以外的对象国小语种知识，并到对象国进行长期细致的田野调查。这些都需要付出艰苦的努力。回顾自己在中东民族主义研究方面的历程，我想对有志于中东研究的年轻人说：不要畏惧困难，要相信自己，迎难而上！

是为序。

西北大学　黄民兴

2025 年 3 月 8 日

目　录

中东民族主义的源流和类型探析

关于"民族主义"的定义问题，国内外学术界历来众说纷纭。[①] 一般认为，民族主义是在近代民族形成的基础上发展起来的，旨在争取生存、平等、独立、发展等一系列民族权益的一种社会思潮和实践。但民族主义并不必然与资产阶级相联系，凡是体现了民族利益并为之奋斗的社团均是民族主义的代表，而不同民族主义派别的并存及相继更替是世界近现代史上的通例，在东方国家尤其如此。如果说，西方通过资本主义的道路走向现代化，而俄国、东欧和东亚一批国家在经历了资本主义或殖民地半殖民地道路的挫折后选择了社会主义的话，那么民族主义就是中东国家走向现代化的意识形态和道路。所不同的是，与资本主义和社会主义相比，东方民族主义内部的分野因地域、文化、历史背景、社会基础的不同而呈现更加丰富

[①] 参见彭树智《东方民族主义思潮》，西北大学出版社，1992；宁骚《民族与国家——民族关系与民族政策的国际比较》，北京大学出版社，1995。

多彩的色调，并且深受前两种思潮的影响。

近现代中东民族主义的发展大体上经历了三个阶段。第一阶段为18世纪中叶至1905年，属中东民族主义的发轫和孕育期，这一时期出现了以伊斯兰改革主义和现代主义为大旗的宗教政治文化运动和各国君主倡导的现代化改革。第二阶段为1905年至20世纪50年代中期，属初步建立中东民族独立国家体系和推进民族民主运动的时期。第三阶段为20世纪50年代中期至今，属中东民族独立国家体系的完成及探索经济独立、进一步实现国家现代化的时期。下面依次加以论述。

一 近代中东的社会政治结构

18世纪的中东仍然处于近代意义上的民族形成过程的初期阶段。首先，在政治上，阿拉伯和巴尔干地区均在奥斯曼帝国的统治范围内，帝国的西亚各省享有高度的自治权，而北非的帝国领地如埃及、突尼斯、利比亚则在事实上拥有独立地位。但是，无论是在相对独立的伊朗、阿富汗、摩洛哥，还是在奥斯曼帝国各省，国王、总督和马穆鲁克（军事贵族集团）对地方权力的支配都是有限的，部落酋长、大地主、乌里玛、苏非派教团在地方事务中拥有很大的影响力。

其次，18世纪中东地区经济社会结构的特点是分裂和落后。中东经济的主体是农业，分工水平低下，城市中的主体经济组织是行会，地区间的经济联系不密切。从社会结构上看，中东地区展现了一种典型的马赛克式结构，其中交织着多元的民族群体，包括土耳其人、阿拉伯人、库尔德人、柏柏尔人、犹太人、亚美尼亚人等，这些群体又信奉着伊斯兰教、基督教、犹太教等不同的宗教，这些宗教还拥有各自的教派，从而导致不同群体之间极易产生分歧。此外，中东地区还有不同部落间以及游牧民与定居者之间的矛盾。从区域上看，已初步形成民族国家的伊朗、阿富汗、摩洛哥均为多民族国家，其主体民族波斯人、阿富汗人和阿拉伯人分别占三国总人口的 46%、50% 和 65%；奥斯曼帝国各阿拉伯省份中只有埃及、突尼斯和阿尔及利亚的居民在民族和宗教方面较为单一，而其他省份则相当复杂。换言之，在中东地区，民族与其领土的关系较为薄弱，这种多民族混居的情况类似于中欧和东欧地区。尤其值得一提的是，一些国家的主体民族缺乏自己的商人阶层，如奥斯曼帝国的商业、金融业主要掌握在信仰基督教的希腊人、亚美尼亚人、阿拉伯人及犹太人之手，但在信仰伊斯兰教的土耳其人和阿拉伯人群体中，从事经商活动的人数不多，这必然就决定了中东主体民族资产阶级势力的弱小。

最后，这一时期中东地区的民族意识是薄弱的。民众的认同对象不是国家、民族，而是宗教、部落、家族、其他社团或者地区的独特历史文化（如埃及的法老文化）。阿拉伯人支持奥斯曼帝国，因为土耳其人重振了伊斯兰的辉煌与荣耀，奥斯曼帝国的最高统治者享有哈里发的称号，而奥斯曼帝国与欧洲各国的战争被视为伊斯兰教与基督教的战争。在帝国广阔的版图内，伊斯兰教和土耳其语被视为国家的象征，非穆斯林的少数团体以宗教而非民族为单位享有自治权，此即米勒特制度。

二 中东民族主义发展的第一阶段（18世纪中叶至1905年）

18世纪以来，中东伊斯兰社会的发展陷入了停滞。宗教方面，伊斯兰的"创制之门"被关闭，思想僵化；经济上百业凋敝；军事上，奥斯曼帝国在与欧洲的战争中连遭败绩，一些领土先后沦为殖民地；统治阶层奢侈腐化；巴尔干地区一些信仰基督教的民族起而抗争，纷纷主张脱离帝国的羁绊，伊斯兰社会面临着前所未有的危机。

在内忧外患的背景下，作为中东传统文化载体的宗教最早开始寻求改革，由此出现了近代的伊斯兰改革主义运动。[①] 伊斯兰改革主义运动的发祥地是阿拉伯半岛和埃及的开罗，这里的苏非派起初强调以经训和教法为基础的纯洁信仰和宗教实践，并结合苏非派的苦行主义，以期建立一种自律的、有道德心的、对整个穆斯林社会承担义务的宗教，建设一个正义的、真正强大的伊斯兰社会。

[①] 国内外许多学者也用"改革主义"指称现代主义，而将本文所说的"改革主义"称为"传统主义"或"复古主义"。笔者赞同美国学者拉皮杜斯的观点，后者认为改革主义的领导人属于宗教阶层，从而区别于知识分子领导的现代主义。参见 Ira M. Lapidus, *A History of Islamic Societies*, Cambridge：Cambridge University Press, 1988, p.560。

　　投入改革主义乌里玛麾下的有学生、商人、工匠、农民和游牧民，他们和宗教人士把改革主义思想传播到了北非、西亚、中亚和南亚的广阔地区，形成了一系列新的教派、教团和宗教政治运动，如瓦哈比派、纳克什班迪教团、赛努西教团、提江尼教团、拉曼尼教团等。这些宗教组织在北非的广大地区投入了反对殖民主义的战斗，并以宗教信仰为旗帜统一各个部落，建立了苏丹的马赫迪国家、阿尔及利亚的卡德尔政权、利比亚的赛努西教团政权等。在西亚，改革主义的锋芒直指奥斯曼帝国，由此形成阿拉伯半岛的瓦哈比派国家。值得注意的是，马赫迪和卡德尔政权均在军事和行政方面进行了欧化改革，致力于建立中央集权国家，这些改革与同一时期奥斯曼帝国、伊朗、埃及等国君主自上而下的改革有异曲同工之妙。[①]显然，上述运动对现代苏丹、阿尔及利亚、利比亚和沙特阿拉伯民族国家的形成起到了重要作用。

　　伊斯兰改革主义主要兴盛于北非和阿拉伯半岛，原因是这里最先遭受殖民主义的蹂躏。而中东独立的各国和奥斯曼帝国半独立的省份，则要到 18 世纪以后才相继走上现代化改革之路，开始君主制民族主义的实践。[②] 从事改革的君主和奥斯曼帝国行省总督主要有：奥斯曼帝国的塞里姆三世、马哈茂德二

---

① 参见苏联科学院非洲研究所编《非洲史（1800—1918 年）》，上海人民出版社，1977，第 481~484 页；梅伟强等《论阿卜杜·卡德尔的埃米尔国家》，《世界历史》1984 年第 1 期。

② 参见黄民兴《论 20 世纪中东君主制的兴衰》，1996 年石家庄世界现代史研究会年会论文；黄民兴《试析阿富汗君主制民族主义的分期及其特点》，《中东研究》1994 年第 2 期。

世和阿卜杜勒·马吉德，埃及的穆罕默德·阿里（改革扩大到埃及占领的叙利亚和黎巴嫩），伊朗的法里赫·阿里和纳希尔·厄丁，阿富汗的阿卜杜·拉赫曼，突尼斯的艾哈迈德·贝伊，摩洛哥的毛莱·哈桑。上述国家和地区改革的特点可以归纳如下。

第一，改革是自上而下进行的，改革的目标首先在于确保王朝统治长治久安。就奥斯曼帝国而言，它力图保全由土耳其人主宰的多民族帝国，即奥斯曼主义。第二，改革是世俗性的。它依据的主要是法国、意大利的模式，旨在削弱伊斯兰教在社会生活中的影响，其原因之一是推进改革的国家（尤其是土耳其和伊朗）的独立地位使其统治阶层可以大胆地实施世俗化改革。① 第三，改革早期以军事、行政为主，后期则涉及文教、社会、经济等各个领域。然而，最重要的领域仍然是军事，此即"防卫性现代化"（Defensive Modernization）。第四，改革的主要力量是君主和官僚阶层。现代教育和行政机构的发展使官僚阶层日趋庞大，其上层支持君主加强集权甚至独裁的政策，更是加深了与一般知识阶层的鸿沟。第五，改革在后期常常蜕变为帝国主义经济政治渗透的工具。这在奥斯曼帝国、伊朗最为明显。第六，改革虽以失败告终，但仍在客观上促进了社会经济的变动。其中最重要的莫过于随现代教育而来的知

---

① 彭树智主编《伊斯兰教与中东现代化进程》，西北大学出版社，1997，第153页。该书第3章第1节（笔者撰写）分析了20世纪伊斯兰教与阿拉伯民族独立运动的关系。另参见〔美〕凯马尔·H.卡尔帕特编《当代中东的政治和社会思想》，陈和丰等译，中国社会科学出版社，1992，第44页。

识阶层的形成，以及帝国内出身中下层的大批土耳其和阿拉伯军官的出现。另外，19世纪中期以来奥斯曼帝国的土地政策还促进了新月地带大地主阶级的发展（帝国统治中心地区并未出现这一现象）。

在上述背景下，以知识分子为主体的民族主义思想开始在土耳其和阿拉伯世界形成，即现代主义和世俗的民族主义。土耳其的新奥斯曼党人代表了新时代的思想，其主要人物有纳米克·基马尔、易卜拉欣·邢那西、阿利·苏阿维等。新奥斯曼党人的思想相当庞杂，涵盖奥斯曼主义、泛伊斯兰主义和现代主义的内容，并蕴含着泛突厥主义的萌芽。基马尔大力倡导有关"祖国"的思想，并宣扬奥斯曼主义，把中古时代的哈里发以及波斯、阿拉伯的穆斯林均算作"奥斯曼人"，认为奥斯曼帝国各民族密不可分，而维系帝国的最重要纽带就是伊斯兰教。同时，他也提倡伊斯兰世界的联合，宣称距离欧洲最近的奥斯曼帝国应当理所当然地领导世界穆斯林走上现代化的康庄大道。在鼓吹奥斯曼主义和泛伊斯兰主义的同时，新奥斯曼党人强烈谴责改革派大臣的独裁和对列强的软弱，呼吁进行现代化改革，并指出应当恢复沙里亚（伊斯兰教法），以及早期伊斯兰的真正精神，因为早期伊斯兰精神承认"人民的主权和协商式政府的原则"。[①] 在他们的努力下，奥斯曼帝国于1876年颁布了帝国的第一部宪法。宪法规定：设立两院

---

① 〔英〕伯纳德·刘易斯：《现代土耳其的兴起》，范中廉译，商务印书馆，1982，第182页。

制议会，议员由选举产生；帝国全体臣民在法律面前人人平等，不论其宗教信仰；素丹拥有任免大臣、统帅军队、对外宣布媾和召集或解散议会等权力；等等。同时，伊斯兰教也被规定为国教。

值得注意的是，1876 年宪法还规定土耳其语为议员、公职人员必须通晓的语言和议会使用的语言。这种奥斯曼帝国民族意识的增长受到了当时欧洲突厥学发展的影响，巴尔干地区信仰基督教的诸民族的先后分离又进一步凸显了新的民族意识的必要性，由此形成了 19 世纪末的泛突厥主义思想。泛突厥主义的目标在于统一从小亚细亚到中亚广大地区的所有突厥语族，这一思想的集大成者是齐亚·格卡尔普，它很快为素丹哈米德二世所采用，成为巩固帝国统治的工具。

在埃及，曾留学法国的里法阿·塔哈塔维（1801～1873）回国后翻译了大量的欧洲学术著作，并撰文介绍法国大革命，宣传西方文明，提倡科学与民主，从而揭开了阿拉伯文化复兴的序幕。同时，塔哈塔维力图从伊斯兰教中寻找改革的依据，从而表现出现代主义的倾向，例如他认为沙里亚与近代西欧的自然法具有类似的结构。[①]

现代主义的主要代表为贾马鲁丁·阿富汗尼（1838～1897）及其弟子穆罕默德·阿卜杜（1849～1905）。阿富汗尼主张以理性和科学精神改革伊斯兰教，吸收西方的科学文化知

---

① Bassam Tibi, *Arab Nationalism: A Critical Enquiry*, New York: St. Martin's Press, 1981, pp. 60-61.

识，以《古兰经》为基础复兴宗教，争取民族独立、国家富强，并指出穆斯林是一个"民族"，呼吁伊斯兰世界的统一。因此，他的泛伊斯兰主义具有强烈的政治内涵。同时，他对共和制和君主立宪制也推崇备至。可见，现代主义的思想一方面存在世俗的资产阶级民族主义倾向，另一方面又有返璞归真、主张回归原始教义的要求，因而与伊斯兰改革主义相通。现代主义由此成为阿拉伯民族主义和伊斯兰民族主义的起点。[1] 阿卜杜进一步发展了阿富汗尼的思想，但其精力主要聚焦于教育改革和司法改革领域，他本人也成为大穆夫提，进而实现了现代主义与改革主义的相互交织。阿卜杜的弟子、叙利亚人拉希德·里达（1865~1935）进一步论证了阿拉伯人在伊斯兰事业中发挥的重要作用及其争取自治斗争的意义，同时指出民族复兴的归宿是宗教复兴。阿卜杜思想向西亚北非的传播，促进了20世纪初各地知识分子中"萨拉菲"（意即"祖先"）思想的形成。

改革主义和现代主义均从宗教和文明的角度看待东西方的冲突，但从19世纪开始，阿拉伯世界中世俗的民族主义开始萌芽，它的中心是叙利亚和埃及，以古典语言文学、印刷出版业、教育事业和翻译运动为内容的文化复兴运动，成为民族主义发展的最初形态。发起这一运动的是叙利亚的阿拉伯基督

---

[1]　参见 Albert Hourani, *The Emergence of the Modern Middle East*, London：Macmillan, 1981, p. 184; Bassam Tibi, *Arab Nationalism: A Critical Enquiry*, New York：St. Martin's Press, 1981, p. 153。

徒，他们力图通过唤醒阿拉伯穆斯林的民族意识来弥合宗教分歧，实现阿拉伯人在奥斯曼帝国内的自治。这一运动从一开始就具有跨地区的性质，强调西亚的阿拉伯人属于一个民族，因此阿拉伯民族主义同时也是泛阿拉伯主义（一些学者认为早期的阿拉伯民族主义实为大叙利亚主义，因为新月地带可以包括在大叙利亚的范围内）。在思想体系上，阿布德·拉赫曼·卡瓦克比（1855~1902）继承了拉希德·里达的思想，成为阿拉伯民族主义的创始人。在阿拉伯北非，处在萌芽阶段的则是国家民族主义，如埃及民族主义、突尼斯民族主义等。埃及民族主义的代表人物是祖国党的创始人穆斯塔法·卡米勒，他继承了阿卜杜的教育救国及和平斗争的思想。

对 20 世纪中东政治社会产生了重要影响的另一种民族主义思潮产生于欧洲，即犹太复国主义。它本身包括了观点各异的许多流派：政治犹太复国主义，属自由主义类型；修正派犹太复国主义，为极端的民族主义派；宗教犹太复国主义，主张未来的犹太国家以犹太教法为基础；劳工犹太复国主义，属社会民主主义类型[①]；文化犹太复国主义，主张复兴传统文化。作为民族主义思潮，犹太复国主义各派的共同特点是世俗性（宗教犹太复国主义除外）和民主性，同时它积极寻求西方大国和奥斯曼帝国的支持。

还有一个阶层在民族斗争中的作用值得注意，那就是传统

---

① 黄民兴：《试论作为民族主义的劳工犹太复国主义的特征》，《史学月刊》1996 年第 2 期。

的乌里玛。除了投身于改革主义的那部分人外，他们中的许多人，主要是上层对民族运动并不热心，有时甚至为殖民主义张目，在突尼斯、摩洛哥均是如此。伊朗的情况则极为特殊，什叶派强烈的参政意识、强大的经济基础和完善的组织系统使当地的乌里玛拥有雄厚的实力，他们敢于向朝廷丧权辱国的政策和欧化改革发起挑战，而这也预示着伊朗将走上不同于其他国家的发展道路。

总之，近代中东的早期民族主义潮流可以归为两大类型，一是强调通过振兴宗教复兴国家、学习西方先进文化，并积极投身于反殖斗争的伊斯兰改革主义和现代主义，主要分布于北非和阿拉伯半岛；二是具有功利特点的、世俗的君主制民族主义，它力图通过以军事现代化、行政高效化为中心的现代化改革恢复国家的军事政治实力，主要分布于西亚，并在埃及与第一种潮流相互交织。近代末期受以上两大潮流的影响，中东形成了世俗的地区性民族主义，即泛突厥主义和泛阿拉伯主义，以及埃及、伊朗等国的国家民族主义。另外，中东，实际上也是整个亚非拉地区民族主义发展的特征之一，是民族主义起源于具有先觉意识的知识分子群体中，而非民族资产阶级的发展，这是东方早期民族资本弱小，而现代教育发展相对较早并受到西方民族主义思想的影响的结果，由此形成了民族主义头脑的形成先于其躯干的独特情况。[①]

---

① 何芳川：《论近代亚洲资产阶级早期政治活动的性质和作用》，《世界历史》1984年第 6 期。

三　中东民族主义发展的第二个阶段（1905年至20世纪50年代中期）

1905年标志着亚洲和中东觉醒时代的开始，中东各民族开始了掀起民族民主革命、建立民族独立国家的进程。奥斯曼帝国的革命和解体促进了阿拉伯民族主义的发展。同时，西方帝国主义对中东政治经济渗透的加强以及第一次世界大战后英法殖民统治在西亚的普遍确立，加深了中东人民对西方列强的仇视，尤其是西亚的阿拉伯人彻底抛弃了对欧洲人的幻想，加上欧洲法西斯主义的崛起对民主代议制的冲击，以及西方在中东极力扶持的"立宪"君主国软弱的外交政策及对民主势力的镇压，这一切都使西方的民主制度在中东声誉扫地，从而促进了中东的激进民族主义思想的兴起。

本阶段参与民族运动的阶级力量发生重大变化。首先，军人作为民族主义运动领导力量的出现。这主要是奥斯曼帝国"防卫式的现代化"以及不拘一格的军事院校招生政策所决定的。帝国的军事院校免费招生，社会中下层子弟因此大批进入军校。同时，德国军官从1880年开始负责帝国军官的培训，他们把普鲁士军人的职业骄傲、集体荣誉感及其对国家的忠诚和对民主的敌视传播给了年轻的土耳其和阿拉伯军官。由此，德国的文化民族主义取代法国的政治民族主义开始影响到中东的民族主义力量。[①] 作为一支活跃的民族革命力量，中东军队与亚洲军队常见的保守风格形成鲜明对照（也有西方学者认为，奥斯曼帝国新式军队形成之时，帝国境内尚不存在需要其保卫的大地主阶级，而当大地主最终出现时，军队的叛逆性已不可改变）。[②]

其次，奥斯曼帝国阿拉伯各省地方贵族的崛起。这些贵族包括地主、酋长、商人、乌里玛、圣裔和地方官僚，他们过去作为总督与民众的中介人，在地方事务中发挥着重大作用。他们支持帝国统治，但反对现代化，有时也反对世俗化改革，因此 19 世纪中期在新月地带发生过多起反对欧洲商人及其保护下的当地信仰基督教的商人及犹太商人的起义。此外，19 世纪末之后他们也从帝国的土地政策和外贸的发展中受益，其子弟纷纷进入新式学校，进而步入政界、军界。青年土耳其党夺取政权后，对帝国的世俗化倍感忧虑的贵族开始把民族主义作为自己的旗帜。[③]

---

① 德国因长期陷于分裂境地，其民族主义首先倡导德意志民族文化的同一性，故称"文化民族主义"；而法国因不存在统一问题，其民族主义着重于国家政治制度的转变，遂名"政治民族主义"。同时，学术界也用这两个名词指称民族主义发展的第一、二个阶段，第三个阶段是经济民族主义。关于德国军官对中东民族主义的影响，参见 Reeva S. Simon, *Iraq Between the Two World Wars: The Creation and Implementation of a Nationalist Ideology*, New York: Columbia University Press, 1986, pp. 16-19。

② Haim Gerber, *The Social Origins of the Modern Middle East*, London: Mansell Publishing Ltd., 1987, p. 183.

③ Albert Hourani, *The Emergence of the Modern Middle East*, London: Macmillan, 1981, p. 184; Bassam Tibi, *Arab Nationalism: A Critical Enquiry*, New York: St. Martin's Press, 1981, Chapter 3; Ira M. Lapidus, *A History of Islamic Societies*, Cambridge: Cambridge University Press, 1988, pp. 638-639.

再次，小资产阶级的兴起。小资产阶级包括在欧洲、奥斯曼帝国的现代学校和西方在中东开办的教会学校中受教育的知识分子、公务员、自由职业者、小商人、手工业者等。随着教育和经济的发展，该阶层的人数不断增加。小资产阶级成为推动民族主义发展的一支重要力量，但其思想也最为庞杂，它对工人、农民、游牧民、城市贫民等阶层产生了重要影响。

本阶段中东的民族主义大体上可以分为七大类型，其中前四类居主导地位、往往掌握国家政权，后三类则是民间的思潮和运动。

（1）自由主义的共和制民族主义——其中最重要的是凯末尔主义。1908 年土耳其革命结束了哈米德二世的独裁统治，恢复了 1876 年宪法，但青年土耳其党继续推行奥斯曼主义和泛突厥主义，对西方列强唯唯诺诺，并最终追随德国加入第一次世界大战，导致了帝国的解体。在大战的隆隆炮声和抵抗希腊人的战争中，诞生了现代土耳其民族主义——凯末尔主义。奥斯曼帝国长期的现代化改革造就了一支庞大的、信奉世俗主义的现代官僚、军官队伍，一战中民族资产阶级的蓬勃兴起，安纳托利亚地区大地主势力的薄弱，君主主义者和上层乌里玛因卖国求荣而声名狼藉，这一切都为凯末尔领导下的民族革命顺利进行奠定了基础。

凯末尔主义的主要思想反映在四个方面。第一，主张建立以安纳托利亚为基础的土耳其民族国家，彻底摒弃奥斯曼主义、泛突厥主义和泛伊斯兰主义。第二，建立共和制，放弃素丹－哈里发政教合一的传统君主制度。土耳其由此成为中东第一个共和制国家。第三，实行以世俗主义为中心的现代化改革。土耳其的世俗化迄今为止在中东国家中是最彻底的，连经济高度发达的以色列和以激进著称的也门也不及它。第四，大力发展国家资本主义。凯末尔的"国家主义"政策一方面受到了经济大危机和苏联的影响，另一方面也反映出亚非拉国家独立后向经济民族主义发展的必然趋势。但是，凯末尔否认库尔德人作为一个民族的存在，表现出了资产阶级狭隘民族主义的倾向。

（2）君主制民族主义——包括北层的伊朗和阿富汗，两国当时均为半殖民地国家。伊朗具有民族主义思想的知识分子以马尔科姆汗为代表，他们主张立宪主义和世俗主义。在1905年资产阶级革命中，乌里玛、知识分子、商人和手工业者结成了联盟，共同反对国王，并促成了1906年宪法的颁布。宪法一方面限制了王权，规定设立议会并宣布了一些资产阶级民主原则，另一方面包含了一些有利于乌里玛的条文，也从侧面反映出民族主义阵营内部的矛盾性。第一次世界大战后，伊朗陷入了混乱状况，小资产阶级民主派十分活跃，但最终得到乌里玛支持的军人礼萨汗建立了巴列维王朝。礼萨汗一方面削弱英国的影响，另一方面进行了以加强中央集权、限制伊斯兰教影响、促进经济文化发展为核心内容的现代化改革。他的改革推动了伊朗现代化的发展，但随之而来的是君主的日益独裁，同时过分的波斯化实际上激化了信仰什叶派的各民族间的矛盾，因而在一定程度上削弱了民族国家的凝聚力。与伊朗相似，阿富汗国王阿马努拉在 1919 年摆脱英国的控制后，与青年阿富汗派合作，也开始了类似的现代化改革运动。

（3）阿拉伯民族主义——青年土耳其党奉行的土耳其化政策刺激了西亚阿拉伯地区民族主义的发展，其中心要求是阿拉伯地区的自治。这一时期出现了许多阿拉伯团体，如奥斯曼分权党、盟约社等，参与这些活动的有军官、知识分子和地方贵族。由于民族运动缺乏组织，许多民族主义者便把麦加的谢里夫（圣裔）侯赛因尊为领袖，后者企图依靠英法的帮助在西亚建立一个统一的阿拉伯-伊斯兰王国。1916 年，侯赛因之子费萨尔发动起义，自立为叙利亚国王。然而，英法的殖民野心使阿拉伯民族主义者建立统一阿拉伯国家的希望破灭，两国把新月地带划分为伊拉克、叙利亚、黎巴嫩、巴勒斯坦、外约旦等委任统治地。为了安抚侯赛因家族，英国让侯赛因的两个儿子分别担任伊拉克和外约旦的国王，并在 20 世纪 20 年代伊、叙、黎三国发生民族起义后允许伊拉克、外约旦在形式上获得独立。

此后，阿拉伯民族主义分裂为两派，即温和派和激进派。温和派包括各国王室、贵族及其政党，如伊拉克的谢里夫派军官（跟随费萨尔在叙利亚建立民族政权的阿拉伯军官）、叙利亚人民党和民族集团等。他们主张把新月地带的统一作为长远目标，而当前目标是争取当局的让步以实现渐进的独立，进行温和的社会经济改革，在委任统治地的范围内巩固形成中的民族国家，特别是考虑到各国存在着人数众多的少数民族（伊拉克的库尔德人）、不同宗教（黎巴嫩和叙利亚的基督徒）和教派（伊拉克的什叶派等），过分追求阿拉伯统一的目标将危及国家的稳定。但是，他们一致支持巴勒斯坦人反对犹太人的斗争。[1] 1936 年，阿拉伯国家首脑第一次联合派代表参加了在伦敦举行的讨论巴勒斯坦问题的圆桌会议。温和派得到了有关国家的国家民族主义者的支持。

激进派包括中下级军官、知识分子和个别宗教人士等，其著名领导人有伊拉克的"金方阵"（四名校级军官组成的集团）和巴勒斯坦耶路撒冷大穆夫提阿明·侯赛尼。该派别主张对英国采取强硬政策，积极推动巴勒斯坦人民反对犹太人和殖民当局的斗争，尽快实现叙、黎、巴三国的统一。激进派积极推动统一大业的原因，不仅是对阿拉伯民族主义思想的认同，而且有对实际的经济因素的考量，即各国分离会对发展中地区市场造成打击（如许多伊拉克军官和民族主义者来自该国北部，当地在经济上与叙利亚和巴勒斯坦存在联系）。[2] 为了反对英国人，激进派与轴心国建立了秘密联系，并于 1941 年在伊拉克发动了反英起义，但终因势单力孤而遭受失败。

埃及在这一时期也出现了主张泛阿拉伯主义的激进军官，

---

[1] 参见黄民兴《1900 至 1941 年伊拉克民族主义的发展》，《西北大学学报》（哲学社会科学版）1996 年第 4 期。

[2] Hanna Batatu, *The Old Social Classes and the Revolutionary Movements of Iraq: A Study of Iraq's Old Landed and Commercial Classes and of Its Communists, Ba'thists, and Free Officers*, Princeton: Princeton University Press, 1978, pp. 29, 293.

其领导人为曾加入青年土耳其党并创立盟约社的阿齐兹·阿里·米斯里上校。他对德国人也有好感，受其影响埃及军队中形成了以加麦尔·阿卜杜勒·纳赛尔（1918～1970）和安瓦尔·萨达特为首的自由军官组织。阿拉伯军队在1948年第一次中东战争中的失败进一步刺激了埃及军官中泛阿拉伯主义思想的发展。[①] 1952年，自由军官组织一举推翻了君主制度。

令人瞩目的是，第二次世界大战临近结束时，以伊拉克首相努里·赛义德和外约旦国王阿卜杜拉为代表的温和派正式提出了建立阿拉伯国家联合组织的设想，并得到急于在战后寻求阿拉伯人善意的英国的支持。两国力主叙、黎、约、巴组成哈希姆家族治下的统一君主制国家，而后与其他阿拉伯国家组成联邦。但是，埃及、沙特和黎巴嫩坚决反对"大叙利亚计划"，而叙利亚则坚持以维持共和制作为统一的前提。显然，共和主义与君主主义、埃及和沙特对哈希姆家族的怀疑及敌视最终决定了哈希姆家族主导的阿拉伯国家联合的必然失败，基于埃及和沙特构想创建的阿拉伯国家联盟，标志着阿拉伯统一运动已经从谋求建立统一国家决定性地转向国家间的政治、经济、文化和军事联合。

在这一阶段，阿拉伯民族主义在思想上也发展到了一个高峰，其集大成者为叙利亚人萨提·胡斯里（1882～1968）。胡斯里对法国的委任统治极为痛恨，因而抛弃了法国的自由主义

---

① 黄民兴：《论沙特阿拉伯现代化的阶段及其特点》，《西亚非洲》1994年第6期。

思想，属意德国、意大利的文化民族主义，认为德、意统一在于拥有共同的语言、文化和历史，这种民族模式更加适合阿拉伯人。他激烈地抨击埃及的塔哈·侯赛因等知识分子的全盘西化观点，第一次把"阿拉伯民族"的概念扩大到整个北非，并强调个人自由必须服从阿拉伯民族的整体利益。胡斯里的思想代表了两次大战间阿拉伯民族主义发展的新方向。

（4）国家民族主义——也称为"地方民族主义"，在本阶段争得部分独立的黎巴嫩和北非国家的主流民族主义多属此类。其中，北非诸国因长期处于不同殖民国家的统治下而致力于争取本国独立，不过也存在地区联合的思想，具体体现为马格里布国家联盟的建立及尼罗河流域（埃及、苏丹）的统一。在西亚，立场最坚定的国家民族主义组织有黎巴嫩的马龙派政党"民族集团"，它要求建立基督教国家；占伊拉克人口 1/4 的库尔德人也反对与其他阿拉伯国家合并，并拒绝伊拉克为"阿拉伯国家"的提法。他们的主张与温和的阿拉伯民族主义者接近，尤其是黎巴嫩疏远法国的马龙派政党"立宪集团"，后者最终说服穆斯林民族主义者，使之放弃回归叙利亚的主张，而维持作为阿拉伯国家的黎巴嫩的统一。

上述党派有一个共同点，就是其阶级基础主要是贵族和民族资产阶级上层，因而政治主张具有温和性，这一点也类似于温和的阿拉伯民族主义者。它突出地表现为要求渐进式的独立，对社会改革和经济发展相对漠视。同时，个别党派像埃及的华夫脱党在一战后对阿拉伯统一也表现出较强的兴趣，甚至企图领导统一运动，但他们对统一的理解与许多阿拉伯民族主义者完全不同。

（5）伊斯兰改革主义——20世纪的改革主义运动是近代改革主义的继续和发展，它包括苏丹的乌玛党、利比亚的赛努西教团、阿尔及利亚的伊斯兰教贤哲会、摩洛哥的独立党和内志的瓦哈比派运动等。利比亚的赛努西教团和内志的瓦哈比派运动是近代两地区伊斯兰改革运动的直接继续。进入20世纪以后，赛努西教团进行了反对法、英、意殖民侵略的斗争，并最终争得了国家独立。瓦哈比派以内志为根据地，战胜了麦加谢里夫侯赛因统治下的汉志王国，统一了阿拉伯半岛。建国后，伊本·沙特以开明的瓦哈比教义为指导，进行了旨在加强中央集权、促进社会经济发展的改革，同时坚决拒绝了哈希姆家族的阿拉伯统一主张。这一时期沙特家族的民族主义实际上已经属于兼具君主制民族主义与国家民族主义的复合型民族主义。

阿尔及利亚和摩洛哥的改革主义属于北非萨拉菲运动的组成部分。阿尔及利亚的谢赫本·巴迪斯主张回归《古兰经》，纯洁信仰，净化道德，并把主要精力放在发展教育方面。他在中小学里提倡教授《古兰经》、阿拉伯语、历史和法语等课程，对于培养新一代民族主义者发挥了重要作用。他创立的伊斯兰贤哲会与主张伊斯兰民族主义的人民党和激进小资产阶级组织团结与行动革命委员会合并。摩洛哥的独立党同样大力推动教育事业的发展，并致力于国家独立和社会改革。两国的改革主义活动明显接近自由主义党派。

苏丹的乌玛党是由安萨派（新马赫迪派）建立起来的，其成员包括知识分子、学生、公务员和资产阶级，主张以和平方式争取国家的完全独立，并坚决反对与埃及合并，极力革除各地的非正统伊斯兰习俗。[①] 这一立场与哈特米亚派支持下的民族联合党相左，但后者最终接受了乌玛党的主张。1956 年，苏丹作为一个独立国家诞生了。

（6）阿拉伯社会主义。在上层民族主义势力关注国家独立和阿拉伯统一的同时，刚刚登上历史舞台的小资产阶级则把目光转向阿拉伯社会的内部问题：经济落后和社会的两极分化。1912 年，埃及人、阿拉伯社会主义的先驱萨拉曼·穆萨出版《社会主义》一书，介绍了无政府工团主义、费边主义、基尔特社会主义等社会主义流派，并于 1920 年创立了埃及社会党。另外，主张社会改革的伊拉克国民报派于 1936 年与坚持国家民族主义的阿拉伯和库尔德军官合作，曾一度短期执政。但这一时期影响力最大的是 1947 年创建于叙利亚的阿拉伯复兴党，1954 年该党与社会党合并后改称阿拉伯复兴社会党。阿拉伯复兴社会党的创始人、基督徒米歇尔·阿弗拉克（1912 年生）的理论核心是"统一、自由和社会主义"。他主张把社会主义与伊斯兰教和阿拉伯民族主义结合起来，实行激进的社会改革，其具体措施包括国有化、土地改革和实施经济计划等。在

---

① 埃及民族主义者历来主张与苏丹统一。但是，历史上埃及曾入侵苏丹，马赫迪起义最初就是针对埃及的，而英国也有效利用埃及的政策推动其对苏丹的殖民。后期，英国又担心埃及民族主义对苏丹产生影响，遂挑动两国民族主义者的关系，对反对与埃及合并的乌玛党予以支持。

政治上，他坚持以共和制代替君主制，并在现阶段建立以中产阶级为主体的复兴社会党一党政权，反对西方的多党政治。很快，复兴社会党的地区领导机构就在伊拉克和黎巴嫩等地建立了起来。此外，两次世界大战之间在巴勒斯坦、土耳其、伊朗、埃及、伊拉克和外约旦等地出现了共产党，这进一步证明了该地区政治思想的变革性。

（7）伊斯兰民族主义——部分小资产阶级也转向伊斯兰教寻求救国救民的途径，由此产生了伊斯兰民族主义，通称伊斯兰复兴运动，其思想渊源之一是现代主义和改革主义。埃及人哈桑·班纳（1906～1949）在拉希德·里达思想的影响下，于1928年创立了穆斯林兄弟会（以下简称"穆兄会"）。穆兄会的领导成员主要是受过教育的宗教世家子弟和知识分子，骨干力量是城市的中间阶层，包括神职人员、工会领导、企业家、商人、军官、学生及地主。穆兄会的思想主张包括：复兴早期的伊斯兰教以解决当代的社会政治问题；各国的穆斯林联合起来，重振信仰伊斯兰教的民族；反对西方的价值观念和政治体制，反对世俗的民族主义和乌里玛。总之，穆兄会的思想表现出复兴原旨主义和泛伊斯兰主义的倾向，其实质在于把早期伊斯兰教与现代生活相融合，振兴信仰伊斯兰教的民族。另外，穆兄会有严密的组织，班纳自任权力极大的总指导，下设准军事组织。最初，它主要从事传教活动，并逐渐向社会、文化、福利、经济领域发展，最终卷入政治活动，成为自由军官组织的支持者。在国外，它积极参加了1936年巴勒斯坦起义和

1948年第一次中东战争，其组织很快扩大到叙利亚、苏丹、外约旦等其他阿拉伯国家。因此，穆兄会无论在思想、组织、领导者、成员还是活动方式上都大大不同于以往的伊斯兰力量，而成为现代伊斯兰民族主义的先行者。此外，埃及的另一个民族主义组织"青年埃及"也具有一定的伊斯兰色彩。

最后，除了以上所述中东主流民族的民族主义之外，两次世界大战之间一些小民族的民族主义也日趋活跃，尤其是犹太复国主义和库尔德民族主义。1917年，英国公开发布《贝尔福宣言》，正式承诺在巴勒斯坦建立一个犹太人的"民族之家"，而英国对巴勒斯坦委任统治的建立更使这一承诺得以兑现。在巴勒斯坦，一个繁荣的犹太社团不断发展，它已经初具民族国家的雏形，并与形成中的巴勒斯坦民族主义尖锐对立。库尔德人分布于今土耳其、叙利亚、伊朗和伊拉克的交界处，人口数量超过1000万，信仰伊斯兰教。早在19世纪，库尔德人就在部落酋长和宗教领袖的领导下开始了独立斗争，进入20世纪后他们积极寻求建立独立国家，并在一定程度上得到了西方国家的支持，由此与土耳其民族主义和阿拉伯民族主义发生了冲突。《色佛尔条约》规定在土耳其实施库尔德自治，而这一条约最终在凯末尔革命的冲击下归于无效。面对新的形势，一些库尔德领导人同意加入新的土耳其和伊拉克国家，但土耳其的民族化政策引发了库尔德人的强烈反抗。

综上所述，20世纪上半期中东民族主义的发展出现了一系列新特征。

第一，民族主义出现激进化的趋势。本阶段大体上有三次民族主义运动的高涨，而且一次比一次激进。第一次是20世纪初的中东觉醒；第二次是第一次世界大战后的北层三国①的民族独立斗争和现代化改革，埃及华夫脱党人、突尼斯宪政党以及叙利亚和伊拉克反对英法殖民统治的斗争等；第三次是20世纪40年代中期至20世纪50年代中期，其表现是小资产阶级政党掌握了埃及、突尼斯、阿尔及利亚民族独立斗争的领导权，复兴社会党机构在叙利亚和伊拉克的建立，埃及穆兄会的创立，以及一大批中东国家的独立，尤其是埃及1952年革命预示着一个新时期即将到来。民族主义的激进化也反映在其思想、政策、斗争方式和阶级基础的变化上。在思想上，以胡斯里和阿弗拉克为代表的民族主义者拒绝了西方的自由主义，更加关注阿拉伯社会的改造和革命及其在新的基础上的统一。在政策上，以伊朗王室和阿富汗王室为代表的君主制民族主义、以伊拉克的"金方阵"和埃及的自由军官组织为代表的阿拉伯民族主义、以埃及穆兄会为代表的伊斯兰民族主义为反对英国，先后与轴心国发展关系，"金方阵"甚至发动了反英起义。② 在斗争方式上，世俗的民族主义放弃了近代的改良主张，而普遍采取了武装斗争和革命的形式。同时，新兴的阿拉伯社会主义和伊斯兰民族主义思潮明显地表现出了小资产阶级的倾向性。

---

① 土耳其、阿富汗、伊朗。它们却是非阿拉伯国家，并与苏联接壤。所谓"北层"指的就是这三国，而此概念出现于二战后初期。
② 黄民兴：《第二次世界大战与中东民族主义的发展》，《西安教育学院学报》1996年第4期。

第二，世俗的民族主义居主导地位。进入 20 世纪以后，世俗的民族主义主导了埃及、新月地带和北层国家的民族主义运动，出现了穆斯林与基督徒的大联合。同时，伊斯兰改革主义运动继续兴盛于北非和阿拉伯半岛，而在突尼斯和阿尔及利亚，则出现了世俗主义者逐渐取代伊斯兰力量掌握领导权的态势。当然，即使在埃及、新月地带和北层地区，伊斯兰力量仍有相当大的影响力，并不时地在民族运动中表现出来。由于许多民族国家尚未进入成熟的发展阶段，一些民族主义领导者的世俗主义主张并非无懈可击，这些都阻碍着穆斯林与基督徒的联合。

第三，民族主义之间的矛盾日益突出。这是民族主义普遍发展及帝国主义的插手所造成的。它可以分为三种情况。首先是不同意识形态之间的矛盾，如温和的阿拉伯民族主义、国家民族主义和激进的阿拉伯民族主义、阿拉伯社会主义与伊斯兰民族主义围绕着实现阿拉伯统一还是维持独立的单个国家及国家的社会经济发展方向、外交政策等问题的矛盾，君主主义与共和主义围绕着国家政体的矛盾。其次是不同民族间的矛盾，如阿拉伯民族主义与犹太复国主义的矛盾、土耳其民族主义（复兴党的创始人阿弗拉克和比塔尔均是因土耳其占据亚历山大勒塔而萌发了民族主义思想）与库尔德民族主义的矛盾、库尔德民族主义与亚美尼亚民族主义之间的矛盾等。最后是新独立国家间的矛盾，像沙特阿拉伯与约旦、伊拉克，伊拉克与伊朗的矛盾等。

四 中东民族主义发展的第三阶段（20 世纪 50 年代中期至今）

20 世纪 50 年代中期是亚洲和中东国家取得全面独立的时期。本阶段世界局势发生了重大变化。由于东西方展开了冷战，中东成为两股势力竞相争夺的地区，这加剧了中东国家的分裂和对峙，以及各国内部不同政治势力间的矛盾。另外，获得独立后，各国致力于本国经济文化的发展，而随着世界经济的发展，地区经济联系也不断加强，集团化趋势日益明显，加上产油国的崛起，这些都影响到中东政治经济格局的演变。20 世纪 90 年代初，世界社会主义阵营瓦解，冷战结束，中东民族主义的发展面临着一个全新的局面。

本阶段中东社会影响民族主义发展的因素有如下方面。

第一，现代化的迅速发展。这表现在行政机构的扩大和职能的完善，工业化、交通运输、城市化、教育、卫生、传播媒介的发展，人民生活及妇女地位的提高和价值观念的变化等许多方面，这些都对民族融合的进程、社会关系的演变和政治文化的发展产生了重大影响。

第二，军人在中东政治舞台上继续发挥重要作用。奉行阿拉伯社会主义的组织几乎都是通过军人革命或政变夺取政权的，仅突尼斯例外。革命胜利后，尽管这些国家进行了军队职业化的工作，但军队仍然是一支重要的政治力量。[1] 在阿富汗，1973 年推翻君主制的是亲苏军官。在土耳其，尽管早已实现了文官政治，但军队依然是坚持世俗主义原则、保证社会稳定的一支决定性力量，其在 20 世纪 80 年代曾多次发动政变。在中东，只有以色列成功地实现了军队的中立化。

第三，小资产阶级影响的进一步扩大。其原因是多方面的。首先是教育的发展。独立后中东国家的教育从精英教育进入大众教育的阶段，大批来自农村、少数民族地区和城市下层的子弟进入学校，甚至出国深造，教育的发展影响到知识分子的人数、结构及其思想。其次是政府机构的扩大。由于政府职能及其机构的增加，公务员的人数成倍增长。最后是服务业的迅速发展。由于城市化发展迅猛、工业就业增长有限等，大量劳动力进入服务部门就业，第三产业取代农业成为最大的就业部门。

第四，民族资产阶级势力的壮大。在伊朗、沙特阿拉伯等君主国，地主阶级通过投资工业、服务业和经营现代农场而逐渐向资产阶级转化，20 世纪 70 年代以后尤其明显。在奉行阿拉伯社会主义的国家，国有化对大资产阶级造成了压力，但 20 世纪 70 年代以来实施的开放政策使资产阶级恢复了活力。民族资产阶级势力的壮大推动了中东民主化与改革开放的发展。

---

[1] E. Picard, "Arab Military in Politics: From Revolutionary Plot to Authoritarian State," in A. Hourani, et al., eds., *The Modern Middle East: A Reader*, Berkeley: University of California Press, 1993.

与以上变化相对应，传统的社会力量如地主、酋长、乌里玛、农民、游牧民的人数不断下降，其社会影响也逐渐式微，在阿拉伯各共和国尤其如此。

二战后的中东民族主义也包括六大类型，其特征如下。

（1）君主制民族主义——包括伊朗、阿富汗、海湾阿拉伯国家合作委员会六国、伊拉克、约旦、也门和利比亚。其中科威特、阿联酋、卡塔尔和巴林是在二战后英国非殖民化运动中独立的。二战后的君主国面临着合法性的挑战，在内政方面表现为改革与稳定、民主与集权、现代化与维护传统文化的矛盾，外交方面表现为支持地区性民族主义与维持王朝统治、捍卫独立与依赖东西方之间的矛盾。从应对挑战的方式和结果看，这些国家可分为三类。第一类包括1952年革命以前的埃及、伊拉克、利比亚和也门。这四国对外未能争得完全的独立，国内虽有议会，权力却掌握在日趋保守的温和的民族主义者和王室手中，国内没有进行大规模的社会经济改革，民众生活无明显改善，激进的民族主义运动遭到无情镇压。20世纪五六十年代四国的社会中下层力量在激进的小资产阶级军官的领导下推翻了君主制，保守的君主制民族主义终为激进的阿拉伯社会主义所取代。第二类包括伊朗和阿富汗。两国王室大力推动经济的现代化，外交上分别依赖美国和苏联（但阿富汗名义上仍奉行中立政策），社会改革方面分别推行了"白色革命"和世俗化运动，而政治上实行独裁。这类国家面临着保守势力和激进势力的两面夹攻，最终导致了20世纪70年代君主制的崩溃和伊斯兰民族主义的兴起。第三类包括约旦、摩洛哥和海湾阿拉伯君主国。这些国家执行亲西方的对外政策，同时有限地支持阿拉伯民族主义（有时又以泛伊斯兰主义与之对抗），经济发展大多取得显著成效，福利事业发达，政治上实行一定限度的开明专制，并保持乌里玛的社会地位与伊斯兰教的重要作用，至今仍然维持君主制。因此，当代的君主制民族主义是一种派别纷呈、发展结果迥异的思潮。

（2）阿拉伯社会主义——主要包括埃及、叙利亚、突尼斯等国。阿拉伯复兴社会党在叙利亚成立以后，设立民族领导机构作为最高领导机关，下设地区领导机构负责阿拉伯各国的复兴社会党组织，其中两个最重要的地区机构分别在叙利亚和伊拉克。叙利亚独立后和伊拉克推翻君主制后，两国出现了温和的国家民族主义派——阿拉伯民族主义派与复兴社会党之间的激烈斗争。叙利亚还一度与埃及联合成立阿拉伯联合共和国，但最终归于失败。叙利亚和伊拉克分别于1963年和1968年建立了复兴党一党政权。

在1952年革命后，埃及的指导思想即纳赛尔主义经历了由阿拉伯民族主义向阿拉伯社会主义的转变。纳赛尔的泛阿拉伯倾向明显地表现在他于1953年发表的《革命哲学》一书中，该书提出了著名的三个圈子理论，即阿拉伯圈、非洲圈和伊斯兰圈，其中阿拉伯圈的地位最为重要。埃及1956年宪法明确规定：埃及属于阿拉伯国家。1962年发表的《全国行动宪章》最后确定了纳赛尔主义的内涵，并将复兴党的口号加以修改而提出了"自由、社会主义和统一"的口号。另外，阿拉伯社会主义还包括阿尔及利亚的"自管社会主义"（以工人自管为特征）、突尼斯的"宪政社会主义"、利比亚的伊斯兰社会主义和苏丹尼迈里的社会主义等。

上述国家的"社会主义"实质上是一种小资产阶级的"民族社会主义"，其具体政策有：第一，经济领域对外资（有时也对国内大资本）实施国有化，推行土地改革和农业合作化，确立国家对基础工业、金融、外贸、公用事业的控制，实施内向式的经济发展战略；第二，政治上实行一党专政，军队在政治、社会、经济领域发挥重要作用（只有埃及和阿尔及利亚军队的作用相对弱一些）；第三，社会领域大力推行世俗化，但保留伊斯兰的一定影响；第四，外交上主张阿拉伯统一，对西方持强硬态度，并奉行"积极中立"和不结盟的政策。20世纪70年代以来，阿拉伯社会主义在政治、社会、军事、经济各个领域遇到重重困难，意识形态的色彩趋于淡化，出现了经济上寻求市场化、外向化，政治上谋求多元化，财政上依赖温和的阿拉伯产油国，外交上发展与西方的关系，争取其经济、军事和外交支持的趋势，同时对阿拉伯统一也不那么强调（叙利亚和伊拉克两个复兴党国家甚至存在着尖锐的对立）。可以说，阿拉伯社会主义与君主制民族主义和自由主义的共和制民族主义出现了某种"趋同"。

（3）自由主义的共和制民族主义——土耳其、黎巴嫩和以色列的正统意识形态，更多地代表了民族资产阶级的利益，其共同特征是实施了真正的资产阶级多党政治和代议制，经济相对自由化，这在中东国家是不多见的。土、黎两国之所以能成功地建立多党政治，主要是因为国内不存在大地主阶级（黎巴嫩的多山地形使小地主的统治得以长期延续），知识阶层和民族资产阶级相对强大，黎巴嫩还呈现出多种宗教、教派势均力敌的显著特征。在宗教事务上，土耳其的主要政党基本上持世俗主义的态度，但为争取选票又不同程度地利用宗教。为此，政府在二战后也放宽了对宗教的控制。黎巴嫩的情况有所不同，它的政治制度以教派分野为基础，因而孕育着宗教冲突的火种。随着社会经济的发展和人口的增长，1975 年黎巴嫩终于爆发了基督教党派与伊斯兰组织之间的内战，巴勒斯坦解放组织（以下简称"巴解"）和叙利亚很快卷入。内战揭示了黎巴嫩民族统一的脆弱性。就以色列而言，它沿用了奥斯曼帝国的宗教自治政策，即各宗教社团管理自己的宗教事务。至于作为国家主体的犹太社团，宗教的影响甚至超过了建国前，许多在流散时期享受高度自治的、世俗的犹太人现在不得不受制于犹太教法。

（4）伊斯兰改革主义和现代主义——主要代表是摩洛哥独立党的阿拉勒·法西（1910~1974）和伊朗的阿里·沙里亚蒂（1933~1977）。法西领导的独立党曾为摩洛哥的独立作出重大贡献，他主张以沙里亚作为国家法律，同时穆斯林社会应享受自由、有权选择国家制度，而最好的政府形式是多党制议会民主；他也提倡独立的司法机构和精英政治，反对神权政治。

1963 年摩洛哥大选失败后，独立党成为反对党，亲王室政党控制了内阁。

近代以来，伊朗民族主义的主流一直具有世俗性，正因如此许多西方学者认为伊朗和土耳其是中东为数不多的不存在改革主义（实即现代主义）的国家。① 然而，作为一个受到伊斯兰教浓重影响的国家，伊朗注定会出现现代主义思潮（姑且不论现代主义的鼻祖阿富汗尼曾在伊朗活动多年，并且据传是伊朗人）。从 20 世纪 60 年代起，伊朗王室的政治独裁和激进的现代化政策促使包括人民党（即共产党）大批党员在内的许多知识分子开始转向伊斯兰教寻求反对王室的思想武器，沙里亚蒂正是其中的佼佼者。他出身于神职人员家庭，在法国获得了社会学博士学位，因而把西方的思想精华吸收进什叶派教义，主张恢复什叶派宗教的革命性，以伊斯兰早期信仰取代官方什叶派宗教，建立一个由信仰纯正的穆斯林为主体的、摆脱了专制政府和官方毛拉的理想社会。具有类似思想的还有贾拉勒·艾哈迈德、迈赫迪·巴扎尔甘和阿波尔哈桑·巴尼萨德尔等，他们积极参与霍梅尼领导的反专制运动，并在伊朗伊斯兰共和国初期担任过包括总统在内的政府高级职务。伊朗的情况证明，现代主义作为改造传统社会、走向现代化的伊斯兰政治思潮，仍然具有强大的生命力。

（5）激进的左翼民族主义——二战后，巴勒斯坦问题成为

---

① 〔美〕凯马尔·H. 卡尔帕特编《当代中东的政治和社会思想》，陈和丰等译，中国社会科学出版社，1992，第 44 页。

阿拉伯民族主义关注的中心问题，巴勒斯坦人的独立斗争毫无例外地得到所有阿拉伯国家的支持，这也成为巴勒斯坦政治合法性的重要来源之一。但事实上，由于以色列拥有强大的军事力量并得到西方国家的大力支持，而阿拉伯国家内部分裂且专注于谋求自身利益，此前的数次阿以冲突均以阿拉伯人的失败而结束，这愈加使阿拉伯国家关心自己的事务。同时，1967年第三次中东战争的失败使以纳赛尔主义为代表的阿拉伯民族主义的影响力一落千丈。

以上因素都促进了激进的巴勒斯坦小资产阶级民族主义的兴起。巴勒斯坦小资产阶级民族主义可以进一步分为相对温和的巴勒斯坦民族解放运动（法塔赫），以及更为激进的解放巴勒斯坦人民阵线（人阵）和解放巴勒斯坦民主阵线（民阵）。主要由逊尼派穆斯林组成的法塔赫的观点包括以下内容：第一，反对对巴勒斯坦解放事业半心半意的阿拉伯君主国和共和国，认为巴勒斯坦的解放斗争将推动阿拉伯统一，同时坚持建立独立的巴勒斯坦国；第二，主张在巴勒斯坦建立世俗的民主国家，犹太人、基督徒和穆斯林和睦地生活，而社会主义是未来的理想目标；第三，利用伊斯兰教争取阿拉伯和伊斯兰世界的支持，扩大自身的合法性。可见，它把泛阿拉伯主义与国家民族主义完美地结合在一起，把反对犹太复国主义与建立一个包括犹太人在内的世俗国家结合在一起，表现出深远的政治眼光，同时具有强烈的战斗性。

人阵和民阵吸收了马克思主义的分析方法，其主要观点如下。第一，巴勒斯坦解放斗争是"反对帝国主义及其附庸（指阿拉伯国家）的阿拉伯革命的一个组成部分"，因此必须在阿拉伯国家进行阶级斗争，反对阿拉伯反动派。第二，巴勒斯坦革命的领导力量是工人农民，资产阶级是可以团结的力量，在国际上社会主义国家、第三世界的民族解放运动等均为巴勒斯坦革命的同盟者。第三，依靠穆斯林、基督徒和犹太人中的无产阶级建立一个世俗的、民主的巴勒斯坦国。另外两个巴勒斯坦激进组织"闪电"和阿拉伯解放阵线还分别主张巴勒斯坦并入以叙利亚和以伊拉克为首的阿拉伯统一国家。

总之，巴勒斯坦民族主义旨在以革命性的方法，完成二战后以纳赛尔为代表的上一代民族主义者未竟的事业。然而，20世纪80年代以来巴勒斯坦民族主义在经历了多次挫折以后，也日趋温和，巴解最终接受了犹太国家的存在，宣布放弃暴力，并于1993年与以色列工党达成了和平协议。

除了巴勒斯坦，1967年争得独立的南也门的民族主义是中东最为激进、最世俗化的，它建立了一个自称为科学社会主义的国家。

（6）伊斯兰民族主义——其大发展是在1967年第三次中东战争以后，背景是世俗的民族主义在经济发展、克服两极分化、对以色列的战争以及世俗化政策等方面的失败和政治上的一党政权，其范围包括中东所有国家，但主要是在非产油国（伊朗除外）。各国的伊斯兰民族主义组织名目繁多，其中主要有埃及等国的穆兄会、约旦的伊斯兰解放党、伊拉克的伊斯兰号召党、黎巴嫩的真主党、巴勒斯坦被占领土的哈马斯、阿富汗的穆斯林青年会、苏丹的全国伊斯兰阵线、阿尔及利亚的伊斯兰拯救阵线等。当代的伊斯兰民族主义是中东国家现代化的产物，与近代的伊斯兰改革主义、现代主义相比有如下特点。

第一，领导成员、基本群众和分布范围不同。近代伊斯兰组织的领导人多半是乌里玛和苏非派教团首领或成员及地方贵族，在农村甚至游牧部落中拥有广泛的影响（尽管可能起源于城市），并以农民和游牧民作为其基本群众（苏丹的乌玛党直到 20 世纪 80 年代中期仍然如此）。而当代伊斯兰民族主义组织的成员则包括政府官员、商人、自由职业者、教师、学生、军官、神职人员、手工业者、农民等，其主导力量是以知识分子为主体的城市小资产阶级及部分资产阶级，正如英国学者纳齐·阿尤比所言："好战的政治伊斯兰是知识分子的运动。"[①]只有在什叶派国家伊朗，乌里玛才掌握了运动的领导权。

第二，思想观点不同。伊斯兰民族主义受到了西方思想和现代社会发展的影响，其中大多数人更加侧重于社会改造，力主建立以沙里亚为基础的伊斯兰社会，允许乌里玛在国家社会政治生活中发挥作用，同时保留现代的政治结构和经济体系，由国家控制财富的分配。伊朗的霍梅尼宣称君主制违反伊斯兰教，要求建立政教合一的神权政治，但他也同意在革命后成立一个伊斯兰共和国，从而为温和的世俗力量留下了一块地盘。

---

① Nazih N. Ayubi, *Political Islam: Religion and Politics in the Arab World*, New York: Routledge, p. 158.

还有一个值得注意的流派代表是伊朗的"人民圣战者组织"，其观点接近激进左翼，宣称要建立"无阶级的一神教社会"，而这一运动的领导者将从劳工阶层中产生。它因此被称为"伊斯兰社会主义"，其独特的思想特征证明了虽然出发点不同，伊斯兰和左翼思想却具有某种共同取向。该思潮的出现被美国学者卡尔帕特认为可能是中东意识形态最重要的发展之一。

第三，组织和活动方式不同。许多伊斯兰党派建立了严密的组织，拥有准军事力量和情报机构，广泛地从事教育、文化、医疗、福利慈善、工商业、宗教和政治活动，采用罢工、罢市、游行示威、议会选举、恐怖活动等手段，有的还进行了反对本国政府或外国占领军的武装斗争。

第四，当代伊斯兰民族主义成为向伊斯兰改革主义和世俗民族主义挑战的重要力量。在苏丹、沙特这两个由改革主义运动形成的国家中，伊斯兰民族主义向本国政教合一的君主制度（沙特）或由安萨派、哈特米亚派两大教派及军人主宰的政治体制（苏丹）发起了挑战，成功地在苏丹建立了带有强烈伊斯兰色彩的军政权。在世俗的民族主义国家，伊斯兰民族主义也积极地展开活动，尤其是在伊朗建立了一个神权国家，阿富汗的"圣战"者在成功抗击苏联占领军和反对亲苏的人民民主党政权的基础上组建了另一个伊斯兰民族主义国家，而阿尔及利亚的伊斯兰拯救阵线几乎通过选举控制国会，只是在军方干预下才被挫败，埃及等国也因伊斯兰民族主义的活动而呈现动荡不定的政局。

在伊斯兰民族主义的各种流派中，以霍梅尼为代表的伊朗部分乌里玛一派在思想上相当保守。但是，伊斯兰革命，尤其是霍梅尼逝世以来的发展证明，执政的乌里玛在许多方面作出了重大的政策调整，如允许银行开业、进行土地改革、鼓励计划生育等。这一事实充分证明了伊斯兰民族主义也具有一定的灵活性。综上所述，二战后中东民族主义的发展大体上有如下特点。

第一，冷战与中东民族主义的发展错综交织。二战前影响中东发展的国际格局主要是英法与德意对峙，二战后则变为美苏冷战。随着中东激进的阿拉伯社会主义政权的先后建立，中东各国也明显地划分为两大阵营，即与东方集团保持友好关系的激进的民族主义国家、组织和保守的亲西方民族主义国家，突尼斯和阿富汗的立场相对中立。上述外交上的倾向性也影响到有关国家的社会经济发展、政治结构和武器来源，由此出现了巴格达条约组织（后改名为"中央条约组织"）和阿拉伯南层军事集团。作为中东主要矛盾的阿以冲突，实际上已成为美苏较量的表现。不过，20世纪60年代以后这种壁垒森严的格局逐渐出现变化，两大阵营分别减少了对美苏的依赖，而海湾地区的两伊冲突日渐上升为这一时期中东的主要矛盾。

第二，从激进程度上看，二战后中东的民族主义经历了一个马鞍形的变化。战后初期，小资产阶级领导的激进民族主义开启了取代旧贵族领导的温和民族主义的过程，由此形成了阿拉伯社会主义体系。至此，绝大多数中东国家都赢得了民族独立，并走上发展民族经济、进行社会改造的道路。然而，到1967年，阿拉伯社会主义开始走下坡路，随之而来的是更为激进的巴勒斯坦民族主义和伊斯兰民族主义，同时以沙特为代表的温和的君主制产油国在中东政治的舞台上也发挥着日益重要的作用。20世纪70年代以后，大多数阿拉伯社会主义国家实施了温和的对外政策，埃及率先与以色列媾和，而到20世纪80年代末甚至连巴勒斯坦民族主义的主流派也逐步放弃了其消灭以色列的计划和单纯的军事斗争，整个世俗的激进民族主义阵营出现了日趋温和、务实的潮流。

第三，中东民族主义内部的冲突达到了前所未有的规模。首先是不同民族间的冲突，其中影响最大的当属阿以冲突和阿拉伯国家与非阿拉伯的伊斯兰国家之间的冲突。前者与美苏冷战相交织，先后演变为五次大规模的中东战争，导致了阿以间敌意的加深、大规模的地区军备竞赛及对交战国经济的严重破坏。后者则表现为阿拉伯国家对有西方卷入的巴格达条约组织的激烈反应以及两伊间长达8年的血腥战争。其次是不同意识形态间的矛盾，如埃及的纳赛尔主义与沙特的伊斯兰君主制民族主义的冲突，中东伊斯兰各国世俗的民族主义与伊斯兰民族主义的冲突等。最后是不同国家间的矛盾，如伊拉克与科威特、沙特与海湾诸酋长国、摩洛哥与阿尔及利亚之间的矛盾等。

第四，经济发展成为中东民族主义关注的中心问题之一。如果说，早期的民族主义者是从文明冲突的角度看待西方的殖民侵略的话，那么现在他们开始从现代化、经济发展和世界经济秩序等不同视野来对待这个问题。强调"中心"和"边缘"区分的依附理论的出现便是证明，而提出该理论的权威之一即是埃及著名学者贾拉尔·阿明。为了巩固政治独立、促进经济发展，各国极力推动工业化、发展义务教育和社会福利，取得了显著的成就。但正如许多学者指出的，包括中东在内的第三世界的许多民族主义领导人都存在着一种"为工业化而工业化"的倾向，工业化已经不仅仅是发展经济的需要，而首先是一种政治目标和合法性来源，其结果必然是不顾国情和客观需要，盲目地铺摊子、上项目，造成资源的严重浪费和配置不合理。另外，石油在决定中东民族主义前途方面影响极大，它使阿拉伯国家掌握了一种可以左右西方经济形势的利器，并促成了世界上第一个，也是最成功的原油输出国组织——石油输出国组织（OPEC）的成立。同时，由于石油资源主要掌握在温和的海湾君主国手中，而承担对以作战重担的阿拉伯前线国家如埃及、叙利亚又无法长期承受大量军费开支，这就加速了激进的阿拉伯民族主义的衰落和沙特伊斯兰君主制民族主义的兴起。此外，石油也是伊拉克入侵科威特和伊斯兰民族主义要求在伊斯兰世界范围内平均财富的重要驱动因素。

第五，中东泛民族主义的发展出现了新局面。在阿拉伯世界，独立后的北非国家真正意识到了自己的民族属性，马格里布国家于20世纪50年代末加入阿拉伯国家联盟，而埃及则成为阿拉伯民族主义运动的领头羊。为了推动阿拉伯国家的合作，阿盟下设了阿拉伯经济理事会、阿拉伯教科文组织等附属机构，有关成员国还签署了有关集体安全、教育、文化等事务的公约。除阿盟以外，阿拉伯世界还建立了一系列组织，其中包括：地区性组织，如海湾阿拉伯国家合作委员会（1981年）、阿拉伯合作委员会（1989年）和阿拉伯马格里布联盟（1989年）；行业性经济组织，如阿拉伯石油输出国组织（1968年）、阿拉伯经济和社会发展基金（1968年）、阿拉伯货币基金组织（1976年）。但是，一些阿拉伯国家从未放弃建立联合国家的努力，像埃及与叙利亚、叙利亚与伊拉克、埃及与利比亚等均进行过联合的尝试，然而均未成功。唯一成功的是英国撤出波斯湾后7个酋长国成立的阿拉伯联合酋长国。因此，由于种种原因，阿拉伯国家不但难以形成统一的国家，甚至也无从建立欧洲共同体那样的经济政治一体化组织。但毋庸置疑，二战后阿拉伯统一运动确比战前有了长足的进展。

在北层地区，各国的联系相对弱一些。除阿富汗奉行中立主义以外，对苏联的历史积怨和现实的担忧以及对西方价值观的更强烈的认同导致了巴格达条约组织的建立，其成员包括土耳其、伊朗、伊拉克、巴基斯坦和英国。其中土耳其、伊朗和巴基斯坦还于1964年成立了"地区发展合作组织"。进入20世纪90年代，随着苏联解体，中亚5个共和国相继独立，土耳其和伊朗凭借自己同中亚在种族、语言和历史层面所存在的紧密关联，着手和该地区拓展政治与经济联系，进而构建起新的经济集团。

与此同时，中东地区还出现了另一种跨地区的泛民族主义，即泛伊斯兰主义。二战后，沙特率先举起泛伊斯兰主义的大旗，以对抗埃及的世俗共和制民族主义，为此建立了伊斯兰世界联盟。随着温和的产油国与埃及等国关系的缓和，1969年成立的伊斯兰会议组织①真正成为一个富有生命力的伊斯兰国际性组织，它致力于促进伊斯兰国家在政治、经济、外交、文化等领域的广泛合作。

与沙特相对温和的泛伊斯兰主义不同，伊斯兰民族主义倡导一种更为激进的泛伊斯兰主义，即建立一个以教派为基础、遵奉经训的统一的乌玛社会，形成事实上的"伊斯兰民族"。不同国家间的伊斯兰组织在机构发展、思想传播及财政方面互相影响和支持，伊朗伊斯兰革命胜利后的"输出革命"是这方面的一个典型例证。

五 中东民族主义的特征

迄今为止，中东民族主义已经走过了两个多世纪的历程。它与亚非拉其他地区的民族主义相比，既有共同点又有不同点。就共同点而言，首先是发展的同步性，这主要是指亚洲地区。从世界范围看，第三世界的民族主义运动经历了三次高潮：第一次是18世纪末至19世纪上半期拉美地区的独立运

---

① 2011年6月改名称为伊斯兰合作组织。

动，以全胜结束；第二次是 19 世纪开始的亚洲和中东民族主义运动高潮，至 20 世纪 50 年代中期基本完成；第三次是 20 世纪 60 年代的非洲独立运动高潮，第三次高潮结束了亚非拉波澜壮阔的大规模反对殖民主义的独立运动的历史。其次，中东与非洲国家大都存在着国界线平直情况，这是因为一些国家的边界是由宗主国为了方便殖民管理根据经纬线划定的，这些边界未能考虑到当地的自然状况、民族分布和历史因素，引起了各方的矛盾和持续的冲突。同时，民族主义在这些国家争取独立过程中的作用尤为显著，因为它先于民族实体形成。再次，民族主义发展的阶段大体相同。各国民族主义的发展一般都经历了文化民族主义、政治民族主义和经济民族主义三个发展阶段，也经历了由保守到激进的转变，只是具体的内容和形式有所不同。最后，民族主义的发展面临着共同的课题，就是如何正确处理反对外来侵略与吸收外国的先进文化、传统与现代化，促进国家统一与加强民主建设，发展经济与社会公平，大民族主义与各民族地位平等原则等一系列矛盾。

但是，中东的民族主义也有其自身的特点，这些特点可以归结为以下几个方面。

（1）中东民族主义是适应中东地区特点的现代化意识形态。由于各个阶级和阶层的认识、文化背景及利益不同，近代中东地区形成了民族主义的不同派别。土耳其民族主义以世俗性著称，阿拉伯社会主义强调社会改造和国家对经济的强有力干预，而君主制民族主义注重渐进式的社会改革并极力促进经济的发展，但它们都有共同的方面：经济上由国家支配主要资源，制订经济计划，促进工业化的发展，大力发展文教卫生事业；社会事务上建立现代司法制度，发展社会福利，提高妇女地位，同时保证伊斯兰教的一定地位；政治上逐步实行专家治国和文官政治，设立议会或咨询会议。20世纪70年代以来阿拉伯社会主义国家的改革政策和伊朗伊斯兰革命以来的历史证明，现代化有其客观规律，它不以人们的主观意志为转移，而且东方国家的现代化必须寻求在传统文化基础上的再创造。

（2）宗教与民族主义非同寻常的密切关系。首先，伊斯兰教所表现出来的强烈入世性，使其影响到中东政治、社会、经济、文化生活的方方面面。[①] 由此，在反殖反帝斗争中正确处理传统与现代化的关系成为中东民族主义面临的一个最棘手的问题。在早期，乌里玛和苏非派教团是中东的一支重要的社会组织力量和传统文化的代表，它们理所当然地领导了许多民族独立运动。而后来在殖民地国家出现的世俗民族主义对此采取了不同对策。一般来说，这些国家都以伊斯兰教作为民族独立斗争合法性的依据之一，并且暂时不去触动传统习俗，直到独立后才开始了程度不一的世俗化运动，一些国家甚至因此出现了社会动荡。当然，相反的情况也是存在的，像阿尔及利亚在独立后即废除了殖民当局颁布的有关婚姻的法令。其次，中东

---

① 但对此也不宜过分强调。一些中东国家的某些现象并不能从伊斯兰教本身去解释，而必须寻找该国的社会经济、历史及其他文化因素。同样，只要存在合适的条件，非伊斯兰社会也会出现大规模的思想变动和政治运动，拉美的解放神学足以证明。

个别国家信奉伊斯兰教的某个教派，在这些国家伊斯兰教在某种意义上起到了民族主义应有的作用，并对后者的发展产生了影响，如信奉什叶派的伊朗和信奉伊巴德派的阿曼。最后，伊斯兰教及其内部的教派分歧也影响到一些国家内部的不同民族主义派别。除伊斯兰教外，黎巴嫩的基督教和马龙派、民族主义与以色列的犹太教和犹太复国主义的关系也是众所周知的。

（3）泛民族主义的重要性。中东位于欧、亚、非三大洲的交界处，历史上经历过多次民族大迁徙，中世纪曾形成阿拉伯帝国、塞尔柱突厥帝国、奥斯曼帝国等大帝国，出现了融合阿拉伯、波斯、突厥和地中海等多种人类文明的伊斯兰教，创造了辉煌的历史。共同的宗教、中央政府（奥斯曼帝国）以及共同的语言、种族、文化和历史锻造了不同地区间人民的密切联系，面对西方的殖民入侵并受到西方民族主义思想的启迪，终于形成了泛突厥主义、泛伊斯兰主义和泛阿拉伯主义等泛民族主义思潮，而土耳其民族主义和西亚阿拉伯各国的国家民族主义思想是在此后才依次形成的。相比之下，中东泛民族主义的影响要大大超过非洲的泛非主义，甚至超过美洲在很大程度上拥有共同语言、种族、宗教和历史的泛美主义（拉美多数国家均为西班牙前殖民地）。另外，中东也存在着小范围的统一思潮，如大叙利亚主义、尼罗河流域统一思想和马格里布主义等。但是，许多地区少数民族和少数教派的存在、各地区民族主义者所代表的阶级利益和意识形态的不同、各地区经济联系的薄弱和发展的不平衡及边界、种族和宗教矛盾及外部势力的干预等因素造成了各国及不同民族主义派别之间在统一问题上的分歧，温和的泛阿拉伯主义派、国家民族主义派同激进的泛阿拉伯主义派之间甚至兵戎相见，关系势同水火。第一次世界大战结束了泛突厥主义的幻想，第二次世界大战则暂时中止了建立阿拉伯统一国家的梦想，但阿拉伯世界在独立国家的基础上建立了新的地区合作关系。同时，再度兴起的泛伊斯兰主义和泛突厥主义揭示了中东地区政治格局演变的新方向。

（4）君主制民族主义的重要地位。第二次世界大战结束后初期，中东有 10 个君主制国家，现在仍有 8 国实行君主立宪制，这在第三世界是罕见的。君主制之所以能在中东大行其道，其原因主要有六点。第一，该地区沙漠地形广泛分布，以干旱半干旱的气候为主，游牧业在地区经济中的比重高，因此经济基础落后。第二，中东社会结构对君主制的认同。以部落家族为中心的社会结构、近代以来阿拉伯地区大地主阶级的形成和伊斯兰教对君主制的认可对君主制的建立起了促进作用。第三，君主在民族运动中的领导作用。在社会经济较为落后的国家和地区，君主或力争成为君主的贵族、宗教领袖往往成为运动的主导力量，如汉志、内志、也门、利比亚、阿富汗和伊朗。在社会经济相对发达的国家，则唯有支持民族运动的君主才能赢得其他民族主义力量的拥护，使君主制得以维持，如摩洛哥。第四，西方国家对一些君主政权的支持。为了保持对中东国家的控制、防止其他列强的染指、阻碍民族运动的发展并减少财政开支，西方国家，特别是英国竭力维护当地君主的统治，必要时直接出面建立新的君主国，或实行非殖民化。第五，大力推进现代化。独立后，大多数君主（主要是落后国家的）都能推动国家的现代化，尤其是经济的现代化，在外交上维持民族利益，适时地调整统治方式，因而得到了民众的支持。第六，拥有丰富的石油资源。绝大多数君主国为产油国，大量的石油资源为其推进国家的现代化、迅速提高人民生活水平奠定了基础，从而巩固了政权的合法性。但是，经济发展战略和其他方面的失误也导致了产油国伊朗君主制的倾覆。

（5）中东民族主义发展的阶段性十分突出。这表现在宏观和微观两个方面。在宏观方面，阿拉伯民族主义在第二次世界大战前的主要任务是实现阿拉伯统一，因此出现了泛阿拉伯主义派与国家民族主义派的斗争；在二战后的阿拉伯世界，有两对矛盾特别突出，即君主主义与共和主义的矛盾和世俗主义与伊斯兰民族主义的矛盾。微观方面以沙特为例。近代的瓦哈比派运动属于改革主义，目标是国家统一和争取独立。建国后的沙特面临的主要课题是维护君主制国家的独立，反击试图统一新月地带的哈希姆家族的伊拉克和外约旦，因此第二次世界大战前的沙特应属于兼具国家民族主义和君主制民族主义的复合型民族主义，并具有改革主义的特点。二战后的沙特被列入君主制民族主义行列，因为它面临着埃及等国共和制民族主义和阿拉伯社会主义的挑战，其对策是高举泛伊斯兰主义大旗，维护君主制和国家的伊斯兰教特性，我们因此称其为"伊斯兰君主制民族主义"。实际上，伊斯兰改革主义、国家民族主义和君主制民族主义都反映了沙特民族主义的不同侧面，只是在某个阶段某种特性表现得更为鲜明。

（6）中东一些民族主义派别对西方的敌视异常强烈。这种敌视及敌对行为导致美国著名政治学家塞缪尔·亨廷顿在《文明的冲突》中把伊斯兰教视为西方的首要敌人，而美国政府也将宗教激进主义与核扩散、毒品走私、地区性扩张国家列为冷战结束后的主要威胁，美国在"9·11"事件后更是将伊拉克、伊朗、利比亚三国视为重点打击对象（叙利亚也因"支持恐怖主义"而受到猜疑）。这些都说明了西方对中东一些民族主义势力的极端恐惧。究竟何以至此呢？与亚洲人或非洲人不同，作为西方的近邻，历史上阿拉伯人曾无数次与欧洲人交手，阿拉伯军队曾席卷整个伊比利亚半岛，奥斯曼帝国则占有大半个巴尔干半岛。近代，中东地区却成为西方列强的殖民地。这种心理上的打击确实是难以承受的，因此许多穆斯林对西方怀有刻骨铭心的敌意，其中甚至包括沙特这样的亲西方伊斯兰国家的民众。此外，20世纪西方对阿拉伯世界的殖民统治、对犹太复国主义的大力支持、西方文化的汹涌入侵等，更加深了伊斯兰世界的仇恨，而伊斯兰教一贯倡导的"圣战"精神、中东部族文化中的血亲复仇思想、丰富的石油资源进一步鼓励了一些伊斯兰组织和政府采取极端措施，发展大规模杀伤性武器，以对付西方及以色列。在思想上和政治上，伊斯兰教的入世性传统使伊斯兰民族主义者从传统文化中寻求依据，从而拒绝了世俗民族主义的现代化模式。

总之，中东的民族主义在亚非拉民族主义的舞台上占据着极其独特的位置，对人类社会的发展作出过巨大的贡献。可以预言，中东民族主义在 21 世纪的道路依然崎岖不平，但它将继续寻求自身的完善，创造新的辉煌。

（原载肖宪主编《世纪之交看中东》，时事出版社，1998）

第二次世界大战与中东民族
主义的发展

　　1945 年，人类历史上空前惨烈的第二次世界大战结束了。二战不仅对世界格局产生了深刻影响，而且对亚非拉地区的政治经济和思想文化的发展产生了重大而深远的影响。大战中，中东直接受军事行动影响的地区仅有马格里布，这与第一次世界大战整个西亚卷入战争的情况大不相同。尽管如此，在亚非拉地区中，中东受第二次世界大战的影响仅次于东亚和东南亚地区。下面简略分析一下二战对中东民族主义发展的影响。

　　人们普遍认为，第二次世界大战是三大政治势力即法西斯主义、西方民主制度和社会主义的决战。但实际上，民族主义应当作为第四种势力被列入其中。因为亚非国家不但最早遭受侵略，而且对大战的胜利作出了巨大而卓越的贡献。与其他三种基本定型的势力相比，民族主义的发展具有更强的可塑性，因为它在独立后国家的发展方向上尚未作出明确选择，这使得它不可避免地受到二战的深刻影响。

中东在战前基本上属于英法的势力范围，绝大多数国家为两国的委任统治国、殖民地或保护国，仅土耳其、沙特阿拉伯、伊朗、阿富汗和也门保持独立，埃及和伊拉克、外约旦等国则徒具形式上的独立。二战前中东民族主义的主要特点有：一方面，斗争的对象是英法等老牌殖民主义国家，目标是争取独立；另一方面，民族主义仍然把西方的政治经济制度作为学习的榜样。从阶级基础上看，这一时期居主导地位的是民族资产阶级、地主阶级和部落酋长，其民族主义思想具有明显的保守性，这突出表现为缺乏较为深入的社会改革，以及在反对英法殖民主义斗争中的软弱妥协倾向。[1] 阿拉伯学者阿尔伯特·胡拉尼将这一时期的民族主义称为"贵族领导"，指出他们信仰的是"自由主义"，即"立宪政府、大众教育、妇女选举权和学术自由"。[2]

二战对中东民族主义的第一个影响表现在法西斯主义兴起

---

① 参见彭树智《现代民族主义运动史》，西北大学出版社，1987；彭树智《东方民族主义思潮》，西北大学出版社，1992。

② Albert Hourani, *The Emergence of the Modern Middle East*, London：Macmillan, 1981, pp. 187-188. 他甚至认为，华夫脱党、麦加谢里夫侯赛因等民族主义领导集团并非真正寻求独立，他们仍像奥斯曼帝国时代那样，只是希望"在他（欧洲统治者）和他们之间创造一种新的平衡……他们将作为统治者和被统治者之间的中介者行事，利用自己的权力使力量平衡向有利于地方利益的方向倾斜"（第71页）。另参见 Albert Hourani, *Arabic Thought in the Liberal Age, 1798－1939*, London：Oxford University Press, 1962。

对民族主义发展趋势的影响。一战后，西方的部分学者对西方文明进行了反省和批判，因此出现了一批著作，如斯宾格勒的《西方的衰落》和 R. 盖农的《现代世界的危机》，但它们在中东影响不大。20 世纪 30 年代以后，随着欧洲法西斯主义的兴起，中东的一些民族主义者，尤其是其中的激进分子开始认为，西方的民主制度已经彻底衰落，不再具有生命力。如果说西方文明在它的故乡都已苟延残喘，那它在文化传统截然不同的伊斯兰世界就更没有存在的可能和必要了。美籍伊朗学者纳斯尔指出，二战后"伊斯兰知识界普遍意识到，西方文明本身即存在对这一文明的深刻批判，众多穆斯林曾经竭力仿效的西方模式本身已经土崩瓦解"。① 不仅如此，埃及和伊拉克等国的议会制政府无法带领人民实现真正的民族独立并解决国内的社会经济问题，加上政界上层的腐败，更是加深了激进民族主义力量对议会民主的失望。因此，中东的民族主义者开始重新探讨国家的发展道路问题，并由此推动了阿拉伯社会主义和伊斯兰民族主义的发展。

阿拉伯社会主义在二战前形成于叙利亚，其主要流派是复兴社会主义，创始人为米歇尔·阿弗拉克。它主张把社会主义与伊斯兰教和阿拉伯民族主义相结合，实行激进的社会改革措施，其具体措施包括实行国有化、土地改革、制订经济计划等。在政治上，它主张以共和制代替君主制，实行一党集权，

---

① Seyyed Hossein Nasr, *Traditional Islam in the Modern World*, New York: John Wiley & Sons, 1987, p. 83.

而反对西方的多党政治。

伊斯兰教在近代曾经是中东民族主义运动的主要意识形态。从 19 世纪末开始，以贾马鲁丁·阿富汗尼和穆罕默德·阿卜杜为代表的先进人士提出了泛伊斯兰主义和现代主义思想。其后，上述思想经拉希德·里达、阿布德·拉赫曼·卡瓦克比和阿卜杜勒·拉赫曼·巴扎兹发展为阿拉伯民族主义，又经阿弗拉克发展为阿拉伯社会主义。同时，世俗的民族主义也逐渐在土耳其、伊朗等非阿拉伯国家的民族斗争中占据了主导地位。此外，现代主义内部的宗教因素经里达的思想向另一条道路发展，即伊斯兰民族主义，1928 年在埃及出现了由哈桑·班纳等人创立的穆斯林兄弟会（以下简称"穆兄会"）。穆兄会主张回归原始教义、建立一个基于伊斯兰教的社会，并将所有伊斯兰国家联合成一个统一的政治实体。穆兄会在二战期间开始建立军事组织，并逐渐在外约旦、叙利亚、苏丹、巴勒斯坦等地建立分支机构。

伴随新的民族主义思想而来的是民族主义社会基础的变化，即小资产阶级开始取代其他阶级成为民族主义的代言人。二战前，中东在社会方面经历了重大变化。随着该地区独立、半独立政权的建立，各国的政府机构、教育和军队都有不同程度的发展，社会上出现了一个日益壮大的小资产阶级，包括知识分子、官员、军官等。在军队中，出现了大批来自社会中下阶层的军官，他们逐步取代奥斯曼帝国时代的旧军官并掌握了军队的部分权力。① 青年军官对时局和老一代民族主义者的不满导致了其政治倾向的激进化和秘密组织的建立，如 1942 年埃及自由军官组织的初步形成。在伊斯兰运动中，小资产阶级组织也取代传统的宗教团体乌里玛和苏非派教团而成为主要的领导力量。

民族主义思想的变化也反映在对待大国的态度上。二战前，独立的中东国家为了对付英法殖民主义，开始重点发展与在中东地区无殖民主义传统的西方国家（即德、日、意、美）的关系，伊朗国王甚至提出"第三国主义"作为这一外交指导思想的理论阐述。② 而轴心国家的法西斯主义倾向并没有引起中东国家的忧虑。因此，德、日、意等国积极地在伊朗、阿富汗、也门开展贸易往来并提供军事装备，其中德国 1939 年在伊朗的进口额与出口额中分别占到 49% 和 26%。③此外，大量德、意间谍也在上述国家大肆活动、搜集情报，进行法西斯宣传。就连亲英的沙特阿拉伯也开始发展与纳粹德国的关系。第二次世界大战开始后，埃及的法鲁克国王、政府和土耳其政府均表现出一定的亲德倾向，而伊拉克亲德的民族主义势力和军官集团联合发动了反对亲英政客努里·赛义德的政变。

---

① 参见 Mohammad A. Tarbush, *The Role of the Military in Politics: A Case Study of Iraq to 1941*, London: Kegan Paul International, 1982。

② 在轴心国中，意大利对利比亚和埃塞俄比亚发动了侵略战争，因而引起某些阿拉伯国家的警觉。

③ Raj Narain Gupta, *Iran: An Economic Study*, New Delhi: Indian Institute of International Affairs, 1947, p. 130.

与轴心国发展关系的不仅有中东的独立国家，而且有尚未独立国家的民族主义党派。轴心国的胜利受到了当地人民的普遍欢迎，他们把这看作彻底摆脱英法殖民统治的绝好时机。因领导阿拉伯起义而流亡国外的巴勒斯坦穆夫提阿明·侯赛尼也在大战中继续从事反英活动，参与了伊拉克的政变。1941 年，他到达德国，试图争取纳粹，给巴勒斯坦人的斗争以实际支持，但最后未能如愿。埃及以纳赛尔和萨达特为首的进步军官于 1942 年开始酝酿成立自由军官组织，萨达特等人曾与利比亚的意大利人和德国著名将领隆美尔进行秘密接触，试图摆脱英国统治。[①] 穆兄会的部分成员也发动了声援德国的示威活动，喊出了"前进吧，隆美尔"的口号。在摩洛哥，一些民族主义者从法属地区进入西（班牙）属地区，他们的活动得到了佛朗哥法西斯政权的支持。

尤其值得注意的是法西斯主义的思想、策略和组织方式对中东民族主义的影响。埃及的另一个伊斯兰组织"青年埃及"还将自己的名称改为民族主义伊斯兰党，发起了欧洲法西斯式的"绿衫"青年运动。为了与之抗衡，资格最老的民族主义政党华夫脱党相应建立了"蓝衫军"。[②]

尽管中东的民族主义表现出对法西斯主义的某种靠近，但这并不代表它对后者的赞同。其真实用意在于利用对中东地区

---

① 〔英〕罗伯特·史蒂文思：《纳赛尔传》，王威等译，世界知识出版社，1992，第 28~29 页。

② 〔英〕罗伯特·史蒂文思：《纳赛尔传》，王威等译，世界知识出版社，1992，第 12 页。

尚未构成威胁的法西斯主义来对抗英法殖民主义，争取民族独立。在某些情况下，这种做法兼有遏制其他法西斯国家的扩张（如沙特接近德国是为了制衡意大利在红海的势力）和苏联的压力（土耳其、伊朗和阿富汗）的意图。

二战对中东民族主义的第二个影响即英法势力的最终衰落和美苏第一次大规模卷入中东，两个超级大国最终取代了战前英法的地位，由此形成了中东两大阵营的对立。

作为中东的殖民大国，英法两国的殖民政策有很大区别。英国政府向来以圆滑和善于妥协著称，因此它能够对温和的民族主义势力做出让步，给予后者形式上的独立，以维护自己的关键利益。这充分表现为它允许哈希姆家族在外约旦和伊拉克建立民族政府，并于1936年与埃及华夫脱党政府签订同盟条约，终止除运河区以外的军事占领。相反，法国则以自己在中东负有"传播文明的使命"而自居，拉拢居人口少数的基督徒，对民族主义势力予以无情的镇压。特别是在法国沦陷后，自由法国为避免维希政权指责其出卖民族利益，在殖民地问题上采取了强硬方针，这使法国在国际上进一步陷于孤立境地。

欧洲战争危险的日益临近进一步凸显了中东的战略地位，因此中东民族主义者向欧洲法西斯的靠拢使英国焦虑万分。它两度干涉埃及政局、把支持英国的华夫脱党扶上政坛，并迅速扑灭了伊拉克的动乱，与苏联联合出兵占领伊朗，向阿富汗发出了驱逐轴心国侨民的最后通牒。尽管英国最终避免了轴心国占领中东的结果，但它的上述做法及其与自由法国竭力维持其在中东的殖民势力的努力在中东国家人民中激起了更深的仇恨，加强了中东民族主义者对英法的敌意。

但是，随着大战的进行，英国逐渐认识到争取阿拉伯人的重要性。因此，它支持叙利亚和黎巴嫩的独立斗争，为此不惜得罪自由法国。在巴勒斯坦问题上，它不再支持犹太人的复国努力，而把获得阿拉伯人的支持作为第一目标，在战后面临犹太复国主义的激烈反抗时将问题提交给联合国，并在第一次中东战争期间向阿拉伯国家提供武器。英国甚至支持温和的泛阿拉伯主义势力，后者于1945年3月成立了阿拉伯国家联盟。尽管如此，第二次世界大战毕竟对英法殖民主义造成极大的削弱，它们在中东的特权地位已经一去不复返了。

第二次世界大战前，美国对中东影响不大，它主要在沙特阿拉伯、巴林、科威特和埃及拥有石油权益。作为一个在中东没有殖民主义传统的西方大国，一向标榜自由民主的美国在中东享有较高的威望，特别是在美英发表了赞成民族自决的《大西洋宪章》之后。《大西洋宪章》成为中东民族主义反对殖民统治、争取民族自决的依据。

但是，美国在战争中寻求的目标是扩大自己在中东地区的大国利益。因此，它对中东民族主义摆脱英法统治的努力并未给予有力的支持。在二战中，美国巩固了它在沙特的经济和军事利益，在伊朗确立了自己的地位，并通过中东补给中心逐步建立在中东的经济影响力。战争结束不久，美国将土耳其和伊朗拉入西方的军事集团，并为以色列争得了独立，在利比亚建立了军事基地，从而排挤了英法两国，牢固地确立了自己在中东的地位。杜鲁门主义的出台，不仅标志着冷战的开始，而且标志着美国作为在中东影响力最大的西方国家地位的确立。然而，由于美国的中东战略服从于其全球战略，它大力拉拢敌视苏联的保守的北层非阿拉伯国家参加其军事集团，并与以色列建立了依存关系，这也激怒了阿拉伯国家，从而削弱了美国在中东的影响力。

中东对苏联具有更为重要的意义。中东位于苏联南翼，中东的局势直接影响到苏联边界的安全。战后，苏联在东欧和远东建立了自己的势力范围，中东作为苏联柔软的下腹部的重要性尤其突出。在第二次世界大战中，苏联利用自己的经济和军事实力，第一次企图确立其在中东的政治军事存在，以保障南部领土的安全和扩大其在世界上的影响。苏联在大战中和战后初期针对中东采取的重大行动涉及以下几个方面。

第一，与英国联合出兵伊朗，在战后向伊朗和土耳其提出无端要求，企图将南部邻国划入自己的势力范围。1941年，苏联与英国联合出兵占领伊朗，推翻了具有亲德倾向的礼萨汗政权。不仅如此，战后苏联拒绝撤军，而且在伊朗北部建立了"独立"的库尔德斯坦，并要求获得石油租让权。它还向土耳其提出了有关海峡和领土的非分要求。第二，向盟国提出托管利比亚的的黎波里，试图在此建立军事基地，从而建立在东地中海的军事存在。第三，支持联合国的巴勒斯坦分治决议，试图与以色列建立密切关系。也正是在苏联和东欧集团的全力支持下，联合国有关决议才最终获得通过。此外，它还通过捷克斯洛伐克向以色列提供了大批军火，成为犹太人军火的主要来源。

苏联的上述举动不但未能达到其扩大在中东影响的预定目标，反而引起西方的警觉和相应的遏制行动。中东因此成为美国首先展开冷战的地区，后者利用苏联"威胁"将北部三国（土耳其、伊朗、巴基斯坦）和亲英的阿拉伯国家伊拉克成功地拉入西方阵营，建立了巴格达条约组织。美国最初的计划是把包括以色列和阿拉伯国家在内的所有中东国家拉进这个军事集团，但因阿拉伯国家对以色列的强烈敌视以及沙特家族与伊拉克和约旦的哈希姆家族的矛盾难以化解而未能成功。

苏联面对挫折并不甘心，它很快抛弃了以色列，并利用20世纪50年代兴起的激进的阿拉伯民族主义在南部的埃及、叙利亚、也门等国确立了自己的政治、经济和军事影响，鼓励这些国家走"非资本主义道路"，由此形成了南层激进的阿拉伯国家与北层保守的非阿拉伯国家对峙的局面。

二战对中东民族主义的第三个影响是少数民族的民族主义在中东的兴起，其中最重要的是犹太复国主义势力的壮大。犹太复国主义是一种特殊的民族主义。[①] 犹太复国主义者企图在巴勒斯坦复国，并受到英国委任统治当局的保护，因而与阿拉

---

① 参见黄民兴《试论作为民族主义的劳工犹太复国主义的特征》，《史学月刊》1996年第2期。

伯民族主义者产生了激烈冲突。到20世纪30年代后期，英国开始意识到阿拉伯国家对其中东利益的重要性，因而对犹太人采取了日益强硬的政策，企图限制他们的移民，这突出表现在1939年的《关于巴勒斯坦问题白皮书》上。但是，纳粹德国的屠犹政策在国际上给英国造成了巨大压力，特别是战后大批流离失所的欧洲犹太人已经因遭受迫害而处于极其悲惨的境地。美国因此向英国施加了巨大压力，要求它接收犹太难民。另外，巴勒斯坦的犹太社团利用第二次世界大战加强了他们的地位，建立了一支正规军，并做好了与阿拉伯人开战的准备，在国际上赢得了许多国家的同情。以色列在阿拉伯心脏地带的出现，极大地加速了中东民族主义激进化的进程，并深化了阿拉伯世界与以美国为首的西方国家的矛盾。

除犹太复国主义以外，其他未能建立自己国家的中东非阿拉伯民族如库尔德人等也利用战争的时机发展自己的力量，争取实现民族独立。库尔德人早在第一次世界大战后即开始了争取民族独立的斗争，在土耳其、伊拉克和伊朗多次发动反抗运动。第二次世界大战爆发后，库尔德民族主义者纷纷建立自己的组织，如伊拉克的解放社和希望社、伊朗的库尔德青年委员会等。其中，伊朗的库尔德青年委员会联合其他组织成立库尔德民主党，并在其他国家建立了支部。1943年，伊拉克的库尔德人在穆拉·穆斯塔法·巴尔扎尼的领导下发动起义，直到1945年才被英军镇压下去。在伊朗的苏联占领区，库尔德民主党于1945年12月成立了"库尔德共和国"，但该政权在苏军撤军后即被政府军所取缔。[①] 因此，尽管库尔德人与犹太人相比并未在民族独立方面取得真正的成就，但其民族运动的兴起使中东的政治局势更加复杂多变。

因此，第二次世界大战后中东民族主义的发展出现了新局面。在一些尚未独立的国家，激进的民族主义者开始掌握民族运动的领导权，如南也门、阿尔及利亚和突尼斯；而在已经独立的国家，他们则发动了反对君主制或现政权的"社会革命"，建立了共和制国家或激进政权，如埃及、伊拉克、也门、叙利亚等国。但在一些社会经济较为落后的国家，君主制则被保留下来。在土耳其和黎巴嫩，民族资产阶级仍然保持着国家或民族运动的领导权。在巴勒斯坦，犹太复国主义终于建立了以色列国，而激进的阿拉伯民族主义直到 20 世纪 60 年代中期才建立了自己的组织。

可见，二战后初期中东存在着三大民族主义潮流，即保守的君主制民族主义（伊朗、阿富汗、哈希姆伊拉克王国、约旦、沙特阿拉伯、也门、摩洛哥和利比亚等）[②]、激进的阿拉伯社会主义（埃及、叙利亚、突尼斯和阿尔及利亚）和伊斯兰民族主义。此外还有个别国家介于其间，如土耳其、黎巴嫩和以色列为世俗的共和制民族主义，沙特阿拉伯则兼有君主制民族主义和伊斯兰民族主义的特点。在三大潮流中，君主制民族主

---

① 王新刚：《库尔德人：一个被分割的民族》，《中东研究》1991 年合刊。
② 参见黄民兴《试析阿富汗君主制民族主义运动的分期及其特点》，《中东研究》1994 年第 2 期。

义基本上对内实行保守的现代化政策，对外多与西方国家签订双边或多边的军事政治条约，允许西方国家建立军事基地。阿拉伯社会主义国家则对内实行激进的社会经济改革，对外奉行"积极中立"政策，同时与苏联和东欧集团建立密切的军事、政治和经济关系。前两者均为执政的正统意识形态，而伊斯兰民族主义总体上仍是民间的思想潮流，直到 20 世纪 70 年代才成为一场向执政地位迈进的声势浩大的运动。总而言之，战后新兴的阿拉伯社会主义和伊斯兰民族主义的政策和观点反映出中东小资产阶级企图摆脱对西方的盲目效法，而从传统文化和社会主义国家借鉴有助于振兴民族、复兴国家的有益内容和经验。显然，第二次世界大战开辟了中东民族主义的新天地。

（原载《西安教育学院学报》1996 年第 4 期）

试论 20 世纪中东君主制的变迁

翻开战后世界的政治地图，人们很快就会发现一个明显的事实，即中东是第三世界君主制的大本营。二战后初期，中东的君主国包括伊拉克、外约旦、沙特阿拉伯、也门、阿曼、伊朗、阿富汗、埃及、利比亚和摩洛哥 10 国，而 20 世纪六七十年代还有科威特、巴林、卡塔尔和阿拉伯联合酋长国 4 国先后独立，加入君主国的行列。本文主要分析 20 世纪中东君主制的变迁，从中探索第三世界的历史变迁。

一　中东君主制的起源

影响中东君主制起源的因素相当复杂，归纳起来主要有四个方面。

第一，中东地区沙漠地形的广泛分布、以干旱半干旱为主的气候以及由此而来的游牧业在地区经济中的重要地位。中东地区沙漠广布，最著名的有北非的撒哈拉大沙漠和阿拉伯半岛的鲁卜哈利沙漠。北非和阿拉伯半岛大都属于热带沙漠气候，而游牧业是唯一适合干旱半干旱地区的经济形式。在沙特阿拉伯，1932 年建国时游牧民占到总人口的一半以上。游牧民一般畜养骆驼，其特点是根据牧场和水源的季节性变化而进行游牧迁徙，许多部落在迁徙的同时也沿途与农民和市民开展贸易活动。此外，在不少定居地区还有依赖邻近的小片牧场发展的半游牧经济，主要畜养绵羊，兼营农业，这实际上也是游牧业向定居农业过渡的经济形式。

值得注意的是，游牧经济自古代以来经历了重大扩张。公元前 12 世纪以后，中东地区（以及整个北半球中低纬度地带）的气候向着冷凉、偏干旱方向发展，沙漠化和土壤盐碱化日趋严重，这是中东古代文明趋于衰落的原因之一。[①] 阿拉伯帝国崩溃后，中东进入了政治动荡的时期，来自其他地区的游牧民（如蒙古人）不断入侵中东地区，向定居地区渗透，由此导致了农业的逐渐衰退、游牧地区的进一步扩大和土地的沙漠化。例如，耶路撒冷的年平均降雨量就从 1881 ~ 1910 年的 25 英寸下降到 1921 ~ 1950 年的 19.5 英寸。[②]

第二，中东社会结构对君主制的认同。从社会组织上看，中东以部落家族为中心的社会结构有利于君主制的建立和延

---

① 参见王会昌《古典文明的摇篮与墓地》，华中师范大学出版社，1997。
② 〔美〕A. 泰勒主编《中东》，北京大学地质地理系经济地理专业译，北京人民出版社，1976，第 23 页。

续。如前所述，中古以来游牧经济呈扩张趋势，而游牧民的社会组织形式是部落，另外部落也存在于定居的农业人口中。历史上，部落在中东国家的形成中发挥着重要作用。[①] 穆罕默德创立伊斯兰教，就是把四分五裂的阿拉伯部落联合为神权国家的一次尝试，由此出现了哈里发国家。近代的沙特国家和阿富汗国家均是在部落的基础上形成的，苏丹的马赫迪国家和利比亚的赛努西教团同样有部落的背景。除上述国家外，部落在约旦、伊拉克和海湾各酋长国的政治结构中也起着相当重要的作用。当然，部落的独立性对中央集权国家的发展是一个阻碍，因此部落与国家的关系是相当微妙的。

19世纪中期以来，中东特别是阿拉伯地区社会结构的一个重大变化是地主阶级的逐步形成。此前，奥斯曼帝国为了加强中央集权，一直奉行阻止地方权力发展的政策。到19世纪中期，由于中央权力的加强和欧洲对食品需求的增长，帝国政府颁布了土地法并实行土地登记，此后大地主阶级便迅速发展起来，其成员包括部落酋长、商人、官员等，他们中相当一部分人投资发展起了商品性大农业。新的阿拉伯大地主阶级在20世纪初帝国权力被青年土耳其派接管以后，抵制当局的资产阶级改革和泛突厥主义政策，积极鼓励阿拉伯各省的分立，继而成为推动独立、开创后来的阿拉伯君主国的有力支持者。在新独立的伊拉克，君主自身也是大地主，1958年革命前王室即拥

---

① 参见刘竞、安维华主编《现代海湾国家政治制度研究》，中国社会科学出版社，1994，第40~44、76~91页。

有 17.7 万杜诺姆土地。[①]

从文化上看，伊斯兰教也对君主制的发展起到了推动作用。穆罕默德创立的国家是一个神权国家，四大哈里发时期哈里发的继承形成了选举产生的惯例。倭马亚王朝建立后，君主改为世袭，神权政治已徒具形式。奥斯曼帝国实行政教合一，素丹兼有哈里发称号，但实际上君权高于神权，甚至连强烈主张宗教干政的什叶派国家也是如此。因此，后期伊斯兰国家实行一定限度的政教分离，君主主管政务，神职人员负责宗教、教育、司法事务，一般情况下后者服从前者的统治。[②]

另外，伊斯兰教也是近现代中东君主国合法性的重要来源。上文所述的沙特阿拉伯、利比亚均是在伊斯兰运动的基础上形成的。也门和伊朗信奉其他教派，即栽德派和什叶派，但上述教派也在事实上发挥了民族运动中的意识形态引导作用。在伊拉克、约旦、摩洛哥、沙特阿拉伯和科威特（以及早期的汉志王国）等国家，王室也都宣称自己为先知后裔，以此加强政权的合法性。

第三，君主在民族运动中发挥了领导作用，分为两种情

---

① 参见 Hanna Batatu, *The Old Social Classes and the Revolutionary Movements of Iraq: A Study of Iraq's Old Landed and Commercial Classes and of Its Communists, Ba'thists, and Free Officers*, Princeton: Princeton University Press, 1978, p. 56。1 杜诺姆约等于 3.75 亩。

② Michael C. Hudson, *Arab Politics: The Search for Legitimacy*, New Haven and London: Yale University Press, 1977, pp. 91–99; Metin Heper, Raphael Israeli, eds., *Islam and Politics in the Modern Middle East*, Boulder: Lynne Rienner Pub., 1984, pp. 22–25.

况。一是，在社会经济较为落后的国家，君主或争取成为君主的贵族、军官、宗教领袖往往成为运动的主导力量，发挥了领导者和组织者的作用，从而具有巨大的威信和感召力。伊拉克和约旦的哈希姆家族、也门的伊玛目、利比亚的赛努西教团首领、阿富汗国王阿马努拉、伊朗的礼萨汗、阿曼教长以及某种程度上沙特阿拉伯的伊本·沙特均是如此。他们大体上成功地建立或维持了独立的君主制国家，或恢复了国家的主权，尽管一些国家（如伊拉克和约旦）的独立还远不够彻底。二是，一些社会经济相对发达的国家，民族资产阶级成为民族运动的领导者，因此君主的政治态度便成为王权存在的关键。在土耳其，君主对民族运动的敌视最终导致了中东第一个共和国的建立，而第二次世界大战后的突尼斯也走上了同样的道路。摩洛哥历代君王对西方妥协退让，但穆罕默德五世积极投身于独立运动，一跃成为明星人物，君主制国家因此得以保全。

第四，西方国家对君主政权的支持。为了维持对中东国家的控制、阻止其他列强的染指和民族运动的发展、减少宗主国的支出，西方国家，特别是英国竭力维护当地君主的统治，向其提供政治、经济、军事方面的援助，必要时即在自己的委任统治地直接建立新的君主制国家。英国的做法大体有三种。在科威特和特鲁西尔诸国（今阿拉伯联合酋长国、卡塔尔和巴林），英国与当地的酋长签订保护协定，维持其统治；在阿曼，英国支持素丹镇压反英的教长起义；在外约旦和伊拉克，英国支持汉志的哈希姆家族成员担任这两个作为委任统治地的国家的国王。相比之下，法国更加强调直接统治和文化同化，对主张独立的君主如摩洛哥的穆罕默德五世和前叙利亚国王费萨尔持强硬态度，但这反而提高了后者作为民族运动领袖的声誉。第二次世界大战后，包括美国在内的西方国家为阻止民族主义运动的发展，积极支持亲西方的君主制国家政府，并竭力使其加入反对苏联的军事集团和双边军事条约，在其领土内设立军事基地，甚至多次干涉中东事务（如 1958 年支持约旦、黎巴嫩的行动和 1991 年海湾战争）。

总之，正是中东独特的地理环境、社会经济和文化，以及君主在民族运动中的作用和西方国家的态度，决定了 20 世纪中东地区大批君主制国家的存在。现代中东君主制的产生或延续大体上有 5 种方式。（1）君主或贵族领导民族运动取得胜利，建立或巩固王朝统治（阿富汗、伊朗和摩洛哥）。（2）由宗教领袖或与之联盟的贵族领导民族运动取得胜利、统一分散的部落社会，而后建立或恢复君主统治（利比亚、也门和沙特，其中利比亚和沙特两国的民族运动也是宗教改革运动）。（3）宗主国将委任统治地交由支持独立的外来贵族统治，建立君主制（约旦和伊拉克）。（4）宗主国与当地酋长签订协定，维持其统治，允许其独立（海湾诸酋长国）。（5）西方国家向君主提供军事和财政援助，镇压反对君主和西方的民族运动（阿曼）。显然，君主制的建立或巩固在总体上适应了这些国家政治、社会、经济的发展水平，并对其进一步的发展起到了推动作用，尽管一些国家是在西方国家的支持下建立或延续的。

二　中东君主制国家的现代化

显然，君主制的产生或延续基本上适应了中东地区社会经济发展的需要，我们可以将其列为民族主义的一种流派，即君主制民族主义。[①] 因此，独立后的君主制国家走上了推进现代化改革、发展社会经济、巩固民族独立的道路，特别是在第二次世界大战以后。这是近代中东君主制国家现代化改革的继续。从主观上看，一些君主确实希望看到国家繁荣强盛。从客观上看，一系列因素又影响着他们作出上述决策，这包括本国日渐壮大的资产阶级、知识阶层和普通人民的要求，邻近国家（特别是一些共和国）激进的社会改革和经济发展计划的实施，西方国家的压力等。因此，推进现代化的根本目的在于巩固王朝统治，这在很大程度上决定了其现代化的内容、方式和结果。中东君主制国家的现代化包括经济、社会、政治和军事四个方面。

（1）经济的现代化。中东的君主制国家从经济上可分为产油国和非产油国，后者包括约旦、阿富汗、也门和摩洛哥。其中，产油国依靠巨额石油收入，非产油国依靠外援和侨汇，二战后这两类国家都进行了大规模的经济建设。一般而论，君主制国家没有进行土地改革和国有化，而仅仅把部分国有荒地分

---

① 参见黄民兴《中东民族主义的类型和源流探析》，载肖宪主编《世纪之交看中东》，时事出版社，1998。

给无地的游牧民和农民，并将原属殖民者的厂矿、种植园和油田收归国有。不过，伊朗作为例外，其于 1963 年开始的白色革命包括了土改，到 1972 年共有 250 万农户分得土地，但33% 的农民仍然没有土地。[①] 但是，君主制国家在发展国家资本主义方面是一致的，其形式有制订经济计划、控制经济资源和商品价格、国家投资、建立行业性和地区性经济组织等。另外，由于产油国和非产油国资本积累的情况大不相同，它们之间的差距随着现代化进程的不断推进而拉大了。

随着经济的发展，中东各君主制国家的人均国民生产总值（GNP）迅速提高。1979 年，阿联酋的人均产值达到 14420 美元，沙特阿拉伯为 4980 美元，约旦为 1200 美元，摩洛哥最低，为 570 美元。[②] 同时，各国的经济结构也出现重大变化。1977 年，制造业在伊朗国内生产总值（GDP）中占到 12%，在其他海湾国家接近 10%。石油仍是各产油国的支柱产业，而石油化工则是其制造业的主要组成部分，仅伊朗发展起了一个较为完善的工业体系。相比之下，各国农业占 GDP 的比重迅速下降，1979 年海湾各君主制国家的农业仅占 GDP 的 0.2% ~ 2.7%，约旦和摩洛哥分别为 8.3% 和 18.0%。[③] 扣除石油产值后，各国的经济结构均以服务业为主，工业次之，而农业最弱

---

① 彭树智主编《二十世纪中东史》，高等教育出版社，1992，第 258 页。
② Sami G. Hajjar, *The Middle East: From Transition to Development*, Boston: Brill, 1985, p. 47.
③ Yusif A. Sayigh, *Arab Economy: Past Performance and Future Prospects*, New York: Oxford University Press, 1982, pp. 104-105.

（但个别国家如阿富汗的农业仍是该国最大的产业部门）。从技术水平上看，产油国已经拥有达到国际先进水平的基础设施和工业企业，尤其是石化企业。各国的城市化也迅速发展。1985年，科威特、阿联酋的人口城市化率已分别达到79%和92%，沙特阿拉伯、约旦、摩洛哥、巴林达到42%～72%，仅阿曼仍停留在9%。与此相适应，中东各国的文化、教育、卫生和人民生活水平也在不断提高。

然而，中东君主制国家的现代化仍存在不少问题。就产油国而言，虽然它们已收回石油主权，并一度控制了油价，但其经济仍具有依附性，这表现在外贸出口以石油和石化产品为主、进口以西方的机器设备和高档消费品为主、石油美元向西方大量回流以及制造业的弱小上。[①] 伊朗的土改也不彻底，大批农民因无法偿还购地及用水、耕畜和种子的费用而重新出卖土地，纷纷流入城市；城市中的手工业者则因无法获得贷款和政府的其他扶持、无力与大企业竞争而大批破产，沦为贫民。在一些产油国，王室对石油收入的垄断造成严重的两极分化。

在非产油国，资本的匮乏导致经济发展的迟缓。1951～1972年，阿富汗的国民生产总值年平均增长率仅为2.8%，联合国将其列为最不发达国家。[②] 而摩洛哥20世纪60年代的经

---

① 参见黄民兴《石油收入的地租性及其对中东产油国的影响》，《西北大学学报》（哲学社会科学版）1998年第4期。

② Maxwell J. Fry, *The Afghan Economy: Money, Finance and the Critical Constraints to Economic Development*, Leiden: Brill, 1974, p.40. 最不发达国家的标准为人均国民生产总值低于100美元，制造业在国民生产总值中的比重低于10%，居民识字率低于20%。

济发展速度在阿拉伯世界也是最低的。只有约旦因获得海湾国家的大量外援，本国教育的发展又推动了向产油国的高层劳务输出，赚取了巨额侨汇，经济发展速度较快。

（2）社会改革与变迁。在大力发展经济的同时，一些君主制国家对社会改革给予了不同程度的重视。这些改革包括五个方面。[①] 第一，宗教改革。包括将宗教界的权力限制在宗教事务上、剥夺教产、把宗教人员纳入公务员体系等。第二，司法改革。主要是颁布了一系列现代意义上的法规，如民法、刑法、商法、公司法、劳工法等，同时建立相应世俗法院。最激烈的改革即与妇女有关的家庭法（涉及婚姻、子女监护和继承）改革，伊朗、约旦和摩洛哥三国颁布了家庭法，从而彻底取代了教法。第三，社会改革。如鼓励妇女就业、废弃妇女佩戴面纱的规定、授予妇女选举权、实行土地改革及在服饰、历法、贵族头衔等方面的改革。第四，教育改革。例如发展现代教育和女子教育、改革传统的宗教教育等。第五，文化改革。包括发展民族语言、开展本民族历史的研究、发展图书馆及博物馆事业等。非阿拉伯国家如伊朗和阿富汗在这方面改革措施特别突出。上述改革推动了中东君主制国家社会的发展。

随着经济的发展，社会关系也或快或慢地发生了变动。城市的发展导致农村人口向城市大量移民，从而削弱了部落家族制度的影响。交通运输、现代教育和大众传媒的发展也腐蚀着

---

① 参见彭树智主编《伊斯兰教与中东现代化进程》，西北大学出版社，1997，第三章第二节。

农村的酋长、地主和毛拉的传统权力，伊朗的大地主阶层尤其受到土改打击。在城市，新兴的知识阶层、产业工人、官员的人数迅速增长，资产阶级的实力不断膨胀，其成员大量来自地主阶层，这一过程在海湾阿拉伯君主制国家主要始于 20 世纪70 年代。在科威特，1979 年地主的收入仅占地主与工商业者收入总和的 0.05%。[①] 王室本身也发生了变化。许多王室成员通过积极从事投机和工商活动，跨入了大资产阶级的行列。如巴列维王室拥有国内汽车工业的 35%、水泥工业的 80%、银行保险业的 62%、纺织业的 40%、建筑业的 42%、炼钢业的 55%和旅馆业的 70%。[②] 另外，由于海湾国家劳动力严重不足，70年代以来有许多来自非产油国的人员涌入，形成了庞大的外籍劳工队伍，其人数甚至超过了本国就业人员。外籍劳工在经济发展上起到了关键性作用，但也给产油国的社会政治稳定和文化传统带来了冲击。[③]

中东君主制国家政府采取了一系列措施应对新的社会变动。伊朗的白色革命除土改和给予妇女选举权外，还包括出售国有工厂股份、工人参加企业分红、成立扫盲大军等内容，企图把产业工人和农民都作为政权的社会基础。阿富汗等国政府

① Mahmoud Abdel-Fadil, "The Macro-Behaviour of Oil-Rentier States in the Arab Region," in Hazem Beblawi and Giacomo Luciani, eds., *The Rentier State*, London: Croom Helm, 1987, p. 93。

② Hossein Bashiriyeh, ed., *The State and Revolution in Iran*, London: Croom Helm, 1984, p. 49.

③ 参见黄民兴《沙特阿拉伯——一个产油国人力资源的发展》，西北大学出版社，1998。

则推行了"社区发展计划",旨在促进农村交通运输、教育、农业和手工业的发展。① 海湾各国更是为本国公民建立了完善的社会福利系统。针对外籍人员,国家一方面允许其享受部分社会福利,另一方面则对其居留、工作、旅行、携眷和归化进行了种种限制。

(3)行政和军事的现代化。君主制国家行政和政治制度的现代化包括三个方面。第一,颁布宪法,设立议会,建立二元制君主立宪政体。迄今为止,伊朗(1906 年)、伊拉克(1925年)、埃及和阿富汗(1923 年)、利比亚(1951 年)、摩洛哥和科威特(1962 年)、卡塔尔(1970 年)、阿联酋(1971 年)、巴林(1973 年)和沙特阿拉伯(1992 年)等国均颁布了宪法、临时宪法或基本法。埃及、伊拉克、伊朗和阿富汗等国在二战前已设立了议会,二战后利比亚、摩洛哥、科威特、卡塔尔、巴林、阿联酋和沙特阿拉伯也纷纷成立了议会或协商会议。由此,上述国家在理论上成为二元君主制国家,即由君主及少数人掌握实际权力。

第二,改组和加强中央及地方行政机构。大多数君主制国家在独立或建国初期几乎不存在现代行政制度,王室总揽行政事务,外省和地方事务则由王子和部落酋长掌管。此后,君主制国家逐步建立和完善了现代内阁制度,特别是设立了主管经济事务的财政、工业、石油、农业、商业等部门,地方上创立

---

① 参见彭树智主编《阿富汗史》,陕西旅游出版社,1993,第 289 页。

了由中央委派官员组成的省、县体制，强化了中央的控制。即使是以往已有一定行政基础的伊朗，礼萨汗登基后也撤销了地方的大行政区，而把全国划分为 11 个省和 49 个州，省长和州长均由中央委任。[①]

同时，君主制国家还向非王室贵族和平民开放政府公职，允许部分议员竞选产生。在许多君主制国家，尤其是海湾国家中，王室往往控制着首相、副首相及外交、国防、内政、财政等关键部门的大臣职位。但是，其他职位，特别是涉及经济事务的则逐渐向非王室人员开放。1964 年，阿富汗首相第一次由平民担任。1972 年，沙特阿拉伯 28 名正副大臣中，有 22 人为非王室人员，其中 17 名获得过外国学位。[②] 另外，各国也有相当一部分议员由民选产生，如阿富汗的长老院（67%）和人民院（100%）、伊朗参议院（50%）和众议院（100%）及约旦众议院（70%）。伊朗、阿富汗、利比亚等国还授予妇女以选举权。

不过，各国的大众参与还远不够完善。在科威特，只有年满 21 周岁、有文化或持有科威特国籍满 30 年的男性公民才有选举权，1985 年该国合法选民仅占居民总数的 3.5%。[③] 而且，各国议会并不享有真正的立法权，其主要是提供咨询和通过内

---

① 彭树智：《现代民族主义运动史》，西北大学出版社，1987，第 202 页。
② William Rugh, "Emergence of a New Middle Class in Saudi Arabia," *Middle East Journal*, Vol. 27, No. 1, 1973, pp. 7-20.
③ 刘竞、安维华主编《现代海湾国家政治制度研究》，中国社会科学出版社，1994，第 186 页。

阁立法的机构，伊朗、科威特和巴林等国政府甚至以不同借口中止议会活动。除了某些国家的某些时期（如战前的埃及）和王室的御用政党外，绝大多数国家不允许成立政党乃至工会等群众团体。这充分说明，尽管王室希望扩大政权的社会基础，特别是把知识阶层、工人和农民作为个人融入现存体制，但其并不愿意看到上述阶层作为有组织的力量参与政治。

第三，实行军事现代化。军事现代化是加强中央集权的一个重要方面，因为一支现代化的军队可以有效地抗衡部落武装、维护中央政府的权威。伊本·沙特在统一阿拉伯半岛之后，开始实施军事改革，用装甲车、机枪等新式武器装备军队，并大力发展交通运输和通信事业。他依靠这支初步现代化的军队，粉碎了 1928～1930 年信奉瓦哈比教派的部落军队伊赫万的叛乱。此外，现代化的军队也是君主制国家防御邻国（尤其是共和制国家）及维护王朝统治的工具，而石油收入的迅速增加为产油国的军队现代化奠定了雄厚基础。但是，军队现代化的进行意味着一批具有民主思想的年轻军官的崛起，这对君主制构成了新的威胁，一些国家为此保留了与正规军平行的准军事力量，甚至为之配备了几乎与正规军匹敌的装备。

（4）君主制国家的外交政策。君主制国家的王室在独立后一般能继续奉行民族主义的对外政策。但是，由于王室政权对共产主义和激进的阿拉伯民族主义的敌视，其非常重视与西方国家的关系。我们可以把君主制国家的外交划分为三个类型。

第一类君主制国家与西方保持着密切的经济、政治和军事关系，但同时也支持阿拉伯民族主义。沙特阿拉伯、科威特、卡塔尔、巴林、阿联酋、约旦、摩洛哥和利比亚8国中有6国为产油国，人口稀少，军队数量不多，而且国内还有大量激进的民族主义者。因此，上述国家出于经济利益的考虑和应对阿拉伯共和主义及强大邻国（如两伊）威胁的需要，与西方建立了密切的联系。沙特阿拉伯、巴林和利比亚境内还有美国的军事基地，它们在面临外来威胁时能够得到西方的直接军事援助。但是，上述国家也积极支持阿拉伯共和国反对巴格达条约组织的斗争和巴勒斯坦民族解放事业，沙特阿拉伯还曾与埃及、叙利亚、也门建立过反对巴格达条约组织的军事联盟。在第四次中东战争中，各产油国对西方国家实行石油禁运，有力地支持了埃、叙两国的军事行动。

第二类君主制国家与西方建立了同盟关系，包括两伊和阿曼。其中，两伊均加入了巴格达条约组织，特别是伊朗成为美国的"海湾警察"。阿曼国内有英国的军事基地，并与美国签订了军事合作协定。但上述政策的采取有一定特殊背景。如伊朗一度面临着苏联煽动库尔德人独立的威胁；阿曼是为了镇压与政府敌对的教长国、应对激进的佐法尔游击战争和应付苏联压力；伊拉克则是为了与埃及争夺阿拉伯世界的领导权。然而，伊拉克和伊朗君主制崩溃的原因之一也是其奉行了与西方同盟的政策。

第三类君主制国家奉行接近苏联的政策，包括阿富汗和也门。两国都主张中立和不结盟的对外政策，并支持亚非民族主义运动。阿富汗因与亲美的巴基斯坦存在领土纠纷，被迫寻求苏联的经济、军事援助和外交支持；也门曾与埃及、沙特阿拉伯组成反对巴格达条约组织的联盟，后因担心埃及的颠覆行动，遂直接与苏联建立关系，接受其经济和军事援助。

总之，君主国为了维护其相对脆弱的国家安全、压制国内的反政府势力，大多与西方国家建立了密切的合作关系。同时，西方国家也乘机对其政治、经济施加影响，包括支持一些君主国的民主改革，如美国对伊朗"白色革命"的支持、英国对主张变革的阿曼卡布斯王子政变的支持等。然而，当利比亚和伊朗面临反对君主制的革命威胁时，美国又为自身利益考虑而放弃了对中东君主的支持。

三　君主制的崩溃与嬗变

许多西方学者认为，第三世界国家现代化的重要前提之一是政治的稳定，否则资源的大规模动员和重新配置便无从谈起。因此，君主制可以说为这些政治动荡、经济落后、遭受外国奴役的中东国家提供了一股实现国家独立、政治稳定、经济社会发展的重要力量。但在第二次世界大战后，君主制的合法性开始面临挑战，挑战来自国内国际两个方面。从国内看，主要问题是改革过程中的失误和民众对现代化改革的态度。随着现代化的推进，中小资产阶级、知识阶层和军官的人数不断壮大，他们要求加快经济发展、改变分配不公的现象、参与国家政治事务（甚至改变政治体制）、纠正西方文化泛滥的情况，由此形成了温和的共和派、激进左派和伊斯兰原教旨主义派。君主制因此面临着巨大的压力。在改革较为激烈的国家（如伊朗），大地主、贵族和宗教界也反对改革，要求恢复其过去的特权地位，这些国家的君主便处于两面受敌的局面。可见，改革与稳定、民主与集权成为君主制国家现代化运动中面临的最大难题。

在外交方面，君主制国家也面临着两大矛盾。其一是亚非民族主义与王朝统治的关系。作为阿拉伯或伊斯兰国家，君主制国家无论从捍卫独立还是从维护君主制着眼都必须支持民族主义，但激进的阿拉伯民族主义在争取民族独立的同时还反对君主主义，国王们不得不谨慎行事。其二是捍卫独立与依赖东西方的矛盾。君主制国家一般主张维护民族独立，但为了应对内外威胁、巩固王朝统治、获得军事和经济援助，又必须依赖东西方中的一方，从而削弱了自身的合法性与统治基础。

中东君主制国家从应对挑战的方式和结果来看可以分为以下三类。第一类包括埃及、伊拉克、利比亚和也门。这四国未能争得完全的独立，国内虽有议会，但权力掌握在王室和代表大地主、贵族利益的保守党派中，而保守党派却没有进行大规模的社会经济改革（尤其是也门）。伊拉克和利比亚为产油国，但一般民众的生活无明显改善，国内的民族民主运动遭到无情镇压。20世纪五六十年代，四国社会的中下层力量就在激进的小资产阶级军官的领导下推翻了君主制，其中三国建立了阿拉伯社会主义政权。

第二类包括伊朗和阿富汗。两国王室实现了国家的完全独立，但二战后又分别依赖美国和苏联。在社会改革方面，伊朗推行了著名的"白色革命"，阿富汗展开了世俗化运动，而两国的政治民主化却举步维艰，反对党遭到压制和迫害。尤其在伊朗，西方价值观念的涌入对传统的伊斯兰教造成很大冲击。伊朗和阿富汗的君主政权因而面临着保守势力和激进势力的夹攻，最终分别于 1979 年和 1973 年瓦解，取而代之的是伊斯兰原教旨主义①和左翼势力。

第三类包括约旦、摩洛哥等 8 个至今仍然维持君主制的国家。这 8 国执行亲西方的对外政策，同时支持阿拉伯民族主义，经济发展大多取得显著成效，福利事业发达。另外，8 国中 6 国有议会或协商会议，但实权为国王掌握，王室通过废黜不称职的国王或发起内部政变确保开明的王室统治，与乌里玛分享权力则保证了传统势力的支持和统治阶层内部的团结。此外，尽管现代化改革仍在进行，伊斯兰教作为传统的价值观念还是受到高度推崇。而产油国的重要战略地位使它们在面临外部危机的情况下能得到西方的强有力支持。上述措施和情况保证了这些国家能抵御历次政治风浪和国际危机而延续至今。

总之，20 世纪以来，中东的君主制经历了巨大的变迁。独立后，一些君主制国家因无法应对时代的挑战而先后解体，另

---

① 本书中的"伊斯兰原教旨主义"指伊斯兰国家具有政治目标的复古主义，强调回归早期的纯洁教义，反对西方化和外国干涉。

一些则成功地维持政权到今天。显然，解体的君主制国家往往是原先社会经济较为发达、社会分化明显、官僚政治相对成熟的国家，其面临着中小资产阶级更为活跃的政治活动。虽然这些国家的王室在争取独立和使国家现代化的过程中发挥过巨大的作用，但他们未能有效地完成争取或维护国家独立、实现社会经济的平衡发展、政治制度民主化和价值观念重塑的任务，最终导致君主制的覆灭。相反，其他一些原先社会经济落后、政治机构原始的国家，却能相对有效地利用其丰富的经济资源，实现经济的现代化和社会发展，并较好地处理了独立和维持与西方关系、现代化与保持传统、加强集权与吸收中产阶级参政之间的关系，从而在经济迅速发展的同时相对有效地维持了社会政治的稳定。20 世纪中东君主制的兴衰为第三世界的发展提供了独特的启迪。

（原载《西亚非洲》1997 年第 6 期）

20 世纪阿拉伯民族主义的特点

阿拉伯民族主义（即泛阿拉伯主义）是 20 世纪中东的一种重要的泛民族主义形式，它对当代中东的政治、经济、思想等领域产生了重要而深远的影响。笔者试就其主要特点作逐一分析，从中可以窥见其发展演变的轨迹。阿拉伯民族主义的主要特点如下。

第一，从起源上看，阿拉伯民族主义属于文化民族主义的类型。

在欧洲近代史上，英、法两国的民族主义为政治民族主义，而德国和意大利的民族主义则属于文化民族主义。英、法是在形成单一民族的前提下，发展起民族主义的，其重点为国家政治制度的转变，故名"政治民族主义"。德国和意大利则是在民族分裂的境地下产生的民族主义，其民族主义首先强调本民族文化上的同一性，再谋求政治上的统一，故名"文化民族主义"。同时，作为在反法战争中崛起的民族主义和普鲁士经济政治结构特点的反映，德国的民族主义也具有反"西方"和军国主义的性质。①

阿拉伯世界也是如此。在奥斯曼帝国统治时期，阿拉伯地区（除摩洛哥外）不享有政治独立，而是分为不同的省份，与现在的阿拉伯国家疆域并不一致，如伊拉克包括曾经的巴格达、摩苏尔和巴士拉三省，今天的约旦曾是巴勒斯坦的一部分。另外，各个地区间没有密切的经济联系，并未形成民族，而从思想上看，阿拉伯世界流行的是伊斯兰"普世主义"、教派主义和侧重于部落家族、街区的地方主义，不存在民族主义的概念。受帝国内泛突厥主义和西方思想的影响，叙利亚和埃及在19世纪最先出现阿拉伯民族主义的萌芽。它由阿拉伯基督徒发起，表现为以古典语言文学研究、印刷出版业、教育事业和翻译运动为内容的文化复兴运动，其长远目标在于争取阿拉伯人在帝国内的自治。随着运动的发展，信仰伊斯兰教的阿拉伯人逐步参与进来，并成为主要力量。在青年土耳其革命，尤其是第一次世界大战后，随着奥斯曼帝国实行民族压迫政策和其后帝国的解体，阿拉伯民族主义者开始提出独立的目标，企图建立统一的阿拉伯国家。如果说，19世纪的阿拉伯先行者倾心于法国的自由主义的话，那么第一次世界大战后英、法两国在西亚委任统治的建立和《贝尔福宣言》的发表则使阿拉伯知识分子对英法两国

---

① 参见李宏图《西欧近代民族主义思潮研究》，上海社会科学院出版社，1997。

的希望彻底破灭。19 世纪后期，德国人取代法国人负责奥斯曼帝国军官的培训，从而将德国的民族主义思想传播到阿拉伯军官之中①，后者成为第一次世界大战后阿拉伯独立运动的中坚力量之一。

20 世纪前期阿拉伯民族主义者对这一思想的论证也表明了其文化民族主义的属性。黎巴嫩人阿卜杜拉·阿拉伊利指出，产生民族主义的因素包括语言、利益关系、地理环境、血缘世系、历史、风俗习惯及精神修养。阿卜杜勒·拉赫曼·巴扎兹则将伊斯兰教列为阿拉伯民族主义的内容之一。② 阿拉伯民族主义的集大成者、叙利亚人萨提·胡斯里强烈抨击法国的委任统治，高度赞扬德、意的文化民族主义，认为两国的统一模式比法国模式更适合阿拉伯人。他还激烈地抨击埃及的塔哈·侯赛因等知识分子的全盘西化观点，强调个人自由必须服从于阿拉伯民族的整体利益。

在政治实践上也是如此。两次世界大战期间，尽管许多温和的民族主义者、贵族和王室支持英、法委任统治，如伊拉克、外约旦王室和许多部落酋长，但阿拉伯世界的许多民族主义组织也与德国和意大利建立了联系（这与同一时期北层的土耳其、伊朗和阿富汗的政策相近），企图借助它们的支持摆脱英法的殖民统治，其中有伊拉克的"金方阵"、埃及形成中的

---

① Reeva S. Simon, *Iraq Between the Two World Wars: The Creation and Implementation of a Nationalist Ideology*, New York: Columbia University Press, 1986, pp. 16–19.
② 彭树智：《东方民族主义思潮》，西北大学出版社，1992，第 349～353、359～360 页。

自由军官组织和穆斯林兄弟会、巴勒斯坦穆夫提侯赛尼等。伊拉克致力于支持巴勒斯坦的解放事业，自诩为"阿拉伯的普鲁士"，其首相亚辛·哈希米自诩为"阿拉伯的俾斯麦"，而受到德国军官培训的四位校级军官组成的"金方阵"则于1941年发动了最后归于流产的反英起义。同时，萨提·胡斯里担任了伊拉克的教育总监，在学校中积极宣传民族主义思想。

在阿拉伯民族主义的形成过程中，经济利益或许对统一市场的追求作用不大，但确实存在。例如，伊拉克北部历来与叙利亚、巴勒斯坦地区存在着较为密切的经济联系，而叙利亚与黎巴嫩也是如此，但委任统治的建立妨碍了这些地区之间的贸易往来。由此可以理解上述地区阿拉伯民族主义发源的原因。

第二，阿拉伯民族主义思想中关于"阿拉伯民族"的概念经历了一个逐渐扩大的发展过程。

在第二次世界大战前，泛阿拉伯主义的中心一直在西亚阿拉伯地区，尤为新月地带（包括叙利亚、巴勒斯坦、黎巴嫩、伊拉克、外约旦）。这有历史上的原因。由于北非被奥斯曼帝国征服的时间较晚，且存在像埃及这样有悠久而辉煌的历史的地区，这些国家的独立性较强，并且因最早陷入英法殖民统治而与奥斯曼帝国联系较弱。相反，西亚则最早为奥斯曼帝国所征服，并始终处于其强有力的控制下，各省间的相互联系较为密切。因此，西亚阿拉伯人有较为强烈的整体认同感，而北非地区则分裂为不同的殖民地而较早产生地方民族主义（即国家民族主义，因为这些殖民地后来均发展为独立的民族国家）。

埃及的许多知识分子（如塔哈·侯赛因）甚至否认自己是阿拉伯人，把埃及文明作为地中海文明的一部分而与欧洲联系在一起。所以，最初的阿拉伯民族主义仅限于西亚地区，其争取的是奥斯曼帝国中的自治，对英、法存有幻想。

第一次世界大战后，由于英、法将西亚变为其委任统治地，西亚的泛阿拉伯主义者建立统一阿拉伯国家的梦想化为泡影。共同的命运促使阿拉伯知识分子开始重新思考民族的未来，正因为如此，胡斯里第一次将整个北非列为阿拉伯民族的组成部分，同时，纳赛尔领导的自由军官组织也日益受到阿拉伯民族主义的影响，而埃及执政的华夫脱党和王室也开始寻求埃及在阿拉伯世界的领导地位。此外，两次世界大战之间在伊拉克、巴勒斯坦等地区均出现了致力于阿拉伯统一的政治运动和起义，其最终结果是包括西亚和非洲独立阿拉伯国家在内的阿拉伯国家联盟（以下简称"阿盟"）的建立。第二次世界大战后，埃及公开声称自己是阿拉伯国家，并将这一点列入宪法。纳赛尔著名的"三个圈子"理论，即阿拉伯圈、非洲圈和伊斯兰圈，也说明了民族认同对埃及的重要程度。今天，阿盟已经吸纳了亚非两洲的绝大部分阿拉伯国家。正如一些阿拉伯政治家所说的："凡是生活在我们的国土上、说我们的语言、受过我们文化的熏陶，并以我们的光荣而自豪者，就是我们之中的一员。"[①]

---

① 黄运发、黄民兴：《中东画卷——阿拉伯人的社会生活》，辽宁大学出版社，1996，第 3 页。

第三，阿拉伯民族主义主要和共同的目标是争取民族自决，但其内部各个派别在独立后的政治、经济、社会发展和对外政策方面存在重大分歧，并表现在不同的发展阶段。

如前所述，在争取民族自决方面阿拉伯民族主义的各个派别有一个从自治向独立发展的共同过程，但其在内政方面的分歧从一开始就十分明显，其缘由是各个地区民族主义的社会基础和社会发展水平不同。这也是第三世界民族主义存在的共同问题。有人认为，民族主义属于资产阶级的思想和运动，实际上这种情况主要适用于西方。在东方，由于殖民统治的存在，包括传统贵族和新兴资产阶级、知识分子在内的大多数政治力量均把斗争矛头指向殖民者，因此反殖反帝成为其政治主张的主旋律，客观上其活动有利于民族国家的发展，我们不能因其社会基础和政治主张的不同而将传统政治力量排除在民族主义之外，不论他们是王室、封建主、部落酋长还是宗教贵族。事实上，即使是一些传统的政治力量也提出了改革国家的思想（例如阿尔及利亚的卡德尔起义和摩洛哥的里夫起义，以及各国的君主改革）。

早期的阿拉伯民族主义者在阿拉伯世界的未来发展方向上并无明确的主张。当时居主导地位的是温和派民族主义，该派别人士多属于贵族阶级，他们力主建立君主制，要求渐进改革而非激进的社会经济和宗教政策，主张与西方保持良好关系，以温和方式争取西方的让步和国家的彻底独立。例如，汉志的谢里夫侯赛因希望建立一个阿拉伯王国，这一想法得到了叙利亚知识分子和其他精英的支持。第一次世界大战，尤其是第二次世界大战后，代表小资产阶级的激进民族主义派别逐渐崛起，他们主张建立共和制，实行土地改革、国有化、经济计划和世俗化改革，在对外政策上主张不结盟和积极中立，其典型代表是复兴社会主义和纳赛尔主义。还有的国家出现了以伊斯兰方式改造社会的流派（如埃及的穆斯林兄弟会）。因此，许多国家的民族主义阵营内部都出现了温和派与激进派的斗争，甚至发生流血政变（如伊拉克的"金方阵"与首相努里·赛义德的斗争）。在埃及、伊拉克、也门、利比亚四国，温和的民族主义派别最终被激进的民族主义派推翻，共和主义取代君主主义成为二战后阿拉伯世界的发展潮流。① 随着激进派在一些阿拉伯国家掌权和第二次世界大战后冷战的展开，两派的斗争发展为国家间的矛盾，国家之间建立联盟以表明立场，而国家间矛盾的激化又进一步演变为战争，例如保守的巴格达条约组织（哈希姆王朝统治下的伊拉克加入该组织）和激进的阿拉伯南层联盟（包括埃及、叙利亚、也门和沙特阿拉伯）的建立及也门内战（埃及和沙特阿拉伯分别支持内战的一方）。20 世纪 60 年代以来，阿拉伯世界的民族主义更趋激进，南也门民族阵线、解放巴勒斯坦人民阵线和解放巴勒斯坦民主阵线等民族主义组织在这一时期纷纷出现。同时，由于在社会经济发展和外交方面存在各种问题，中东地区还出现了以传统的伊斯兰

---

① 参见黄民兴《试论 20 世纪中东君主制的变迁》，《西亚非洲》1997 年第 6 期。

教为旗帜的伊斯兰民族主义，世俗的阿拉伯民族主义面临严峻挑战。

综上所述，二战后阿拉伯世界的民族主义可以被初步划分为下述七大类型：君主制民族主义（海湾国家、约旦、摩洛哥），主张维护君主制和实行渐进的现代化改革，对外保持与西方的密切关系，同时支持巴勒斯坦民族解放事业；阿拉伯社会主义（埃及、叙利亚、伊拉克、利比亚、阿尔及利亚、突尼斯、苏丹），主张共和制，进行激进的社会经济改革和世俗化改革，对外与东方集团保持良好关系；自由主义的共和制民族主义（黎巴嫩），实行多党政治和市场经济，对外与西方和阿拉伯世界均维持密切关系；保守的共和制民族主义（也门），实行有控制的政党政治，对外与东西方同时保持友好关系；伊斯兰改革主义（摩洛哥独立党），主张以教法作为国家法律，同时实行多党政治和司法独立；激进的左翼民族主义（巴勒斯坦、南也门），主张以巴勒斯坦解放推动阿拉伯统一，以社会主义作为未来理想，甚至将斗争矛头指向阿拉伯保守国家，提出对其进行"阿拉伯革命"，或进行激进的社会经济改革和世俗化改革，对外与东方集团保持密切关系；伊斯兰民族主义（各国的伊斯兰组织），主张建立以教法为基础的伊斯兰社会，反对世俗政府。其中，有的民族主义为复合型民族主义，如沙特阿拉伯就是君主制民族主义与伊斯兰改革主义的复合。另外，20世纪70年代以来阿拉伯国家的内外政策出现了"趋同"现象。埃及、伊拉克、叙利亚、阿尔及利亚等激进国家逐渐开始调整经济政策，实行开放和多党制，对外软化了对西方的政策。

第四，阿拉伯民族主义与国家民族主义、地区民族主义和教派主义之间存在着复杂关系。

随着第一次世界大战后英、法委任统治在西亚的建立，尤其是 20 世纪 20 年代一批委任统治地逐渐取得形式上的独立（伊拉克、外约旦等）和个别阿拉伯国家的独立（也门、沙特阿拉伯），统一的阿拉伯国家日益成为一个遥远的梦想，以委任统治地和已独立国家边界为基础的国家民族主义则相应地发展起来，这必然削弱对统一的追求。尤其值得一提的是，在一些处于阿拉伯世界边缘的国家，存在着人数众多的非阿拉伯民族，如伊拉克的库尔德人（占伊拉克人口的 20%）和苏丹的黑人，他们反对阿拉伯民族主义，因为后者意味着阿拉伯人统治地位的加强（有的学者由此质疑伊拉克这样的国家是否还是"阿拉伯国家"）。随着国家的独立，民族利益的考虑也日益突出，各国在水资源、石油资源、领土、教派、领袖个人恩怨、地区霸权等方面的矛盾日益凸显，1991 年伊拉克入侵科威特尤其证明了这一点。与国家利益相关的另一个问题是王室矛盾，如二战期间埃及赫迪夫与伊拉克的哈希姆王室、伊拉克和外约旦的哈希姆王室与沙特王室的矛盾。随着经济的发展，各国由于资源和发展基础的不同而出现差距，产油国与非产油国的鸿沟更是难以跨越，这引起了新的矛盾。

宗教和教派构成另一个问题。黎巴嫩的许多基督徒主张建立独立于叙利亚的基督教国家，否认自己是阿拉伯人，甚至与穆斯林发生冲突（这一矛盾直到黎巴嫩国家建立之时才得到解决，基督教政党承认黎巴嫩为阿拉伯国家）；伊拉克半数以上的人口为什叶派，而主张阿拉伯民族主义的多为逊尼派，什叶派因此反对阿拉伯民族主义；信仰原始宗教和基督教的苏丹黑人同样质疑阿拉伯穆斯林在国家生活中的主宰作用。因此，在许多人眼中，阿拉伯民族主义似乎是阿拉伯穆斯林，尤其是阿拉伯逊尼派的思想。

地区民族主义为一些阿拉伯人提供了另一条出路。"大叙利亚"（叙利亚、黎巴嫩、巴勒斯坦和约旦）、马格里布、尼罗河流域（埃及、苏丹）和海湾地区的国家之间，历来存在着较为密切的政治、经济和文化联系，这就为建立国家联盟甚至统一的泛阿拉伯国家提供了借口。在苏丹独立前，其民族主义者分为拥护和反对与埃及合并的两派，双方进行了激烈的斗争。从起源上看，阿拉伯民族主义兴起于"大叙利亚"和埃及，这里是阿拉伯世界的心脏，而作为边缘地区的阿拉伯半岛和马格里布对这一思想显然没有多大兴趣。

因此，除了内政外交方面的深刻分歧外，主张建立统一阿拉伯国家的阿拉伯民族主义还受到了国家民族主义、地区民族主义和教派主义的挑战。这是阿拉伯民族主义与德国、意大利的文化民族主义的重大区别之一。其结果是，两次大战间阿拉伯民族主义者的几度努力归于无效，最后只能建立作为国家联盟的阿盟。20世纪60年代初，埃及与叙利亚建立阿拉伯联合共和国，再次唤起了人们的希望。但是曾几何时，希望转变为失望，其他国家的联合也都成为过眼云烟。20 世纪 70 年代以后，甚至连竭力主张统一的阿拉伯复兴主义者也降低了调门，同为复兴党掌权的叙利亚和伊拉克成为冤家仇人，其思想倾向也向国家民族主义发展。在伊拉克，复兴党政府开始向美索不达米亚的辉煌过去寻求灵感，在 1970 年新命名的 8 个省中，摩苏尔省和希拉省分别更名为"尼尼微省"和"巴比伦省"；在一幅名为《从尼布甲尼撒到萨达姆：巴比伦重新崛起》的宣传画中，新巴比伦皇帝尼布甲尼撒二世向站在巴比伦城头的萨达姆招手致意。①

第五，阿拉伯民族主义与伊斯兰教和泛伊斯兰主义的复杂关系。

如前所述，阿拉伯世界的传统文化和意识形态以"普世主义"的伊斯兰教为代表，而后者同时还提供了一种社会组织形式。因此，阿拉伯世界最初的民族主义采取泛伊斯兰主义的形式就是必然的了。泛伊斯兰主义的主要代表是贾马鲁丁·阿富汗尼，他主张以理性和科学精神改造伊斯兰教，以《古兰经》为基础实现宗教复兴、民族独立，统一伊斯兰世界。而这种具有强烈宗教色彩的现代主义，最终催生了世俗的阿拉伯民族主义。

阿拉伯民族主义与伊斯兰教存在着不解之缘。首先，伊斯

---

① 参见 Amatzia Baram. *Culture, History and Ideology in the Formation of Ba'thist Iraq*, New York: St. Martin's Press, 1991。

兰教与阿拉伯民族存在历史和语言的联系。巴扎兹指出，伊斯兰教最早是启示给阿拉伯人的，先知穆罕默德使阿拉伯人觉醒，伊斯兰教继承了阿拉伯文化，而阿拉伯语通过《古兰经》充分展示了阿拉伯民族的智力生活。纳比赫因此直截了当地宣称："先知的诞生即是阿拉伯民族主义的诞生。"其次，伊斯兰教是两世兼重的宗教，宗教与政治生活密不可分。巴扎兹引用西方学者罗素的著作指出，伊斯兰教是政治或社会的宗教，它已渗透到个人和社会生活的各个方面，因此伊斯兰教不应当与阿拉伯民族主义相对立。[①] 胡斯里认为，由于穆斯林分布广泛，且存在语言差异，实现政治统一似无可能，而阿拉伯统一是完全可能的，这是建立世界范围的穆斯林共同体的第一步。

在实践中，伊斯兰色彩也常有表露。一战后汉志谢里夫侯赛因希冀建立的阿拉伯王国事实上包含有浓厚的宗教色彩，尽管费萨尔王子在叙利亚的临时政府采取了某些世俗化措施。在独立后的阿拉伯国家，政府进行了程度不一的世俗化改革，但与凯末尔完全西化的改革不同，这些政府都或多或少地保留了伊斯兰的因素。例如，在司法改革方面，许多国家都将西方法律和伊斯兰教法同时作为法律的渊源；在对外政策中，埃及利用伊斯兰教服务于国家利益，设立了"伊斯兰之声"广播电台，在非洲国家建立清真寺、伊斯兰文化中心和学校，1954 年还与沙特阿拉伯、巴基斯坦在开罗建立了名为"伊斯兰会议"

---

① 彭树智：《东方民族主义思潮》，西北大学出版社，1992，第 358~359、364 页。

的国际组织。[①]

同时，个别阿拉伯国家的统治者试图恢复昔日哈里发帝国的荣耀。埃及赫迪夫在一次大战后图谋自封为哈里发，以便取代被废黜的奥斯曼哈里发。然而，从也门内战开始，以埃及为代表的共和主义和以沙特阿拉伯为代表的君主主义矛盾日益加深，1962年沙特阿拉伯正式建立穆斯林联盟，以泛伊斯兰主义为大旗与埃及的阿拉伯民族主义对抗。1969年，沙特阿拉伯发起成立了伊斯兰会议组织（2011年更名为伊斯兰合作组织），该组织日后成为国际上最重要的泛伊斯兰主义组织。不过，该组织的宗旨是促进伊斯兰国家的合作、发展和繁荣，而非创建一个统一的伊斯兰国家，因而其不同于近代的泛伊斯兰主义，也不同于从体制上否定世俗国家的伊斯兰民族主义，后者同时反对世俗的阿拉伯民族主义和执行泛伊斯兰主义政策的阿拉伯君主国。这决定了沙特阿拉伯与世俗的阿拉伯共和国和解的可能性。1967年第三次中东战争的失利缓和了埃及等前线国家与沙特阿拉伯的关系，双方恢复了政治、经济上的合作，这尤其表现在1973年的第四次中东战争中。

第六，二战后阿拉伯民族主义在目标上的多元化与经济合作的迟缓。

阿盟建立后，统一阿拉伯国家的梦想已被束之高阁，尽管个别国家组建联盟的试验一再进行。取而代之的是独立的阿拉

---

① 彭树智主编《伊斯兰教与中东现代化进程》，西北大学出版社，1997，第三章。

伯国家之间的政治、经济、文化和外交等各个领域的全面合作，阿盟因此下设有政治、经济、社会、文化、法律等 10 个委员会，以及联合防御理事会和经济理事会。

在外交领域，阿拉伯民族主义最突出的表现是反对殖民主义，实现阿拉伯团结。这表现在对尚未独立的阿拉伯地区的大力支持上，如 20 世纪五六十年代的阿尔及利亚、南也门。在 20 世纪 70 年代，随着英国撤出波斯湾，9 个受英国保护的酋长国宣布独立，经过艰苦的谈判，其中 7 国联合为一个国家，即阿拉伯联合酋长国，这是 20 世纪阿拉伯统一国家的第一个成功实例（另一个类似的例子是南北也门的合并）。此外，作为殖民主义的遗留问题，巴勒斯坦问题成为阿拉伯国家普遍关注的中心问题。

在许多国家，阿拉伯民族主义实际上已成为有关政府政治合法性的重要内容之一。各国政府主要关心的虽然是国家利益，但至少在口头上仍大力鼓吹阿拉伯团结的思想，支持巴勒斯坦解放运动。像沙特阿拉伯和科威特等国均对巴解组织提供了大量财政援助，这成为其平衡亲美外交、维持王朝统治的重要手段。

政治独立将经济独立提上议事日程，经济合作随之展开。然而，由于经济互补性差以及各方在诸方面的矛盾，阿拉伯国家经济合作进展迟缓。1953 年 9 月，9 个阿拉伯国家签订一项贸易和过境协定，约定减少缔约国之间的关税，这只是走向自由贸易区的第一步。1957 年 6 月，阿拉伯经济统一委员会成立，1964 年埃及、叙利亚、伊拉克和约旦又成立阿拉伯共同市场。同年，上述四国相互间的进出口贸易分别仅占其进出口总额的 2.0% 和 3.8%，到 1973 年分别为 3.4% 和 1.9%。1973 年四国对所有阿拉伯国家的进口和出口贸易也分别仅占其进口和出口总额的 8.0% 和 6.2%。

20 世纪 60 年代以来，阿拉伯国家的经济合作开始全方位发展，涉及金融、资源、生产和劳务等领域。阿盟成立了阿拉伯劳工理事会、阿拉伯工业发展中心、阿拉伯国家民航委员会、阿拉伯标准化与度量组织和阿拉伯国家农业发展组织等机构。进入 70 年代，石油主权的收回使产油国收入急剧增加，这为阿拉伯世界的金融合作打下了基础。沙特阿拉伯等产油国向埃及等非产油国提供大量经济援助，同时从这些国家输入劳务，非产油国因此获得巨额侨汇收入。

进入 20 世纪 80 年代，阿拉伯国家的区域合作进入新阶段。1981 年 5 月，海湾阿拉伯国家合作委员会成立，该组织提倡海湾阿拉伯国家在经济、政治、外交和军事方面展开合作。1989 年 2 月，埃及、伊拉克、约旦、也门四国成立阿拉伯合作委员会。同月，北非五国成立了阿拉伯马格里布联盟。尽管如此，阿拉伯国家的实际合作进展不尽如人意，伊拉克发动的海湾战争使阿拉伯合作委员会名存实亡。

海湾战争使阿拉伯民族主义面临着第三次中东战争以来最严重的危机。一个阿拉伯国家入侵和并吞了另一个阿拉伯国家，而几个阿拉伯国家（埃及、叙利亚等）参加了由西方国家组建的多国部队，向伊拉克发动了战争。这在阿拉伯国家历史上是前所未有的。因此，一些西方学者宣称海湾战争标志着阿拉伯民族主义的终结。[①] 不过，这样的断言为时过早。海湾战争结束后，阿拉伯世界出现了新的趋势，如阿拉伯共同市场的筹建、埃及等国对美英制裁伊拉克的抵制、美国在调解巴以冲突方面的无能和由此而来的阿拉伯国家对美国的不满之类的事件证明了阿拉伯民族主义潜在的影响。

总之，阿拉伯民族主义在 20 世纪阿拉伯国家民族独立和发展的过程中发挥了重大而独特的作用。显然，这是一个庞杂的思想体系和社会政治运动，涉及一个横跨亚非两大洲的广阔地域，其社会基础和内涵也经历了不同的发展阶段，内部具有不同的地域特征。诚然，其建立统一阿拉伯国家的梦想最终破灭，但这一思想推动了阿拉伯国家民族运动的发展，最终出现了由独立的阿拉伯主权国家组成的阿盟和区域性的组织，以及它们之间的政治、经济、文化、军事和其他领域的合作。而且，与语言、民族、宗教各不相同的欧盟国家相比，拥有相对统一的语言、宗教的阿拉伯国家的经济合作却举步维艰、矛盾重重，政治和外交方面也分歧深刻。这一事实有力地说明，区域合作最重要的并非语言、民族、宗教因素，而是社会经济发展水平和价值观念的接近以及共同的战略利益，而这正是阿拉伯世界所缺乏的。相对而言，当今发达国家更容易形成紧密的

---

① Haifaa A. Jawad, ed., *The Middle East in the New World Order*, London: Palgrave MacMillan, 1997, p. 157.

区域集团，因为它们之间存在密切的经济联系，经济的发展越来越多地依赖科技、知识而非原料。相反，在阿拉伯国家这样的第三世界国家，其区域联系在很大程度上仍然依赖于共同的语言、民族、宗教、历史等"过去"的因素，相互间在意识形态、社会政治制度等各个方面存在诸多矛盾。在走向"未来"方面，它们的道路是漫长而崎岖的。

（原载《西亚非洲》2001 年第 3 期）

试析伊斯兰教在现代阿拉伯民族国家形成中的作用

伊斯兰教在阿拉伯地区反对殖民主义的斗争中发挥了重要作用。在近代，重大的民族主义运动几乎无一不是在伊斯兰教的旗帜下展开的。进入 20 世纪，阿拉伯民族主义运动呈现出新的格局。一些国家的民族主义运动继承了近代民族主义运动的组织方式和意识形态，尤其是在沙特阿拉伯和利比亚，总而观之，宗教在民族主义运动中的作用明显地趋于下降，其具体特点根据各国国情的差异而有所不同。根据民族主义运动领导阶层成分及其对宗教的不同态度，我们可以将民族主义运动区分为三大类型。

一 伊斯兰力量领导的民族主义运动

在苏丹、摩洛哥、利比亚、沙特阿拉伯、也门和阿曼六国中，伊斯兰教在民族主义运动中起了决定性作用，但表现形式和程度各有不同。在苏丹，伊斯兰教与民族主义相互融合，共同领导了民族主义运动；在摩洛哥，民族主义运动的领导权先由部落酋长掌握，后为伊斯兰知识分子所控制；其他四国则完全没有知识分子的参与。在利比亚和沙特阿拉伯，民族主义运动的领导者分别是主张改革主义的赛努西教团和主张回归《古兰经》的瓦哈比派；而也门和阿曼的民族主义运动领导者则是传统的伊斯兰领袖。

苏丹是一个多民族和多教派的国家，其中北方的穆斯林分别归属安萨派（新马赫迪派）和哈特米亚派两大教派。20 世纪 20 年代，苏丹知识分子和军官中的民族主义思想开始萌芽。1937 年，毕业生大会成立，其成员多与两大教派有着密切联系。1945 年 8 月，该大会通过决议，要求英国撤军，建立埃及苏丹联邦。决议导致了内部分裂，支持建立联邦、与哈特米亚派有联系的一派成立兄弟党；反对联邦、要求完全独立、与安萨派联系密切的一派则成立乌玛党。

1952 年初英国提出苏丹宪法草案，规定设立两院制议会和苏丹人政府。由乌玛党控制的立法议会批准了草案，但 1952 年埃及革命使该草案形同废纸。1953 年 11 月，苏丹举行立法议会选举，由兄弟党和其他小党合并成立的民族联合党获得议会的多数议席，乌玛党成为第二大党。然而，执政的民族联合党内部在对埃政策上发生分歧，最终放弃了联邦主张。1955 年12 月，议会一致通过了立即独立的决议。伊斯兰教与民族主义合作催生了苏丹民族国家。

摩洛哥也是一个多民族和多教派的国家，北部居民为逊尼派阿拉伯人，南部居民为苏非派柏柏尔人。在早期的民族斗争中，20 年代的里夫起义占有重要地位。起义领导者是里夫部落酋长阿布德·凯里姆，他曾在非斯的卡拉维因大学接受系统的神学教育，后任法官，受到埃及现代主义思想的影响。里夫共和国根据伊斯兰教的协商原则设立了乌玛委员会，并进行司法改革，以沙里亚取代部落习惯法，由宗教法官负责司法审判，并规定禁止加入苏非派、鞭挞妻子等。此外，该政权还建立了设有现代课程的宗教学校，派遣毛拉到清真寺上课。上述措施反映出里夫共和国以宗教克服部落的分裂意识、创建中央集权国家的意图。

在里夫起义的同时，萨拉菲思想在城市知识阶层中日益流行。他们谴责素丹和苏非派领导人对法国的软弱，试图通过文化复兴振兴国家。因此，各大城市出现了教授阿语、伊斯兰史和算术的"自由学校"，并由此成立了两个民族主义组织，这两个组织 1930 年合并为摩洛哥行动委员会。1934 年，该委员会向当局提出一份改革计划，要求国家自治，并进行行政、经济和司法改革，包括建立基于教法的单一司法系统，但遭到拒绝。此后，委员会继续领导人民运动，并与反对法国的新素丹密切合作。1944 年，摩洛哥行动委员会的后继者民族党在自身基础上又成立独立党，正式提出了争取独立、建立民主政府的要求，其成员包括社会各个阶层。二战后，独立党经过艰苦努力终于在 1956 年赢得了国家独立。

在利比亚，从 19 世纪中叶开始渗入该地区的赛努西教团成为联合部落、反对外来侵略、创建民族国家的中坚力量。1911 年，意大利入侵利比亚，揭开了意土战争的序幕。赛努西教团组织军队，与土耳其军队并肩作战。1912 年，意土签订和约后，教团军队开始单独抗击意大利的侵略。其间，虽然教团的领导人曾一度流亡埃及，但他们任命的领导人，尤其是民族英雄谢赫欧麦尔·穆赫塔尔继续英勇抵抗。1940 年 8 月，流亡的利比亚领导人成立赛努西埃米尔国，1951 年经联合国同意后宣布独立。

沙特阿拉伯与利比亚极为相似。阿拉伯半岛腹地社会经济极为落后，部落是主要的社会组织形式，许多居民仍信仰原始宗教。早在 18 世纪，半岛上即出现鼓吹原教旨主义的瓦哈比派。与沙特家族联合后，瓦哈比派的势力逐渐壮大。伊本·沙特带领狂热的游牧民组成宗教军队“伊赫万”，开始了统一半岛的行动，到 1913 年已占据内志和哈萨地区。1926 年，阿拉伯半岛的北部和西部也已落入伊赫万的控制，到 1932 年，伊本·沙特正式建立了沙特阿拉伯王国。在沙特国家形成的过程中，伊斯兰教起到了团结部落、统一意识形态和建立民族国家的作用，而这一统一进程事实上对奥斯曼帝国和英国的殖民统治构成了挑战，推动了阿拉伯民族运动的发展。

也门和阿曼属于另一种类型。也门近代由奥斯曼帝国统治，社会以部落为主体，主要教派是栽德派。一战前，栽德派伊玛目开始了争取独立的尝试，利用部落武装展开斗争。1904年，新任伊玛目叶海亚率众起事，起义军包围了萨那并给予土军以沉重打击。1908年，双方缔和，也门获得准自治地位。1911年，土也签署第二次和约，土耳其承认也门的完全自治。随着一战后奥斯曼帝国的崩溃，也门于1918年宣布独立。

阿曼居民主要信奉主张政教合一的伊巴德派。18世纪中期以后，阿曼实际上分裂为两个地区，即伊巴德派教长掌握的内陆山区和马斯喀特素丹统治的沿海地区（其宗教事务仍由教长管辖），教长和素丹同属赛义德家族。1839年，阿曼为英国所控制，素丹借机巩固了自己的地位。1913年，新任教长与山区部落发动起义，建立伊斯兰教长国，几乎攻陷马斯喀特。1920年，素丹与起义领导者签订《西卜条约》，承认教长国内部独立。1932年，赛义德·本·泰穆尔继位为素丹。他继续投靠英国，执行孤立主义政策，社会矛盾日益尖锐。1954年，新任教长加利卜向阿拉伯国家联盟提出加盟要求，而此举也导致了教长国的正式独立。素丹和英国随即派兵进攻，于1959年攻陷教长国，教长流亡海外。此后，阿曼归于统一，教俗二权归一，政权仍控制在素丹手中。

二　从伊斯兰向世俗主义过渡的民族主义运动

突尼斯和阿尔及利亚与北非其他国家不同，这里伊斯兰教的基础不那么深厚，因此宗教集团虽在初期支配了民族运动，但领导权最终仍由世俗的中小资产阶级政党所掌握。1882 年，突尼斯沦为法国的保护国。19 世纪末，一批受现代主义思想影响的官员、乌里玛和知识分子开始关注社会和教育改革，1895年成立了青年突尼斯派。其领导者阿卜德·萨阿列比认为现代主义是强化伊斯兰信仰的手段，宣称苏非派是异端，提出法突公民权利平等的要求。该派因此遭到法国当局甚至乌里玛的打击。

1920 年，萨阿列比成立宪政党，主张恢复 1860 年宪法，实现普选和公民的各项自由，突尼斯人可参加议会并担任公职。但该党把重点放在维护民族传统价值上，并主要依靠贝伊和中产阶级，不敢采取激进手段。因此，党内以哈比卜·布尔吉巴为首的激进的青年知识分子开始了反对上层温和路线的斗争。1934 年布尔吉巴退党，另组新宪政党，其成员包括农民、工人、中小商人、学生和手工业者，甚至许多犹太人也加入了该党。世俗的民族主义力量因此在民族运动中牢牢占据了主导地位，直到 1956 年突尼斯获得独立。

阿尔及利亚沦为殖民地后，法国在经济和行政上控制宗教机构，在文化上推行全盘法兰西化，伊斯兰势力受到极大削弱。阿尔及利亚的民族主义力量主要有三派，即主张法兰西化的青年阿尔及利亚派、激进的世俗民族主义派和伊斯兰改革主义派。青年阿尔及利亚派是由在法国学校接受教育的知识分子建立的，主张在保留穆斯林身份的同时融入法国社会。

激进的世俗民族主义派的代表是 1926 年成立于巴黎的阿尔及利亚侨民组织"北非之星"。它在 1933 年以后逐渐转向伊斯兰民族主义，提出独立要求，并提倡以民族团结代替阶级斗争。1937 年，北非之星改组为阿尔及利亚人民党，其成员从工人扩大到手工业者、小商贩和学生。伊斯兰改革主义派是在埃及阿卜杜的影响下产生的，其领导人谢赫本·巴迪斯主张回归《古兰经》，反对苏非派和同化论，并把认主独一、教子虔诚、尊重他人、合理用财、合法经商和品德纯正作为改革的主要原则。改革派大力兴办教育事业，同时也要求收回瓦克夫，反对法国移民强占土地。1931 年，本·巴迪斯创立伊斯兰教贤哲会，并成为反法的主力。但改革派只提到建立一个受法国保护的民主国家，并与解放了的突尼斯和摩洛哥联合。1940 年本·巴迪斯去世后，改革派的活动又回到了教育领域，其影响下降。

二战后，阿尔及利亚民族主义运动日渐高涨。1946 年，人民党扩建为争取民主自由胜利党，首次提出武装斗争的主张。同时，党内出现了由本·贝拉等人领导的"特别组织"，成员多是宗教情绪较浓的小城镇青年，包括许多改革派宗教学校的毕业生。1954 年，他们正式创立团结与行动革命委员会，并与争取民主自由胜利党和贤哲会合并为民族解放阵线，开始了武装斗争。从此，由小资产阶级领导的激进的、总体上也是世俗的民族主义派成为阿尔及利亚独立运动的中坚力量。

三 世俗主义主导的民族主义运动

世俗主义主导的民族主义运动多发生在社会经济较发达的国家，世俗党派在民族主义运动中居于主导地位，它们大体可分为四类。第一类为埃及、伊拉克和南也门，其民族主义运动领导权掌握在中小资产阶级手中。不过，在有大批什叶派穆斯林的伊拉克，宗教上层的作用也相当显著。第二类为巴勒斯坦。其民族运动领导权最初归属基督教和穆斯林世俗主义者，后来则由穆夫提接管，但这并没有影响斗争的世俗性。二战后，世俗的小资产阶级组织成为抵抗力量的代表。第三类为叙利亚和黎巴嫩，两国的特点是基督教和穆斯林民族主义者并肩战斗。第四类为约旦和海湾小国，贵族或部落酋长是其民族主义的主要代表。

两次世界大战期间，埃及民族主义运动的主力仍是世俗的民族主义组织，如华夫脱党及其衍生的人民党、萨阿德人党等。1919 年埃及的反英运动表现出高度的民族团结，穆斯林和科普特人都积极参加了运动。1923 年埃及宪法规定伊斯兰教为国教，这是对保守势力的让步。但政府在世俗化方面仍有所作为，如 1920～1946 年埃及曾颁布一系列涉及私人身份的法律，对教法和宗教法院进行了限制。但是，华夫脱党的长期执政并未争得国家的完全独立，也未能创造经济繁荣、社会稳定的局面。知识分子、军官等新兴阶层开始寻求新的出路，由此出现了穆斯林兄弟会（以下简称"穆兄会"）等激进组织。穆兄会于 1925 年在伊斯梅利亚正式成立，创始人哈桑·班纳是一名小学教师，曾加入萨拉菲教团，在思想上受到里达的影响。

穆兄会的早期活动限于布道和发展成员，其组织很快遍布阿拉伯世界。另外，它也积极从事社会活动，创办学校、医院、清真寺、俱乐部和小型家庭手工业，因而争取了大批下层群众。但穆兄会也逐步卷入政治，例如反对外国学校和教会，并支持王室对哈里发的觊觎。它与民族主义组织也保持着友好关系，还参加了 1936 年巴勒斯坦的阿拉伯人起义。1936 年，穆兄会正式决定参与政治，于同年 5 月创办了一份报纸，呼吁展开"民族行动"，并最终与王室决裂。但因其纲领对中产阶级的吸引力不是太大，也缺乏严明的组织和军事手段，埃及民族主义运动的领导权最终被自由军官组织掌握。不过，1952 年自由军官组织在推翻法鲁克王朝时仍得到了穆兄会的全力支持。

伊拉克在一战中被英军占领。此后，国内成立了两个民族主义组织，即"伊拉克盟约社"和"独立捍卫者协会"，后者包括逊尼派和什叶派的著名领导人。两个组织都支持麦加谢里夫侯赛因之子出任国王，但伊拉克盟约社要求接受英国的保护，而独立捍卫者协会则赞成完全独立。1920 年 5 月，两个组织的代表商定举行起义，两大教派在斗争中第一次联合了起来。起义的主力是信仰什叶派的部落，他们给英国当局以沉重打击。然而，英国极力拉拢伊拉克盟约社的亲英分子和逊尼派部落的酋长，阻止了反英运动的扩大。

1922 年 4 月，20 名什叶派宗教、部族和民族主义领导人在卡尔巴拉聚会，要求国家完全独立，呼吁召集国民议会，并主张在议会和内阁中为什叶派保留一半席位。同时，独立捍卫者协会分裂为民族党和觉醒党，前者主张与逊尼派合作以摆脱英国统治；后者则强调为什叶派争取参政机会。同年 11 月和次年 6 月，什叶派乌里玛两次发布法特瓦（教法判例之意），要求抵制议会选举，但此举引起逊尼派民族主义者的不满。其后，一些乌里玛保证不再介入政治，才于 1924 年返回国内。从此，什叶派在政治上的作用趋于下降，尽管在 20 世纪 30 年代中期爆发了一次什叶派部落起义。相反，世俗知识分子和军官日益成为反对保守的君主制和其他统治精英的主要力量。

南也门的民族主义运动是在激进的旨在解放南也门的民族解放阵线的领导下完成的。在该阵线的领导下，民主也门成为中东唯一的"科学社会主义"政权，因此伊斯兰教在民族主义运动中几乎未发挥作用。

巴勒斯坦的情况相对特殊。一战后，犹太复国主义的威胁使巴勒斯坦的阿拉伯人抛弃宗教歧见而走向联合，民族主义自始便具有世俗的特点。二战后，巴勒斯坦民族主义的代表是各游击队组织，其领导层多为青年知识分子和军官、政府官员等。在宗教信仰上，法塔赫领导人多属逊尼派穆斯林；人阵领导人均非穆斯林，如哈巴什是东正教徒，哈达德是基督徒；民阵领导人哈瓦特迈赫也是基督徒。巴解领导人信仰的多样性从一个方面证明了巴勒斯坦民族运动的世俗性。对法塔赫思想的分析同样证明了这一点。法塔赫在初期非常强调巴勒斯坦解放斗争与阿拉伯统一的关系，而对未来国家的形式却不太关心，其目的在于避免因意识形态分歧而招致内部分裂。第三次中东战争对阿拉伯统一思想是一个打击，其后法塔赫更为具体地提出了其建国设想。1968年7月通过的《巴勒斯坦国民宪章》始终强调巴勒斯坦是巴勒斯坦阿拉伯人的祖国，并以巴勒斯坦人民的民族权利作为从事民族解放斗争的依据，宣称巴解将要建立的是一个世俗的民主国家，"巴勒斯坦的解放将……保护这个国家的所有宗教寺院，保证人人享有礼拜与朝拜的自由，而不会因人种、肤色、语言或宗教的不同而受到歧视。"但法塔赫也赋予民族斗争以一定的宗教内涵。事实上，"法塔赫"一词即有"穆斯林通过圣战的征服"的含义，而巴解的4个旅的名称则与早期伊斯兰教的军事胜利有关。

叙黎两国有大量基督徒，这些基督徒最早提出了阿拉伯民族主义思想。一战后，麦加侯赛因之子费萨尔在叙利亚东部建立政权，参政的包括基督徒和穆斯林。费萨尔呼吁包括犹太人在内的各个教派团结起来、共同斗争。叙利亚政府还致力于推广阿拉伯语，在大马士革创办了10所女子学校。但不久法国赶走了费萨尔，确立了委任统治。1925年，人民党在叙利亚宣告成立，它主张建立包括巴勒斯坦和黎巴嫩在内的统一国家，实行现代化改革。受其影响，1925年开始的德鲁兹人起义发展为民族起义，民族意识深入人心。起义失败后，新建的"民族联盟"成为民族主义运动的主导力量,其领导层包括知识分子、贵族和商人。1927年,民族联盟在立宪议会选举中获胜,其后提出了要求独立的宪法草案,并与亲法派进行了斗争。1936年,法国被迫与之签订法叙条约,允许叙利亚"独立"。二战中,盟国军队占领了叙利亚,"自由法国"接管了政权。1943年,民族联盟在大选中获胜,1945年成功地迫使法军全部撤出。

黎巴嫩居民多属马龙派和德鲁兹派。马龙派上层和教会主张建立一个由马龙派主宰的国家,与法国保持特殊关系,而德鲁兹人对此坚决反对。因此,黎巴嫩的教派关系十分紧张。1925年,叙利亚的起义曾波及国内的穆斯林地区。为了避免类似事件重演,法国于次年5月提出了一部宪法,允许黎巴嫩独立,建立共和国。希腊正教徒查尔斯·达巴斯担任了总统,担任总理的是马龙派教徒奥古斯特·贝查。根据1927年和1929年的宪法修正案,国会议席依据各教派人口的多少选举产生。上述措施标志着法国殖民政策的重点已转向确保各教派力量的平衡。

但是,民族主义情绪依然存在,在马龙派上层中,以贝沙依·胡里为首的立宪集团极力争取穆斯林的支持,反对以艾米勒·埃迪为首的民族集团,后者主张建立一个法国保护下的基督教国家。同时,出于尽早摆脱法国统治的考虑,穆斯林上层集团也逐渐放弃了与叙利亚统一的主张,转而谋求黎巴嫩的独立。民族主义力量出现了联合趋势。1937年法国支持埃迪出任总统，逊尼派人士艾赫达布担任总理，由此形成了马龙派、逊尼派人士分别担任总统、总理的惯例。1943 年 11 月，法国宣布黎巴嫩独立，但仍企图维持其在黎巴嫩的特殊地位。在 1943 年 9 月的总统选举中，基督教和穆斯林民族主义党派联合击败埃迪，胡里再次当选总统。两派还通过了《国民宪章》。宪章规定：基督徒放弃建立一个孤立的黎巴嫩，接受成为一个属于阿拉伯世界的独立的主权国家，穆斯林相应地放弃归还并入黎巴嫩的叙利亚领土及与阿拉伯世界统一的主张；基督徒放弃寻求外国保护的企图，穆斯林则同意不使国家受到叙利亚或阿拉伯世界的影响。双方还就议会席位分配及总统、总理所属教派达成了协议。民族主义力量的团结和国际压力迫使法国于 1946 年撤出了全部军队。

约旦、科威特、阿联酋、巴林和卡塔尔属于同一类型。这五国均为部落制社会，君主为实力最雄厚的酋长，仅约旦国王由外来的圣裔哈希姆家族成员担任。在海湾小国存在着多种伊斯兰教派，当地居民主要信仰除罕百里派以外的逊尼派其他教法学派或什叶派（巴林），而统治家族和宗教上层均属瓦哈比派。因此，伊斯兰教在这些国家缺乏强有力的权力基础。落后的经济、牢固的部落制度、狭小的地域和大量英国驻军决定了该地区不可能出现资产阶级领导的民族运动或沙特阿拉伯、利比亚式的伊斯兰统一运动，而国家独立主要是由君主与英国当局之间的妥协实现的。此外，英国一手建立了外约旦，又扶持费萨尔为该国国王。1950 年，外约旦改名为约旦哈希姆王国。

由此，上述地区建立了以兼负宗教最高首领职责的世俗君主为首的国家。

四 小结

综上所述，西方殖民国家在阿拉伯地区所推行的涉及宗教的政策大体上可以分为四个类型。第一，从经济和行政上控制伊斯兰教势力。具体措施有没收教产、控制宗教人员的任命、设立负责宗教事务的行政机构、对某些宗教组织采取直接的限制措施等。第二，实行分而治之的策略。这主要发生在多宗教或伊斯兰教多个教派并存的地区，表现为给小教派以宗教、司法及行政特权，挑动不同宗教或教派之间的矛盾。第三，鼓励为殖民当局服务的伊斯兰教机构和教派的发展，在个别国家推进教法的制定和实施（例如苏丹）。第四，根据欧洲模式对穆斯林的文化传统进行改革和遏制。这种做法源于对欧洲文化的崇拜，其具体内容包括改革教法制度和法院制度、改革穆斯林的社会习俗、推行欧洲式教育、推广宗主国语言、宣扬欧洲文化至上等。

在殖民主义从政治、经济、教育、文化和社会事务各方面向伊斯兰教施加压力的情况下，后者的反抗是顺理成章的，它从组织上和思想上奠定了反殖的重要基础。但事实上，正如前文所说，这种反抗因国家、教派、神职人员地位的不同而不同，并呈现出明显的地域特点。

在大多数北非国家和阿拉伯半岛中、南部，伊斯兰教起到了较大作用，其原因有四点。第一，上述地区社会经济相当落后，尚未出现能够担当起民族主义运动领导重任的民族资产阶级，甚至地主阶级的力量也比较弱小。第二，两地区远离奥斯曼帝国的中心，而较早成为西方列强的殖民地，因而其民族主义运动的任务是反对"异教徒"的殖民主义而非共同信奉伊斯兰教的奥斯曼帝国，后者还成为当地民族主义者的争取对象。第三，两地区从近代以来就存在着具有原教旨主义倾向、活跃而强大的教派，如赛努西教团、安萨派和瓦哈比派，而当地的知识分子则受到发源于埃及的现代主义思想的强烈影响，形成萨拉菲运动。这就为伊斯兰运动的出现奠定了组织基础。第四，两地区不存在宗教多元化的情况，伊斯兰教作为斗争旗帜无碍于反帝力量内部的团结。由于各国不同的历史背景，一些国家民族主义运动仍由传统宗教力量领导，而其他国家则由伊斯兰化的知识分子（摩洛哥）或由宗教力量和知识分子联合（苏丹）掌握民族主义运动的领导权。

埃及和新月地带则是另一种情况，在这里世俗的民族主义成为民族主义运动的领导力量（但它在民族主义运动中有效地利用了伊斯兰教作为号召的方式）。其原因同样有四点。第一，该地区社会经济发达，民族资产阶级已经开始形成，地主阶级拥有雄厚的实力，而部落制已不存在（如埃及）或较为薄弱。作为民族主义领导力量之一的自由军官组织是从军事院校毕业的军官，他们有较为强烈的世俗主义倾向，并受到凯末尔世俗化改革的深刻影响。第二，该地区属于奥斯曼帝国的心脏地带，殖民列强入侵前民族主义运动的主要目标是摆脱奥斯曼帝国的统治，因为奥斯曼帝国把泛伊斯兰主义作为维持帝国统治的国策之一，民族主义者自然而然地把阿拉伯民族的独立作为斗争目标。第三，该地区有大批阿拉伯基督徒。他们最先倡导世俗的阿拉伯民族主义，而反对殖民主义和犹太复国主义的共同需要使得民族主义者淡化了对民族主义运动宗教性的强调。第四，埃及曾经长期是独立的中央集权国家，穆罕默德·阿里的改革大大削弱了乌里玛的地位，政治精英受伊斯兰教的影响较小，可以大胆地吸收西方思想、进行世俗化改革，而不至于受到殖民地国家惯有的那种强烈的反西方情绪的影响（北层三国的情况也是如此）。但是，以上情况并没有阻碍伊斯兰势力在斗争中发挥的作用，在个别国家甚至还相当明显。特别是埃及，出现了具有原教旨主义倾向、不同于传统宗教势力的穆兄会。

除上述两大类型外，还存在着过渡类型。在突尼斯和阿尔及利亚，民族主义运动的领导权先由宗教集团掌握，后来被世俗的民族主义力量控制。而在约旦和海湾诸酋长国，当地的统治家族和酋长成为独立运动的主要领导力量。

20 世纪阿拉伯民族主义运动呈现出多种风采。政教关系的不同模式极大地影响了各国建国后的政治格局和社会经济发展，当今伊斯兰复兴运动在各国的不同表现从独立运动的进程中即可见其端倪。

（原载《西亚非洲》1996 年第 3 期）

1900~1941年伊拉克民族主义的发展

伊拉克民族主义的发展分为三个阶段。第一个阶段（1900~1921年）是民族主义的萌芽时期，主要目标是争取从奥斯曼帝国实现自治。第二个阶段（1921~1932年）是争取实现独立及初步建设民族国家的时期，在这一阶段作为民族国家的伊拉克出现并得到初步发展。第三个阶段（1932~1941年）是推进民族独立和阿拉伯统一运动的时期，本阶段伊拉克获得形式上的独立，但由于民族主义运动内部的冲突和失误，泛阿拉伯主义运动遭到失败。

作为现代国家的伊拉克，是第一次世界大战后奥斯曼帝国解体和英国委任统治的结果。它包括原帝国的三个省，即巴格达、巴士拉和摩苏尔。20世纪初，伊拉克的社会经济相当落后。国家的经济基础是农业，工业微不足道。1905年，游牧人口占全国总人口的 17%①，而绝大多数农业定居人口的社会组织形态还是部落。城市中的商人阶层多为犹太人，人数不多的阿拉伯商人实为英商的附庸。由于 19 世纪末现代教育的初步发展，伊拉克已出现了一个知识阶层和军官集团。另外，阿拉伯人和库尔德人（占人口的 20%）、逊尼派和什叶派之间也有矛盾。因此，20 世纪初的伊拉克在社会和经济方面存在着严重的分裂，这不利于民族主义和现代国家的发展。

20 世纪前半期伊拉克民族主义的发展可以分为三个阶段。第一个阶段从 20 世纪初到 1921 年，为伊拉克民族主义的萌芽时期。实际上，西亚的阿拉伯地区这一时期均处于奥斯曼帝国的统治之下，所以伊拉克的民族主义也是整个阿拉伯民族主义的一个组成部分。当时，一些伊拉克军官加入了统一与进步委员会，其中马赫穆德·舍夫凯特还率军镇压了 1909 年哈米德发动的政变。此外，在叙利亚和埃及等地建立起来的民族主义组织如文学俱乐部和奥斯曼地方分权党均在伊拉克设有分部。这一时期民族主义运动的中心在巴格达和巴士拉，民族主义者的要求是实行自治。摩苏尔的库尔德人则要求建立独立国家。

但是，青年土耳其党人对阿拉伯人的要求采取了敷衍的态度，这打破了革命所产生的幻象。巴士拉的改革委员会宣布了 27 条纲领，首先提出了"在美索不达米亚建立一个独立政府"的要求。随着一战的爆发，奥斯曼政府进一步加强镇压，阿拉

---

① Phebe Marr, ed., *The Modern History of Iraq*, Boulder: Westview Press, 1985, p. 25.

伯人开始准备武装起义。

1916 年 6 月，麦加谢里夫侯赛因之子费萨尔率领 1500 余名战士起义。义军所向披靡，一举解放汉志并进入叙利亚，建立了民族政府。同时，英军也迅速占领了巴勒斯坦和伊拉克。然而，曾经赞同侯赛因在西亚建立阿拉伯王国的英国却与法国暗中达成协议，后者因而攻占了叙利亚和黎巴嫩，扼杀了新生的民族政府。1920 年 4 月，协约国在意大利召开的圣雷莫会议上决定在阿拉伯地区实行委任统治，英国获得巴勒斯坦和伊拉克，法国得到了叙利亚和黎巴嫩。民族主义者建立统一的阿拉伯国家的希望破灭了。

民族主义发展的第二阶段从 1921 年到 1932 年，是争取实现独立及初步建设民族国家的时期。本阶段的民族主义力量可以分为三大阵营，即温和派、激进派和中间派。温和派主要包括费萨尔国王、部分跟随他参加汉志起义和建立叙利亚政府的前奥斯曼军官（即"谢里夫派"，一般出身低微）。[①] 激进派主要是中下阶层，本身又可分为泛阿拉伯派和社会改革派。前者包括政治家、军官（如第二代谢里夫派军官，他们于 1918 年停战后加入叙利亚政府）和其他国家的阿拉伯民族主义者，而后者则以知识阶层、商人和工人为主。中间派主要是酋长和部分宗教人士，尤其是什叶派乌里玛。

---

① 关于伊拉克的社会阶层及其政治态度，参见 Hanna Batatu, *The Old Social Classes and the Revolutionary Movements of Iraq: A Study of Iraq's Old Landed and Commercial Classes and of Its Communists, Ba'thists, and Free Officers*, Princeton: Princeton University Press, 1978, Chapters 5-10。

在上述派别中，泛阿拉伯派主张完全独立，并以伊拉克为中心统一西亚的阿拉伯各国。社会改革派在反对殖民统治的同时，主张进行重大的社会改革，发展经济，改变收入不平衡的状况。温和派在强调支持阿拉伯国家民族斗争的同时，坚持首先建立独立的、统一的伊拉克国家，但与英国建立良好的同盟合作关系。中间派强烈反对英国，同时致力于提高什叶派的地位及保持酋长在地区事务中的传统地位，对中央政府，尤其是其世俗化政策持敌视态度，因而常被其他派别利用来反对政府。

英国占领伊拉克后，民族主义力量建立了两个政党，其中伊拉克盟约社代表温和派，独立捍卫者协会代表激进派和中间派。但两个组织都支持费萨尔成为伊拉克国王。独立捍卫者协会与部落联合起来，第一次实现了逊尼派和什叶派的大团结，于 1920 年 5 月发动了全民起义。1920 年的全民起义从参加者和领导者来看并不是一次成熟的民族主义运动。起义失败后，英国极力拉拢部落酋长、宗教领袖、贵族和少数民族，同时开始利用温和的民族主义势力，以最大限度地维持殖民统治，并减少财政负担。1921 年 8 月，费萨尔被扶上王位，伊拉克王国宣告成立。

费萨尔企图利用民族主义各派的支持争取独立，但英国掌握着英军和亲英的国民军，并得到拥有部落武装的大多数酋长和部分宗教人士及旧官僚的支持，因而成功地镇压了民族主义组织和部落反叛活动。国王不得已，于 1922 年接受了为期 20

年的《英伊同盟条约》，它包含了委任统治的大部分内容，英国据此保留了驻军、高级专员和各级政府的英籍顾问。条约的通过疏远了国王与激进民族主义者的关系，什叶派领导人一时成为民族主义运动的主角。1922 年 11 月和次年 6 月，什叶派乌里玛两次发布法特瓦（宗教法令），呼吁抵制立宪会议选举。其后，一些高级乌里玛流亡伊朗以示抗议。然而，逊尼派政治家对他们流亡异国之举十分反感，双方关系由此冷淡。英国乘机施压，在什叶派乌里玛保证不再干涉政治之后，才允许他们归国。什叶派宗教上层从此基本上退出了民族主义运动。

尽管伊拉克没有争得完全独立，但其毕竟在建立现代民族国家方面迈出了最初的步伐。1924 年该国通过了具有宪法性质的组织法和选举法，伊拉克因此成为君主立宪制国家，拥有两院制议会，建立了现代行政机构。1921 年伊拉克成立了国防军，到 1932 年军队人数已达 1.15 万。[1] 另外，现代教育也得到迅速发展，大、中、小学的学生人数从 1921 年的 596 人猛增到 1948 年的 2.8 万人。[2] 1925 年，由于英国的坚持（意在打击土耳其并控制当地的石油资源），摩苏尔省最终划归伊拉克，现代伊拉克的国家版图最终形成，库尔德人逐渐融入国家的社会政治生活。什叶派在政府机构中的比例也有所增加，1928 年

---

[1] Abbas Kelidar, ed., *The Integration of Modern Iraq*, New York: St. Martin's Press, 1979, p. 97.

[2] Hanna Batatu, *The Old Social Classes and the Revolutionary Movements of Iraq: A Study of Iraq's Old Landed and Commercial Classes and of Its Communists, Ba'thists, and Free Officers*, Princeton: Princeton University Press, 1978, p. 477.

伊拉克的国会就包括 26 名什叶派议员（议员总数为 88 人）。

但是，英国竭力阻挠伊拉克国家机构的发展。它使旧贵族掌握内阁大权，而内阁则通过操纵选举来控制由酋长占主导地位的国会，以此来制约费萨尔和谢里夫派；它还极力阻止军队人数的增加和征兵制的实施。不仅如此，英国授意通过的部落民刑事争端条例规定，部落地区可继续使用习惯法，从而使之独立于国家的司法体系。

费萨尔继续巩固自己的权力。他设法限制酋长的影响力，对传统机构进行分化瓦解，并积极打击亲英的旧贵族，提高谢里夫派的地位。著名的阿拉伯民族主义思想家萨提·胡斯里受命领导教育部门，伊拉克青少年因此受到了民族主义思想的熏陶。在 1921~1932 年的 13 届内阁中，4 位首相属于谢里夫派，他们在大臣中占 16.8%。[①]

然而，民族主义阵营最大的弱点是不存在有组织的力量。除盟约社以外，独立捍卫者协会于 1922 年分裂为民族党（贾法尔·阿布·提曼领导）和觉醒党，另外逊尼派也成立了人民党（亚辛·哈希米领导）和进步党（亲英首相阿卜杜勒·穆辛·萨敦领导）。这些党派多以个人为中心，缺乏强有力的群众基础和凝聚力。因此，政治家之间的联系纽带多是血缘、家族、婚姻、同学或同僚关系，他们为权力而相互斗争，不能形

---

① Hanna Batatu, *The Old Social Classes and the Revolutionary Movements of Iraq: A Study of Iraq's Old Landed and Commercial Classes and of Its Communists, Ba'thists, and Free Officers*, Princeton: Princeton University Press, 1978, pp. 176, 179.

成一股强大的民族主义势力。只是由于费萨尔的存在，各集团间关系的相对稳定才得以维持。

1928 年以后，费萨尔再一次向英国发起挑战。他一方面通过谢里夫派领导人努里·赛义德向英国专员要求完全接管军队事务；另一方面迫使萨敦首相辞职并拒绝任命新首相。新上台的工党政府最终与努里政府签订了 1930 年英伊条约。根据条约，伊拉克于 1932 年获得形式上的独立，并加入国际联盟，但英国仍保留了其在伊拉克的空军基地及对伊拉克政府事实上的控制权。

第三阶段从 1932 年到 1941 年，是推进民族独立和阿拉伯统一运动的时期。20 世纪二三十年代的社会变化对民族主义内部的力量对比产生了极大影响。第一个重大变化是地主阶级的加速形成及其由此而来的与民族主义温和派的结盟。地主阶级的成员主要是酋长，他们不择手段地侵吞国家、公社、部落成员和其他部落的土地，并奴役外部落或本部落的成员。同时，商人、旧贵族，甚至谢里夫派也都成为新兴地主，昔日酋长与谢里夫派的矛盾趋于消失。政府通过一系列法律保护地主的权益，如 1932 年和 1936 年的立法便利了地主侵吞土地的行为，而 1933 年的立法则禁止负债的农民离开土地，使其成为事实上的农奴。另外，1922 年以后伊斯兰商人的势力也有所增长，他们与政界建立了密切联系。因此，谢里夫派上层、旧贵族、酋长、旧官僚（指奥斯曼时期担任军政要职的阶层）、大商人和王室形成了统治国家的政治联盟。在 1932～1941 年任职的

16 位首相和 122 位大臣中，谢里夫派分别占 50% 和 17.2%，旧贵族为 37.5% 和 18.9%，旧官僚为 12.5% 和 23.8%；酋长在1933 年召开的国会中占 20.5% 的议席，超过 1925 年颁布选举法以来的任何一届。而且，20 世纪 30 年代以后谢里夫派上层真正赢得了英国的信任，后者将其视为控制伊拉克的主要支柱。

第二个重大变化是军队的发展及其政治地位的上升以及由此而来的激进民族主义势力的发展。1932 年，总参谋长、库尔德人贝克尔·西德基率领军队对亲英的少数民族亚述人大肆杀戮，此举赢得了民众，包括库尔德人的热烈欢迎，军队的威望迅速上升。国会不久就通过了征兵法，到 1936 年军队人数已增至 2 万。1935~1936 年对部落起义的有效镇压表明伊拉克军队已确立了相对于部落武装的优势地位。军官多属逊尼派，从政治倾向上看可分为泛阿拉伯派、伊拉克派和库尔德派。其中泛阿拉伯派领导人为"金方阵"的主要成员萨拉赫·丁·萨巴赫将军（他和西德基都是第二代谢里夫派）。伊拉克派强调本国独立的利益和政策，这与库尔德派的观点相近，后者的代表是西德基。尽管其政治观点不同，萨巴赫和西德基均主张军人干政，建立强有力的民族政权，作为实现各自政治抱负的手段。1936 年以后，军队实已成为国内最重要的政治力量。在军队壮大的同时，政府机构、现代教育和就业的发展也造就了一个人数不断增长的中产阶级，包括公务人员、职员和专业人员等，他们也成为激进民族主义的重要支柱。此外，泛阿拉伯主义也得到了新国王加齐和在伊拉克的耶路撒冷穆夫提阿明·侯赛尼以及巴勒斯坦、叙利亚的教师和其他人员的有力支持。

20世纪20年代，特别是30年代以后，伊拉克民族主义发展的主要特征之一是它与德国的思想和政治联系。[①] 谢里夫派和在军队中占有要职的其他前奥斯曼军官都是在伊斯坦布尔军事学院毕业的，而19世纪末以后学院的教官均是德国人。因此，德国军官的军国主义思想，强调民族统一、强人统治和军人职责的观念对伊拉克军官产生了深刻影响。胡斯里也对法国的政治民族主义不屑一顾，而对德国的文化民族主义情有独钟，认为拥有共同语言、历史的阿拉伯人同样应当联合起来，建立统一的民族国家。[②] 20世纪30年代纳粹主义的兴起，更使一些民族主义领导人认为通过建立强人政治，可以振兴国家、统一阿拉伯世界。不仅如此，民族主义者还从轴心国的崛起中看到了一股可以对抗英法殖民主义的力量。

第三个变化是农民和工人的贫困化以及由此而来的社会改革派势力的壮大。土地的集中导致了农民的贫困，他们不再享受过去酋长所给予的保护。大多数农民是分成制佃农、农奴或雇工，其收成在扣除各项费用后已所余无几。同时，大批农民外流又影响到城市非熟练工人，后者的日工资从1927年的0.075第纳尔下降到20世纪30年代后期的0.05第纳尔。1927

---

① 详见 Reeva S. Simon, *Iraq Between the Two World Wars: The Creation and Implementation of a Nationalist Ideology*, New York: Columbia University Press, 1986, pp. 68-71。

② 彭树智：《东方民族主义思潮》，西北大学出版社，1992年，第九章。

年开始的石油生产对经济没有产生多大的影响。所以，社会改革派的势力得以扩大。30 年代初，几个年轻的知识分子成立了以同名报纸为中心的国民报派。该集团的思想较为庞杂，其中既有费边主义倾向，也有马克思主义、达尔文主义和民粹主义的内容。1934 年以后，它以社会主义为第一宗旨，但称其为"民粹主义"。同时，它先后吸收了前兄弟党领导人希克梅特·苏莱曼和前民族党领导人提曼，威望迅速上升，政治上更加务实。

第四个变化是作为国家政治重要制衡因素的王室作用的下降。费萨尔国王虽属温和派，但真诚地追求独立、改革和泛阿拉伯主义事业。因此他对民族主义各派兼收并蓄，在 1932 年伊拉克独立后当即邀请泛阿拉伯派领导人亚辛组阁，同时开始疏远努里。然而，在 1933 年的亚述人事件中，亚辛政府不听他的劝阻（当时国王正在英国访问），鼓励军方的强硬政策，而亚齐王储也推波助澜，费萨尔备受冷落。同年 9 月，郁郁寡欢的国王病逝于瑞士，伊拉克因此失去了一位能平衡各派政治力量的卓越人物。加齐的民族主义热情更甚于其父，但他性格软弱，缺乏政治经验和才干，王室的影响从此下降。1939 年 4 月，加齐国王去世，因新王费萨尔二世年幼，努里力举年轻的伊拉亲王摄政，后者完全听命于努里，王室彻底沦为温和派手中的玩物。另外，英国的影响在这一时期也趋于下降，伊拉克政府更多地承担了管理国家的职责。

由于国内社会政治状况的变化，加上 20 世纪三四十年代国际形势的突变，本阶段伊拉克民族主义运动的发展出现了新的特点。

第一，政局不稳，内阁变动频繁，而且往往通过非法途径。1932 年 11 月到 1941 年 5 月共有 16 届内阁执政，每届的平均执政时间仅有 6 个半月，而 1921～1932 年的同一数字为 11 个月多。[①] 内阁的频繁变动影响到国会，因为每届内阁都试图解散与己不合的国会、重新举行大选，因此本阶段只有最后一届国会完成了任期。政局动荡的原因除了上述民族主义各派力量的集聚和王室地位的下降外，还有一个重要方面就是执政派系的政治独裁倾向。

如前所述，伊拉克的国会其实只是一个橡皮图章，议员的选举基本上由政府操纵，国会也没有批准预算和质询内阁等权力。因此，执政派系充分利用了这一手法和其他手段建立自己的独断统治，而排斥其他党派。努里便曾经罗织罪名，捕杀和监禁反对派人士。亚辛在 1936 年兄弟党二次执政后，也对其他党派进行镇压，甚至取缔了兄弟党自身。因此，非执政党通过合法的议会途径不可能取得政权，甚至组织的存在也难以得到保障，非法斗争便成为唯一的选择。1935 年以前，当时仍为反对党的兄弟党鼓动部落叛乱，但此后军队成功地镇压了叛乱，军事政变遂成为夺取政权的主要方式。1936 年，西德基发动了阿拉伯世界第一次军事政变，此后直到 1941 年伊拉克又

---

① 参见 Majid Khadduri，*Independent Iraq 1932-1958: A Study in Iraqi Politics*，Oxford：Oxford University Press，1960。

发生了 6 次政变。

第二，民族主义各派一般重视外交更甚于内政。有趣的是，每届政府上台，都要提出一系列雄心勃勃的改革纲领。例如，1936 年亚辛政府组成时，它宣布的改革计划包括修改选举法、通过工会法、改组市政府和地方政府、改组和扩大军队、建立国家银行、提高部落人口的生活水平和促进其定居等。但是，这些计划大多数都是不了了之，其原因不仅在于每届政府的上台时间短暂以及改革的实际难度很大，而且在于一些民族主义者对国内改革根本就不感兴趣，他们祭起这个法宝只是为了宣传而已。如温和派领导人努里就以擅长外交著称，他在内政方面则时常感到难以应付，于是 1940 年 3 月便主动把首相职务让给拉希德，而自己出任外交大臣，以更好地配合英国的战时外交。

泛阿拉伯派成员也是如此。他们最关心的莫过于解放巴勒斯坦和叙利亚的阿拉伯兄弟，建立统一的阿拉伯国家，而对国内经济发展和社会改革不甚关注（不过，这也有一个客观原因，就是许多泛阿拉伯派军官出身于北方，这里在二战前与巴、叙存在着密切的经济联系，而委任统治切断了这种联系）。这一点在以“金方阵”为首的军官身上表现得最为明显。所以，真正关心国内问题的主要是社会改革派和其他左翼力量，如伊拉克共产党和复兴社会党。但是，这一派在民众中的影响较小，难以有效地掌握政权。1936 年以提曼为首的国民报派一度与西德基一派联合执政，但不久双方就出现矛盾，国民报派上台仅半年即宣布退出内阁。对社会改革的忽略成为民族主义者的最大失误之一。

第三，激进派与温和派交替执政，而前者的政治倾向日趋激进，最终以泛阿拉伯派军官与温和派和英国的全面冲突而结束。1921～1932年，担任首相的主要是亲英派政治家（包括圣裔和有部落背景的前奥斯曼帝国官僚）及谢里夫派上层。1932年以后的历届政府从政治倾向上看可以分为下列阶段：（1）泛阿拉伯派的兄弟党执政时期（1933年3～10月）；（2）谢里夫派上层及旧官僚执政时期（1933年10月～1935年3月）；（3）兄弟党执政时期（1935年3月～1936年10月）；（4）伊拉克派、库尔德派军官和社会改革派联合执政时期（1936年10月～1937年8月）；（5）谢里夫派上层执政时期（1937年8月～1940年3月）；（6）谢里夫派上层与泛阿拉伯派联合执政时期（1940年3月～1941年4月）；（7）泛阿拉伯派执政和起义时期（1941年4～5月）。

在以上所列7个阶段中，最初执政的是温和的泛阿拉伯派政党兄弟党。它接受了1930年条约，并任命努里为外交大臣，此举保证了英国和温和派的支持。但兄弟党的妥协政策导致了其与激进的民族党的决裂。此后，兄弟党在部落和军方的支持下上台。这一时期成为二战前伊拉克泛阿拉伯主义运动的第一次高潮。这一时期，伊拉克的民族主义者以抗议、集会等多种形式支持叙巴两国的民族斗争，甚至为参与起义的巴勒斯坦人募捐购买武器。①

1936 年，以西德基为首的伊拉克派和库尔德派军官在社会改革派的支持下发动了阿拉伯国家现代史上第一次军事政变，推翻了亚辛政府。这两派在政治上只有一点是协调的，即它们都强调国内问题而不是泛阿拉伯主义。外交上对北层国家的倾斜证明了这一点，例如 1937 年与伊朗签订的边界协定（向伊朗做出了让步）和随后与土耳其、伊朗和阿富汗正式缔结的《萨阿达巴德条约》。尽管如此，为了平息民众的不满，政府不久也开始强调自己对阿拉伯民族主义的坚持，英国的巴勒斯坦政策因此受到抨击。

泛阿拉伯派军官对政府的不满促使他们支持努里一派，于 1937 年 8 月推翻了西德基政权。随着大战的临近，民族主义两大阵营的对立日益明显，一方是以努里和摄政王为首的温和派，另一方是以"金方阵"、阿明·侯赛尼（巴勒斯坦起义失败后来伊）和拉希德为首的泛阿拉伯派。泛阿拉伯派利用英国的困难处境要求它在巴勒斯坦问题上让步，侯赛尼还认为应当养精蓄锐，一旦日意苏三国加入德国一方作战即在巴勒斯坦发动反抗运动。但英国的不妥协政策和法国的沦亡使泛阿拉伯派丧失了对西方的最后一线希望。同时，努里在英国的主使和摄政王的支持下，坚持要与意大利断交，甚至要求出兵北非参与盟国作战。因此，"金方阵"与温和派的关系走到了尽头，而

---

① Reeva S. Simon, *Iraq Between the Two World Wars: The Creation and Implementation of a Nationalist Ideology*, New York: Columbia University Press, 1986, pp. 68-71.

此时侯赛尼与德国建立了秘密联系。

英国对拉希德政府十分不满，迫使他辞职，之后由叙伊两国民族主义领导人组成的阿拉伯委员会决定发动政变。1941 年 4 月，政变成功，摄政王、努里等人仓皇出逃，伊拉克的民族主义运动发展到一个新的高峰。日意苏三国立即承认了新政府，后者与德国复交。英国决意进行武装干涉，于 4 月 29 日派遣大批军队在巴士拉登陆，三十天战争开始。拉希德向全国发表了抵抗声明，侯赛尼则宣布开始"圣战"。此后，土耳其提议双方停战，但被"金方阵"拒绝，后者坚信伊军可以抵挡 3 个月，之后轴心国军队将赶来援助。

事实上，由于德国正准备进攻苏联，直到 1941 年 5 月 13 日德国才经法属叙利亚向伊军运来第一批军火，从叙利亚机场起飞的德国飞机也对英军机场进行了轰炸。但这些微弱的援助已无济于事，英国和外约旦军队迅速击溃了装备低劣的伊军，于 5 月底进入巴格达。这次仓促开始的反英起义宣告失败。

综上所述，伊拉克 20 世纪前半期的民族主义运动呈现出一种错综复杂，甚至扑朔迷离的面貌。从历史上看，伊拉克长期遭受民族压迫而未能独立，社会经济极为落后，阶级分化不明显，民族资产阶级和知识阶层远未形成，且存在着严重的种族和宗教分裂。因此，民族运动的领导人涵盖了贵族、酋长、宗教领袖、圣裔和商人等各个阶层，且他们的立场不是固定不变的。伊拉克民族运动的主要任务是争取民族独立、阿拉伯统一和社会改革，围绕着三大任务的主次之争形成了民族主义的三大派别——温和派、泛阿拉伯派和社会改革派，尽管它们之间互有交叉。20 世纪 20 年代，伊拉克的主要目标是争取国家独立，民族主义各派对此意见一致。但在 1932 年以后，随着王室制衡作用的发挥和英国约束的减少，民族主义的派别斗争激化了。应当承认，温和派主张首先巩固国家、推进现代化的主张有其合理性，但它对内与酋长结盟、镇压激进派，对外完全依附于英国，这就最终背离了民族主义运动。泛阿拉伯派成员谋求阿拉伯统一的愿望是好的，但他们组织不善，过高地估计了自己的力量，错误地相信轴心国的许诺并低估了盟国的军事实力，以致草率地发动反英起义，招致了不必要的失败。此外，无论是温和派还是泛阿拉伯派都忽略了（前者可说是有意的）社会两极分化的问题，而强调这一问题的社会改革派又无力掌握政权。因此，伊拉克政治斗争的结局是温和派战胜泛阿拉伯派和社会改革派而垄断政权，但这只是暂时的。二战后兴起的民族主义充分吸收了战前的经验教训，复兴社会党在强调阿拉伯统一的同时，注重伊拉克自身的独立和现代化建设，并支持社会主义，这是它最终取得政权的重要原因之一。

（［原载《西北大学学报》（哲学社会科学版）

1996 年第 4 期，题目和内容有改动］）

试析伊拉克哈希姆王朝的
历史地位

  伊拉克是第一次世界大战后出现的新兴阿拉伯国家，最初是作为英国委任统治地而形式上由哈希姆家族进行治理的。国内学界传统的观点往往视该家族及其主要支持者谢里夫派为英国的傀儡、阻碍政治变革和经济进步的保守派，似乎在伊拉克历史上一无是处，注定要为革命所淘汰，但这种看法有失公允。作为伊拉克近现代第一个，也是最后一个王朝，哈希姆王朝在现代伊拉克国家的形成中发挥过非同寻常的关键性作用，王朝统治也为随之而来的共和革命铺平了道路。本文试图通过对王朝的三位君主，即费萨尔一世（1883～1933）、加齐（1912～1939）和费萨尔二世（1935～1958）时期（其中费萨尔二世因年幼，国务由伊拉亲王代管）的内政外交的分析来评判哈希姆王朝时期君主制的历史作用。有关分析将为我们了解二战后第三世界国家君主制的发展演变提供一个有益的参考。

哈希姆王朝对伊拉克国家的贡献可以分为三个方面。第一，推动了伊拉克民族独立国家的形成。伊拉克在奥斯曼帝国时期包括三个省份，即巴格达、巴士拉和摩苏尔，而摩苏尔的人口主要是库尔德人，另两个省则以阿拉伯人为主。20世纪初，伊拉克的社会经济极为落后。农村的社会组织形式主要是部落，酋长致力于获取更多的土地并巩固自己对地方事务的垄断权。在城市，贵族、官僚、宗教上层和大商人构成统治精英，其中商人的主体是犹太人。因此，人数不多的阿拉伯中产阶级主要是从帝国军事学院毕业、出身于社会下层的军官和少数知识分子。此外，中部和南部的阿拉伯人分属伊斯兰教的逊尼派和什叶派，虽然什叶派的人数超过了逊尼派，但什叶派在政治经济上则处于劣势，双方的对立十分明显。[①] 显然，伊拉克的社会凝聚力也是相当薄弱的，民族主义的发展因此受到极大的制约。19世纪末，一些伊拉克军官参加了在伊斯坦布尔和开罗建立的阿拉伯民族主义组织，该组织也在伊拉克建立了分部，另外当地的个别贵族也提出了独立要求。但是，民族主义的力量相当分散，且主要存在于巴格达和巴士拉两省，而库尔

---

① Hanna Batatu, *The Old Social Classes and the Revolutionary Movements of Iraq: A Study of Iraq's Old Landed and Commercial Classes and of Its Communists, Ba'thists, and Free Officers*, Princeton: Princeton University Press, 1978, Chapters 1 to 4.

德人则要求建立自己的国家，他们得到协约国的支持。① 另外，在阿拉伯民族主义者中间也存在着是建立一个独立的伊拉克国家还是建立一个囊括整个西亚的阿拉伯统一国家的分歧（此即早期的伊拉克派和泛阿拉伯派）。

在此情况下，来自阿拉伯半岛的汉志的哈希姆家族为伊拉克提供了重要的领导力量。哈希姆家族成员被称为"谢里夫"（先知后裔），因为他们属于穆罕默德女婿阿里的后代，是先知的唯一嫡系后裔，在整个阿拉伯世界享有极高的威望。该家族一直被任命为麦加的埃米尔，是奥斯曼帝国范围内仅存的阿拉伯统治者。为了维系家族地位，哈希姆家族内实行长幼有序的严格纪律，还将年轻成员一律送到贝都因部落中生活，让他们锻炼意志并了解部落习俗及其生活方式。此外，帝国为防不测，还将家族的精英人物尽数送到首都或开罗，从而使这些人奥斯曼化，他们也因此对国际事务十分熟悉。②

费萨尔是谢里夫侯赛因·本·阿里的第三子，自幼即跟随父亲居住在伊斯坦布尔，目睹了青年土耳其革命的风采。他也在贝都因部落中生活过，熟谙部落事务和国际形势。其父侯赛因·本·阿里于1908年担任埃米尔，他雄心过人，决心利用谢里夫的独特地位在西亚建立独立、统一的阿拉伯王国，而深

---

① "伊拉克"的阿拉伯文一词含义最初只包括以阿拉伯人为主的巴格达和巴士拉两地区。第一次世界大战结束初期，盛产石油的库尔德地区的归属未决，伊拉克和土耳其均提出相关要求，而伊拉克在英国的支持下最终获胜，但英国要求伊拉克保障库尔德人的权利。

② Kamal S. Salibi, *The Modern History of Jordan*, London：I. B. Tauris, 1993, pp. 63-65.

具政治家、军事家才能，精明强干且深孚众望的费萨尔则成为其父的左膀右臂。1916 年 6 月，费萨尔和长兄在汉志起事，打响了阿拉伯起义的第一枪。随后，费萨尔解放了麦加，并挥师北上，攻占了叙利亚。在那里，他建立了民族政府，其中有大批叙利亚和伊拉克民族主义者参加。然而，法国根据英法密约（即一战期间两国达成的《赛克斯－皮科协定》）出兵叙利亚和黎巴嫩，费萨尔的抵抗宣告失败。在此期间，英国占领了伊拉克，1920 年伊拉克爆发了大规模的反英起义。此后，英国被迫考虑采取间接统治的形式，费萨尔由此登上了伊拉克王位（最初商定由费萨尔的二兄阿卜杜拉任伊拉克国王，不过阿卜杜拉后来出任了外约旦国王）。

英国挑选费萨尔担任国王，一是为了酬谢谢里夫家族在阿拉伯起义中的贡献，同时平息该家族对英法密约的不满，并应对民族主义者施加的压力；二是认为自己能够控制费萨尔，因为英国在伊拉克扶植了一个亲英的部落酋长阶层，任命了投靠自己的贵族担任政府首脑，并拥有一支驯服的国民军和英国军队，而外来的国王在国内尚没有强大的支持力量。然而，费萨尔带来了跟随他参加汉志起义和组建叙利亚政府的伊拉克军官（即"谢里夫派"）和部分叙利亚民族主义者，同时得到了大多数伊拉克民族主义者的支持。

费萨尔向英国提出伊拉克实现全面独立的要求，这既是为了表明他不是英国的傀儡，也是出于个人的民族主义信念。费萨尔上述要求遭到了英国的断然拒绝。英国当局利用国王生病之机，残酷镇压了反英运动。面对英国的军事优势，已经领教过法国武力的费萨尔不得不让步，最终接受了包含委任统治实质性内容的 1922 年英伊条约。

费萨尔并不灰心，他继续巩固自己和谢里夫派的地位，加强伊拉克的国家建设。1928 年，他通过国防大臣努里·赛义德，向英国提出收回军队在和平时期的指挥权、由伊拉克独立负责自己的防务、终止 1922 年英伊军事协定等强硬要求，并设法迫使亲英的萨敦首相辞职。不久，工党入主白厅，英国被迫与伊拉克进行谈判，签订了 1930 年英伊条约。该条约规定伊拉克获得形式上的独立，英伊两国建立外交关系，英国支持伊拉克加入国际联盟，但英国也保留了军事基地、空军，在外交事务上的协商权和在财政、商业、教育方面的特权。尽管条约并未给予伊拉克全面独立，但它毕竟朝这一方向迈出了新的一步。

1933 年费萨尔去世后，加齐继任国王。他缺乏政治经验，然而富有民族主义激情。他积极支持民族主义军官，在宫廷中设立了电台（由纳粹德国提供），亲自进行民族主义宣传，这使英国大为恼火。但是，国王的年轻和性格上的弱点致使谢里夫派要人努里掌握了大权，后者已放弃费萨尔渐进式争取独立的方针，而采取全面支持英国以乞求独立的路线。1939 年，加齐不幸遇难，这导致了一场反英暴动。此后，加齐年幼的儿子费萨尔（费萨尔二世）担任国王，努里指定年轻而平庸的阿卜杜勒·伊拉亲王为摄政王，从而操纵了王室事务。显然，王室积极推动民族主义事业的时期结束了。

第二，推动泛阿拉伯主义运动的发展。英法两国对西亚地区的瓜分粉碎了哈希姆家族统一新月地带、建立"阿拉伯王国"的梦想，但费萨尔并没有放弃对泛阿拉伯主义运动的支持。他在不同场合向英法政府呼吁尊重叙利亚和巴勒斯坦人民的独立意愿，并希望实现与叙利亚的合并，进而在阿拉伯国家独立的基础上建立阿拉伯国家联邦。[①] 然而，由于伊拉克受到英国的控制且实力弱小，以及库尔德人对泛阿拉伯主义的厌恶，费萨尔不可能有更大的作为。同时，他也从伊拉克作为一个独立国家的现实出发，致力于发展与周边非阿拉伯国家如土耳其和伊朗的关系。

20 世纪 30 年代中期伊拉克真正成为泛阿拉伯主义运动的中心。这一时期民族主义中的泛阿拉伯派占据了突出的地位。[②] 当时，大批埃及、叙利亚和巴勒斯坦民族主义者来往于伊拉克和本国之间，巴勒斯坦人被大量招聘为教师，从而把民族主义思想传播给伊拉克青年。1935 年担任首相的亚辛·哈希米公开表示要使伊拉克成为"阿拉伯世界的普鲁士"，承担统一的重任，并自诩为"伊拉克的俾斯麦"。1936 年巴勒斯坦人起义开始后，伊拉克人民给予积极支持。群众纷纷进行示威游行，向英国使馆递交抗议书，报刊发表了大量抨击英国的文章。政府

① Majid Khadduri, *Independent Iraq 1932－1958: A Study in Iraqi Politics*, Oxford: Oxford University Press, 1960, p. 308.

② 参见黄民兴《1900 至 1941 年伊拉克民族主义的发展》，《西北大学学报》（哲学社会科学版）1996 年第 4 期。

也宣布了哀悼日，为巴勒斯坦的死难者举行哀悼，学校师生广泛进行募捐。一些民族主义组织也积极筹集资金，为起义者购买武器，政府甚至默许德国经伊拉克向巴勒斯坦运送武器。[①]以上活动得到了国王加齐的热情支持。他本人则在宫廷电台里亲自进行反英宣传，鼓动吞并科威特。

加齐国王去世后，王室和努里在外交上完全遵从英国的旨意，但在阿拉伯统一运动方面也作出了一些努力。从伊拉亲王的角度看，这几乎纯粹是为了实现个人野心，因为他希望在费萨尔二世成年亲政后由自己担任叙利亚国王。因此，伊拉克卷入了一战后叙利亚的若干军事政变，但伊拉亲王并未如愿以偿。努里对伊拉的计划毫无兴趣，他专注于阿拉伯世界的统一。1942年，他在拜会英国高级官员时提出下述方案：叙利亚、黎巴嫩、巴勒斯坦和外约旦联合为一个国家；各国人民自己决定其政府形式为君主制还是共和制；建立阿拉伯国家联盟（以下简称"阿盟"），由叙利亚和伊拉克发起，欢迎其他国家加入；阿盟成立常设委员会；该委员会负责防务、外交、货币、交通、关税和保护少数民族；巴勒斯坦的犹太人享有半自治地位；耶路撒冷向各宗教信仰者开放。然而，由于埃及与伊拉克的竞争及各阿拉伯国家在意识形态上的分歧，上述计划未能实现，最终建立的阿盟只是一个松散的国家联盟。此后，1958年2月，伊拉克与同为哈希姆家族统治的约旦组成阿拉伯

---

① Reeva S. Simon, *Iraq Between the Two World Wars: The Creation and Implementation of a Nationalist Ideology*, New York: Columbia University Press, 1986, pp. 68-71.

联邦，旨在对抗激进的阿拉伯共和国。

努里和其他老一代谢里夫派政治家以及伊拉亲王的泛阿拉伯主义倾向是温和的，正如费萨尔一世一样。因此，他们始终没有因为叙利亚和巴勒斯坦问题而与英国翻脸，并与北层非阿拉伯国家保持较好关系。1937 年，伊拉克与伊朗就边界问题达成协议，规定在阿拉伯河阿巴丹一段约 8 千米的河面上以主航道为边界，从而向伊朗作出了让步（原先边界为河东岸）。两国随即与土耳其和阿富汗签订了旨在保障集体安全的《萨阿达巴德条约》。但是，上述倾向引起了激进的泛阿拉伯主义者的强烈不满，他们主张阿拉伯统一，并寄希望于轴心国的援助，最终于 1941 年公开发动了反英起义。

第三，促进伊拉克统一国家的发展和现代化。实际上这也是为伊拉克独立进行的准备。费萨尔即位之初，他所看到的是一个地位低下、实力软弱的王室，一个四分五裂、贫穷落后的国家，在领土问题上还面临着来自土耳其和沙特阿拉伯的压力。事实上，没有英国的支持，费萨尔国王也不可能应对部落的挑战和外来威胁，这是费萨尔国王采取渐进战略的原因之一。因此，费萨尔国王的做法包括五个方面，即建立一支强大的军队、健全国家机构、发展教育、进行社会经济改革和保障少数民族及什叶派的地位。

1922 年英伊条约规定建立一支国防军，但英国不允许国防军的人数过多。英国专员认为伊拉克没有能力保卫自己，所以9000 人的军队足矣，英军的驻扎将确保该国的安全。伊拉克军队初建时仅有 3500 人，而且装备落后。英国还建立了一所军事学院，用军事学院培养的军官来取代谢里夫派军官。1927年，政府提出颁布一部征兵法，英国以财政困难和部落的反对为由予以拒绝。1932 年，伊拉克终于争得扩大军队及随意支配它的权力，次年通过了征兵法。到 1936 年，伊拉克军队已达到 2 万人，成为部落武装难以抗衡的力量。深受民族主义思想熏陶的军官成为反英运动和维护国家统一的中坚力量。①

独立后，伊拉克第一次拥有了一个中央集权的政府结构，设有内阁、两院制议会和最高法院，机构设置逐渐完善。例如，内阁中与经济有关的部门就有财政部和石油部。在地方上，伊拉克建立了 14 个省，下设县、乡，市县设有行政委员会。1958 年，文官总数已达到 2.7 万人。② 随着交通、通信设施和军队的发展，中央对部落地区事务的控制也逐渐增强。

教育在独立后发展很快。1921 年，伊拉克大、中、小学学生总数仅为 596 人，1958 年达到 135658 人。③ 不仅如此，民族主义教育对青年人的思想产生了很大影响。叙利亚著名的民族主义理论家萨提·胡斯里在 20 世纪二三十年代长期担任教育

---

① 参见 Reeva S. Simon, *Iraq Between the Two World Wars: The Creation and Implementation of a Nationalist Ideology*, New York: Columbia University Press, 1986; M. A. Tarbush, *The Role of the Military in Politics: A Case Study of Iraq to 1941*, London: Routledge, 1982。

② Phebe Marr, ed., *The Modern History of Iraq*, Boulder: Westview Press, 1985, p. 273.

③ Hanna Batatu, *The Old Social Classes and the Revolutionary Movements of Iraq: A Study of Iraq's Old Landed and Commercial Classes and of Its Communists, Ba'thists, and Free Officers*, Princeton: Princeton University Press, 1978, p. 477.

部门的领导职务，他以超强的精力和热情把民族主义思想贯穿到课堂教育中，培养了一代未来的反英战士。[①] 在社会经济方面，政府颁布了一批现代法令，如商法（1943 年）、民法（1951 年）、公司法（1957 年）和劳工条例等，致力于收回国家主权。1932 年，伊拉克发行了国家货币第纳尔，20 世纪三四十年代建立了本国的农业银行、工业银行、商业银行和中央银行，实现了铁路国有化，1952 年迫使英国石油公司提高了付给伊拉克的石油利润，并收回了英国对内河航运和椰枣出口的垄断权。伊拉克在发展水利、促进民族工业发展、健全基础设施等方面也做了一些工作，但发展最快的仍是石油工业。随着石油收入的增加，伊拉克于 1950 年成立了开发局，第一次制订了经济发展计划。

对种族和宗教少数派的政策在国家的统一方面作用很大。费萨尔致力于把库尔德人和什叶派融入国家结构之中。1925 年以后，库尔德人和什叶派的代表进入了内阁、议会、文官系统和军队，特别是库尔德人在军官团中的人数增加很快。在 1928 年国会的 88 名议员中，什叶派占 26 人。[②] 而且，什叶派的经济实力也急剧上升。1958 年，在全国 49 个最大的地主中，23 人为什叶派；1957 年，什叶派商人在巴格达商会管理委员会

---

① 参见 Reeva S. Simon, *Iraq Between the Two World Wars: The Creation and Implementation of a Nationalist Ideology*, New York: Columbia University Press, 1986; 彭树智《东方民族主义思潮》，西北大学出版社，1992，第九章。

② Joyce N. Wiley, *The Islamic Movement of Iraqi Shi'as*, London: Lynne Rienner Pub., 1992, p. 21.

18 名委员中占到 14 人。[①] 当然，整合库尔德人和什叶派的问题远没有解决。

尽管王室在争取民族独立和社会经济发展方面取得了一些成就，但问题也是显而易见的，主要有三个方面。第一，王室后期在对英政策上完全丧失了民族主义立场。1939 年以后，伊拉亲王在对外政策上同努里站在一起。努里促成伊拉克与德国断交，并极力主张与意大利断交，甚至向轴心国宣战，但这些主张遭到泛阿拉伯派的强烈反对。1941 年，掌握政权的民族主义者发动反英起义，伊拉和努里流亡国外，此后又在英军的保护下一同返回巴格达，并对民族主义者大开杀戒。至此，王室已完全走向民族主义的对立面。随着二战后与共和主义相联系的激进的阿拉伯民族主义的兴起，君主政权更趋保守反动。1947 年 5 月，伊拉克政府与英国就修改条约问题进行谈判。两国于次年 1 月签订《朴次茅斯条约》，规定英国将两个空军基地交还伊方，但战时可重新占据，同时双方应互相援助。这一条约是在伊拉的坚持下达成的，但反对党要求完全废除 1930 年英伊同盟条约。所以，《朴次茅斯条约》的签订激起了伊拉克人民的愤怒，大规模的游行随即开始，参加者达 30 万人。政府动用军警进行镇压，群众死伤达数百人，而最后伊拉不得不宣布废止条约。然而，王室并未吸取教训。20 世纪 50 年代

[①] Hanna Batatu, *The Old Social Classes and the Revolutionary Movements of Iraq: A Study of Iraq's Old Landed and Commercial Classes and of Its Communists, Ba'thists, and Free Officers*, Princeton: Princeton University Press, 1978, pp. 64, 271.

中期，美国在北层开始了建立军事联盟的行动，伊拉克积极响应，于 1955 年与土耳其签订《巴格达条约》，由此形成了一个亲西方的地区性军事联盟。为了与阿联相抗衡，伊拉克又与约旦建立了阿拉伯联邦。

第二，伊拉克的社会经济发展存在严重问题。从经济发展上看，当时伊拉克的石油主权在很大程度上还被英国公司（伊拉克石油公司）掌握，它对迅速提高石油产量不感兴趣，因此国家的发展资金严重不足。另外，政府的经济发展重点是农业和基础设施，而工业的发展则被忽视。

然而，伊拉克主要的问题是阶级分化愈演愈烈。君主时代大地主阶层加速形成，他们受到了政府的保护，如 20 世纪 30 年代的立法确认了地主对其侵吞的国有土地、村社土地和外部落土地的产权，并使农民成为事实上的农奴。1958 年，拥有土地在 2000 杜诺姆（1 杜诺姆 ≈ 3.75 亩）以上的大地主共占有全部土地的 28.54%，而其中最大的地主占地达 259509 杜诺姆。王室和谢里夫派本身也是大地主。1958 年，王室拥有 17.7 万杜诺姆土地，努里的儿子占有 9294 杜诺姆良田。相比之下，大多数农民是身无立锥之地的佃农或雇农，收入微薄，食不果腹。酋长们无意提高产量，只顾挥霍，导致耕地大量抛荒，1944 年以产粮大省著称的阿马拉省 181 个地主的土地有 80% 抛荒。同时，大批无地农民流入城市，1947～1957 年就有 20.6 万名农民流入巴格达省，首都郊区出现了大量的棚户区。在城市，则出现了大商人阶层。他们利用二战期间物资紧缺的时机，买空卖空，大发横财。1958 年，伊拉克有 23 个商业家族的财产达到 100 万第纳尔或更多。①

第三，政治独裁妨碍了现代化的发展。1932 年以前，王室在国内政治上的影响是有限的，英国、酋长和旧贵族都是它的制约因素。费萨尔国王去世后，王室的影响力更趋低落。但随着英国势力的减弱，以及酋长与王室和谢里夫派的日渐合流，谢里夫派的政治地位日益上升，王室依附谢里夫派而对国内政治施加影响，其统治特征表现为独裁倾向的不断加强。1941 年政变失败后，政府对民族主义者大开杀戒，许多人被判处死刑或监禁。二战后，伊拉一度提议进行自由化改革，以改善王室形象。一些自由主义人士和什叶派政治家被任命为首相，政府也宣布结束军管，放松新闻管制，并准许建立政党，国内随后出现了 5 个政党。但是，王室无意实行真正的民主，反对派不久就遭到镇压。另外，二战后伊拉克政治的特点是每隔几年就出现大规模的反政府运动。1948 年的反对条约运动遭到无情的镇压，巴勒斯坦战争爆发后伊拉克政府还实行了戒严。1952 年，反对党要求举行直接选举，对外奉行不结盟政策，此后一些城市发生骚乱，伊拉克国王宣布戒严。1956 年苏伊士危机期间，伊拉克群众举行了声援埃及的大规模示威，政府军甚至动用飞机和大炮予以血腥镇压。作为对政府高压政策的回应，反

---

① 以上材料见 Hanna Batatu，*The Old Social Classes and the Revolutionary Movements of Iraq: A Study of Iraq's Old Landed and Commercial Classes and of Its Communists, Ba'thists, and Free Officers*，Princeton：Princeton University Press，1978，pp. 54, 56, 133, 148, 276-281, 352-353。

对派运动不断发展壮大。

伊拉克的反对派主要包括四大派别。（1）以自由军官组织为代表的国家民族主义派（伊拉克派），其领导人为1958年革命的元勋卡塞姆少将。该派主张维持独立的伊拉克国家，反对与其他阿拉伯国家合并，因此得到库尔德人的支持。它也力主温和的社会经济改革。（2）以阿拉伯复兴社会党为代表的激进小资产阶级党派，它主张泛阿拉伯主义和阿拉伯社会主义。（3）以伊拉克共产党为代表的左翼，主张进行激进的社会经济改革。（4）纳赛尔分子，主张与埃及等阿拉伯国家合并，实行社会经济改革。上述派别均反对君主制，拥护共和制，对外反对西方势力。在通过和平合法的手段实现改革无望的情况下，反对派只有诉诸非法途径，1958年终于爆发了由自由军官组织领导的革命。在这一革命中，伊拉亲王、年轻的费萨尔二世和努里均被军队枪杀，哈希姆王朝寿终正寝。

综上所述，哈希姆王朝对现代伊拉克历史发展的影响是相当复杂的。从前期看，这种影响主要体现出积极的、进步的一面。起初，费萨尔致力于建立一个包括整个新月地带和阿拉伯半岛北部的统一阿拉伯国家。面对英法强大的军事力量，以及国内存在着势力强大的部落武装和人数众多、敌视泛阿拉伯主义的库尔德人少数民族的情况，他采取了务实的方针，转而建设伊拉克国家，加强其凝聚力，逐渐地推进它的现代化和全面独立，而把统一阿拉伯世界作为一个长远目标。这种做法是明智的[①]，并取得明显的成效。实际上，包括摩苏尔地区在内的现代伊拉克疆界正是在费萨尔在位时期形成的，尽管这在很大程度上与英法在西亚的争夺有关。1932年以后，伊拉克所享有的独立程度超过了任何一个阿拉伯国家，其现代化也在逐步发展。因此，王室在伊拉克起到了民族主义领导者的关键作用。当然，激进的民族主义派别成员并不满足，他们希望尽快推进叙利亚和巴勒斯坦的独立，实现阿拉伯国家的联合。同时，费萨尔和亚齐两位国王去世后，王室已不能平衡民族主义温和派与激进派的冲突。伊拉亲王完全放弃了对独立的追求，对英国卑躬屈膝，最终成为民族主义运动的绊脚石。同时，20世纪四五十年代伊拉克国内经济的发展较为迅速，但社会经济的鸿沟也不断加深，而政治上的独裁更甚于30年代，对外则彻底投靠西方，并利用美苏竞争获取自身利益。可见，王室在后期已从积极的社会政治力量向保守、落后乃至反动的力量转化，它的崩溃是势所必然。[②]

值得注意的是，君主制从进步走向衰朽并不是个别现象。[③]在中东，近代以来埃及、利比亚、也门、伊朗和阿富汗也都经历了类似的过程。由于游牧半游牧经济和部落在社会结构中的

---

① 事实上，考虑到新月地带民族主义力量的涣散和不成熟，即使没有英法的瓜分和委任统治，一个统一的阿拉伯国家能否出现也是成问题的。

② 其实，王朝政府对民族主义者的镇压与共和制建立以后一些标榜民主、自由的民族主义党派的独裁统治相比，只是小巫见大巫。这在许多第三世界国家仿佛也是通例。

③ 关于二战后亚非国家的君主制在现代化中所面临的困境，美国学者亨廷顿在《变化社会中的政治秩序》（三联书店，1998年中译本）一书中有精辟的分析。

重要性、伊斯兰教的认可、君主在民族独立运动中的重要作用和某些情况下西方国家所给予的支持，20世纪初君主制在中东的稳固地位自有其历史的必然性。^① 但在致力于民族独立和现代化的斗争中，君主又面临着种种两难选择，内政方面存在着改革与稳定、民主与集权的矛盾，对外则有支持民族主义与维持君主制的矛盾（二战后的阿拉伯民族主义把君主制作为主要的斗争对象之一）和捍卫独立与依赖西方国家的矛盾。对伊拉克这样的阿拉伯国家来说，还有一对泛阿拉伯主义和主张维持单独的民族国家的国家民族主义的矛盾，而国内存在着的大量非阿拉伯少数民族（库尔德人）和什叶派使这一矛盾在伊拉克尤为突出（什叶派对泛阿拉伯主义也较为冷漠，因为各国的阿拉伯民族主义者多属逊尼派）。^② 只有解决好这些矛盾，君主制才能存续下去，否则其只有灭亡一途了，伊拉克哈希姆王朝的历史充分说明了这一点。

（原载王铁铮主编《中东南亚研究》，西北大学出版社，2000）

---

① 参见黄民兴《论20世纪中东君主制的兴衰》，《西亚非洲》1997年第3期。

② 参见黄民兴《中东民族主义的源流和类型探析》，载肖宪主编《世纪之交看中东》，时事出版社，1998。

试析萨达姆·侯赛因的
复兴社会主义思想

　　复兴社会主义思想是二战后阿拉伯世界一种重要的政治思潮，在叙利亚和伊拉克更是官方的意识形态。[①] 阿拉伯复兴社会党（以下简称"复兴党"）的创始人和主要的理论家是叙利亚人米歇尔·阿弗拉克，对于他的思想国内学术界已有较多研究，而对晚期复兴社会主义的重要人物的研究则相对缺乏，本文分析伊拉克前总统萨达姆·侯赛因的政治思想。

　　由于复兴社会主义的泛阿拉伯性，伊拉克复兴党是在叙利亚复兴党的影响下成立的。萨达姆在幼年时由舅舅抚养，他的舅舅作为军官曾参加过反对君主制的斗争，萨达姆因而从小就受到民族主义思想的熏陶。他在青少年时代已参与复兴党的活

---

① 参见黄民兴《中东民族主义的源流和类型探析》，载肖宪主编《世纪之交看中东》，时事出版社，1998。

动，流亡埃及时曾在开罗大学法学院学习。其后不久，萨达姆成为复兴党的政治新星，于 1979 年接替贝克尔出任总统，年轻的萨达姆受到阿弗拉克的赏识，而阿弗拉克的思想也对萨达姆产生了重大影响。阿弗拉克被叙利亚的复兴党军官剥夺权力后，主要在伊拉克度过他的余生。概而言之，萨达姆复兴社会主义思想的主要内容及反映这一思想的政策包括以下六个方面。

第一，强调复兴社会主义的独特性。在这一点上，萨达姆与早期复兴党人的观点基本一致。他认为，复兴社会主义是阿拉伯社会的独有产物。1979 年 9 月，他在接受黎巴嫩作家福阿德·马塔尔采访时指出："列宁是世界上最伟大的思想家之一，我最欣赏他的著作，因为他以一种充满生气的态度对待生活。"但他又说，他一贯反对"理论的机械移植"。"从传统上来说，马克思主义吸引的是被压迫者，但阿拉伯民族却不是这种情况。""阿拉伯民族不像其他民族那样，从来不是一个有阶级觉悟的民族。社会差别确实存在，但今天阶级差别主要存在于阿拉伯人和非阿拉伯人之间。"萨达姆进一步分析说："他们（指信奉马克思主义的亚非民族——引者）没有阿拉伯民族的历史深度和知识传统，而这种传统为生活的改变和进步提供了一切必要的理论。阿拉伯民族是一切先知的发源地和文明的摇篮。世界上最古老的文明是美索不达米亚文明。"[1] 因此，只有

---

① 〔黎巴嫩〕福阿德·马塔尔：《萨达姆·侯赛因》，殷罡等译，世界知识出版社，1991，第 181~184 页。

复兴社会主义能够拯救阿拉伯民族，能够建立"一个强大的伊拉克"；这一思想的特点在于"党的各种目标，或者说，社会、政治和民族斗争之间存在着活生生的联系"。所以，在复兴党的三大口号"统一、自由、社会主义"中，"统一"优先于"社会主义"。

从实践上看，伊拉克复兴党的社会主义政策未超出资产阶级民主革命的范围，如土地改革、对外资和本国大资本的国有化、提升社会福利、实行计划经济、提高妇女地位等。复兴党政权的土地改革较 1958 年革命后的卡塞姆政权和阿里夫政权更为激进。伊拉克在石油国有化方面态度坚决，是第一个完成该任务的阿拉伯产油国，而领导此项工作的就是萨达姆。但私有制仍然得到了保留。后期的萨达姆也对"门户开放"政策的说法极为厌恶，他宣称："我不喜欢这种术语，因为它适用于最右的反动势力。我们从未'关闭'过，因此无从谈起'开放'。"① 这反映出萨达姆在策略上的灵活性，这种灵活性表现在许多方面（如 1970 年与库尔德人达成的协议和 1975 年与伊朗签订的《阿尔及尔协议》）。在两伊战争期间，伊拉克的私有化运动加快了。1983 年的第 35 号公共法允许政府把国有土地租给私人和私有产业，鼓励私人参与工业和服务业。

第二，主张建立高度集权的复兴党一党政治。1979 年，萨达姆在接受马塔尔采访时指出："我们的梦想不仅是要进行阿

---

① 殷罡、秦海波主编《萨达姆·侯赛因：注定要震惊世界的人》，警官教育出版社，1990，第 254 页。

拉伯民族斗争以达到阿拉伯的团结，而且要创建一个统一的阿拉伯社会主义民主国家。"他同时宣称："我们不相信自由的民主经验适用于我们的社会，因为它是在资本主义社会的基础上建立和发展的。""考虑到公民的政治和法律上的权利及其在国家建设中的作用，以及他们与党的关系，民主必须随着时代而发展变化。"①

萨达姆宣称，"在一个传统社会中引进一种发达的民主制的正确方法"，就是1968年革命以来复兴党"分阶段实施的那些措施"。人们不难发现，复兴党在伊拉克建立了一个权力高度集中的一党制政体，这一体制在萨达姆担任总统后最终得到了完善，其主要特点如下。（1）党的领导人大权独揽。萨达姆任复兴党（伊拉克）地区领导机构总书记、总统、革命指导委员会主席（该委员会为国家的最高领导机关）、武装军队统帅等职，总揽党、政、军大权，并直接控制着主要安全机构的领导权。（2）党领导政、军、警、特等权力机关。复兴党地区领导机构的成员基本上也是革命指导委员会的成员，从而在最高层实现了党政合一。复兴党还规定只有党员才能上军事学院，而党员军官可以不听从政治倾向可疑的上级的命令。（3）在政权高层任用本部落、本家族成员。党政高层中有大批官员来自萨达姆的故乡提克里特；作为军队最精锐部分的共和国卫队，其成员也主要来自提克里特。（4）成立统一战线式的政治组织。即

---

① 〔黎巴嫩〕福阿德·马塔尔：《萨达姆·侯赛因》，殷罡等译，世界知识出版社，1991，第208、222~223页。

1974 年组建的民族进步阵线，包括复兴党、共产党、库尔德党派和独立人士，其核心无疑是复兴党。此外，复兴党也控制了青少年、妇女、记者协会等各类社会群体和舆论工具。（5）以阿拉伯逊尼派作为政权的依靠。逊尼派阿拉伯人一直在伊拉克近现代政治和经济生活中占据主导地位，尽管其人口少于阿拉伯什叶派。他们在内阁和革命委员会中所占的比重为 55%（1977 年）。对于什叶派和库尔德人（大多数属逊尼派），复兴党采取了软硬兼施的手法进行控制。（6）以告密、监禁和武力镇压等非常手段严厉压制反对派。为了压制共产党、库尔德人、什叶派和党内外的反对派人士，萨达姆政权在国内鼓励告密，不经审判即可逮捕、监禁、拷打和杀戮反对派，对反政府的库尔德人和什叶派组织进行无情的武力镇压，捣毁其村镇，迫使其流亡，甚至使用毒气大肆杀戮。因此，虽然伊拉克设有国会并实行竞选，但其实行的是事实上的独裁政治。

第三，强调古代美索不达米亚历史与当代伊拉克的联系。阿弗拉克和伊拉克著名的民族主义人士阿卜杜勒·拉赫曼·巴扎兹均强调阿拉伯各地区间的平等，否认某个国家优越于其他国家。但也有一些伊拉克民族主义者（如萨米·肖卡特和哈希姆王室）开始强调古代伊拉克的荣耀。复兴党政权在这方面加大了力度，尤其是萨达姆致力于把古代伊拉克的辉煌与当代伊拉克联系起来。在 1978 年的一次讲话中，萨达姆指出："阿拉伯民族的历史并非始于伊斯兰教。相反，它可以追溯到遥远的古代……发轫于阿拉伯祖国的所有重大文明都是（阿拉伯）民族的儿子们个性的展现，他们都有一个共同的来源。"在号召民众积极参加对伊朗的战争时，萨达姆充满激情地宣布："真正的伊拉克人，巴比伦、亚述和伟大的阿拔斯国家人民的后代，你们捍卫了你们历史上的荣耀和今天的辉煌。你们是曾经创造过上述伟大文明的人民的真正子孙。"[1] 他也毫不犹豫地宣称自己"梦想"成为征服耶路撒冷的新巴比伦皇帝尼布甲尼撒二世。

因此，复兴党积极致力于推动考古和博物馆事业的发展，以及民歌和历史研究，并大力宣扬古代文化。1978~1988 年，政府耗费巨资，在巴比伦遗址上重建了一座巴比伦城，包括伊什塔尔门、塔庙和希腊剧场等建筑。20 世纪 70 年代末，伊拉克国内学术界从考古、语言、文献、民歌等多个领域，确认了古代两河文化与近现代伊拉克阿拉伯文化之间的传承关系。学者们认为，古代两河流域的居民来自阿拉伯半岛，与阿拉伯人拥有共同的文化遗产和语言亲缘关系。一些历史学家还宣称美索不达米亚文明优越于尼罗河文明。[2]

同时，政府在许多方面强调自身的历史文化。（1）省、区和城区名称。新命名的有尼尼微省、巴比伦省，巴格达的城区有巴比伦区、苏美尔区。（2）军队名称。如汉穆拉比师、尼布甲尼撒师和吉尔伽美什师。（3）货币、纪念币、邮票、奖章、艺术作品均大量采用了古代名称或图案。（4）建筑物和机构名

---

[1] Amatzia Baram, *Culture, History and Ideology in the Formation of Ba'thist Iraq*, New York: St. Martin's Press, 1991, pp. 101, 151.

[2] Amatzia Baram, *Culture, History and Ideology in the Formation of Ba'thist Iraq*, New York: St. Martin's Press, 1991, pp. 101-106.

称大量采用古代名称。（5）节日。创立了有古代传统的节日，如乌尔节、巴比伦节等，其庆祝活动中有仿古歌舞表演。此外，报刊、书籍和艺术作品则把萨达姆与尼布甲尼撒、亚述巴尼拔等帝王相提并论。

西方学者巴拉姆认为，复兴党大力宣扬古代文化有五个目的。其一，为伊拉克人民提供一种世俗的民族身份基础。其二，证明萨达姆的政治合法性，将其描绘为伊拉克自古至今最伟大的领导人。其三，创造一种能够团结逊尼派和什叶派、阿拉伯人和库尔德人的历史共同性。其四，使伊拉克区别于其他阿拉伯国家。其五，为伊拉克人民创造一种历史自豪感。[①] 显然，这一做法对复兴党政权有着重大意义。

第四，主张伊拉克在阿拉伯世界发挥关键性作用。老一辈泛阿拉伯主义者主张建立统一的阿拉伯国家，在这个国家中"地方民族主义"将不复存在。但是，两次世界大战之间英法对阿拉伯地区的委任统治，以及阿拉伯国家间的种种矛盾使这一梦想难以实现。在第二次世界大战期间，埃及、伊拉克等国成立了阿拉伯国家联盟。二战后，一些阿拉伯国家进行了多次统一实验，但均告失败，各国的地方民族主义倾向日益明朗。

因此，萨达姆对阿拉伯统一的看法已不同于老一辈复兴党人，变得更为实际。他认为，今天的形势与 1958 年埃及与叙利亚合并时的形势完全不同。他在 1982 年复兴党第 9 次地区

---

① Amatzia Baram, *Culture*, *History and Ideology in the Formation of Ba'thist Iraq*, New York: St. Martin's Press, 1991, pp. 136-137.

代表大会的决议中指出："地方局势和地方特征并非民族弱点的前提，只要它们处于统一的大厦里；正相反，这是一种合乎人们意愿的形势，是民族力量的真正源泉，而取消这种独特性的一体化将造成一种不利的形势，将危害阿拉伯统一。"该决议预言阿拉伯世界将成为"一个单一国际实体"，但只是一个联邦国家，其中每个国家都会保留地方机构。在 20 世纪 80 年代末的一次记者采访中，萨达姆进一步指出，旧的统一概念正在逐渐让位于新的统一概念，即阿拉伯国家间关系的改善，而伊拉克与沙特阿拉伯、也门等国的关系比 1958~1961 年的埃叙关系还要牢固。

在阿拉伯世界，最重要的国家是埃及、叙利亚、伊拉克和沙特阿拉伯。其中，埃及是中东地区的政治和军事大国，叙利亚是阿拉伯民族主义的发源地，沙特阿拉伯则是石油大国。萨达姆认为，在走向统一的道路上，拥有独特历史、丰富的石油和水资源的伊拉克发挥着独特的作用，"伊拉克的革命者必须是一盏照耀整个阿拉伯民族的明灯"。在 1979 年的一次讲话中，萨达姆向伊拉克人民发出了激情的呼唤："尼布甲尼撒正是从这里出发，逮捕了那些力图使阿拉伯土地衰落的分子……你们不但要谋求建立一个强大、繁荣的伊拉克，而且……应该在解放全体阿拉伯民族的斗争中自觉地发挥泛阿拉伯的领导作用。"同时，1982 年召开的复兴党第 9 次地区代表大会决议明确指出，伊拉克民族主义优先于泛阿拉伯主义。此外，20 世纪 70 年代后期萨达姆也修改了"没有阿拉伯统一便没有社会主义"的传统观点，指出盛产石油的伊拉克能够自力更生，高速度地"建成社会主义"。①

从实践上看，伊拉克积极谋求在阿拉伯世界的领导地位和霸权，它猛烈抨击叙利亚的复兴党，这也使得伊叙两国的多次联合计划均告流产。在 1979 年埃及与以色列缔和后，伊拉克与其他激进的阿拉伯国家一起，将埃及驱逐出阿盟。1980 年 2 月，伊拉克对外公布了一份重要文件，即《阿拉伯民族宪章》。该宪章包括 8 条，主要内容是呼吁阿拉伯国家禁止外国军队进驻或提供军事设施，对违反宪章的国家实行经济政治制裁；禁止在阿拉伯国家之间使用武力；所有阿拉伯国家必须联合起来反对入侵任一阿拉伯国家或对其发动战争的外国；阿拉伯国家在国际上保持中立和不结盟地位；阿拉伯国家致力于建立相互间的密切经济联系，以便为统一的阿拉伯经济结构奠立基础。②为了确立在阿拉伯世界的领导权，伊拉克努力发展常规军事力量和包括核生化武器在内的大规模杀伤性武器，并首先寻求在海湾地区的霸权。起初，它致力于改善与亲西方的海湾君主国如沙特阿拉伯、科威特的关系，而在自身实力加强后，则采取了赤裸裸的扩张政策，最终导致了两伊战争和海湾战争的爆发。

第五，对"不结盟"外交的追求。作为主张改革的阿拉伯国家，伊拉克与苏联保持着密切关系。伊拉克凭借丰富的石油

---

① 彭树智主编《二十世纪中东史》，高等教育出版社，2001，第 318 页。
② Adeed Dawisha, ed., *Islam in Foreign Policy*, Cambridge：Cambridge University Press, 1983, pp. 118-119.

资源，经济实力大大提升，然而大规模的经济建设需要外国的大量先进技术、劳务和商品，这只有西方才能满足。另外，为了改善与周边国家的关系，萨达姆必须放弃一些激进的做法。因此，20 世纪 70 年代以来复兴党在外交上日益显示出独立姿态和实用主义的倾向，1975 年签订《阿尔及尔协议》后尤其如此。在评价 1972 年苏伊友好条约时，萨达姆宣称："我们并没有因为签订条约就背离了我们党的政治信念，我们的党反对作为某个国家战略延伸的任何条约。"1975 年，萨达姆指出，在未来 20 年内，世界将出现六大权力中心，即美、苏、中、日、西欧和阿拉伯世界。萨达姆也提到崛起的日本、中国与联合的欧洲正在与阿拉伯世界建立富有成效的关系。

伊拉克因此积极实施全方位外交，苏联的援助和与之进行经贸往来的重要性下降，它大大减少了与苏联的易货贸易，要求苏联以现金购买石油。1979 年苏联入侵阿富汗以后，伊拉克公开批评苏联入侵行动。1980 年 4 月，萨达姆对外界明确表示反对"苏联在阿拉伯领土的广泛扩张"，宣称"阿拉伯人必须向任何企图侵占沙特阿拉伯领土的人作斗争，即使是苏联人那样的朋友这样干也是一样。"在国内，伊拉克政府开始镇压亲苏的伊拉克共产党，迫使其转入地下。按照一些西方学者的说法，到 1979 年 6 月伊拉克已不再是苏联的"依附国"了。[1]

此外，伊拉克积极发展与西欧国家的高层往来、贸易、工

---

① 〔美〕罗伯特·唐纳森编《苏联在第三世界的得失》，任泉、刘芝田译，世界知识出版社，1985，第 184 页。

程承包、科技文化交流、军火贸易和核能开发。其中，法国是伊拉克石油的最大买主，并为伊援建了一座使用武器级浓缩铀的核反应堆；而伊拉克则成为法国军火的最大主顾，购买了法国出口军火的 1/3 以上。据估计，伊拉克进口的武器装备中近一半来自西欧。伊拉克也大力拓展与美国的关系。在两伊战争中，美国向伊拉克提供了商业贷款、包括高科技设备在内的一些民用和军用物资及有关伊朗的作战情报。同时，伊拉克也致力于扩大自己在不结盟运动中的影响。1973~1981 年，伊拉克向发展中国家提供了 95 亿美元援助。1980 年，伊拉克承办了有 30 多个发展中国家元首和政府首脑参加的会议。伊拉克原本还计划于 1982 年 9 月在巴格达召开不结盟国家首脑会议，它将使伊拉克在数年内享有不结盟运动主席国的地位，只是两伊战争最终破坏了这一计划。总之，萨达姆的"不结盟"外交旨在提高伊拉克的国际地位，以此支撑其争夺地区霸权的战略野心。

第六，推行世俗主义政策。这是复兴党的一贯政策。在伊拉克，逊尼派与什叶派的对立使得这一政策尤为必要，而强调美索不达米亚历史的做法与上述政策是吻合的。1969 年以后，作为以逊尼派为主的政府，复兴党政府对具有反政府倾向的什叶派采取了强硬政策。从政权的领导层看，逊尼派的主导地位甚至超过君主时期和 1958 年革命后的卡塞姆、阿里夫时期。1948~1958 年，在部长以上的统治精英中，逊尼派占 44%，什叶派占 33%（其余主要是库尔德人）。而到 1958~1968 年，在同一层次的统治精英中，逊尼派占54%，什叶派占30%。复兴党执政后，情况前后不一。1977年，在革命指挥委员会和内阁部长中，逊尼派占55%，什叶派仅占21%。[①] 政府还没收了什叶派圣城纳贾夫的宗教基金，禁止举行宗教游行，取缔宗教学校，停播电台电视中的诵经节目，取消学校里的宗教课，并大力推动提高妇女地位的运动。

萨达姆在许多场合表达了自己的世俗主义立场。1979年，他在接受一次采访时断言："在伊斯兰教诞生1400年后的今天，宗教已容忍了许多新的道理、新的解释、新的指导、新的思想派别。我们不相信通过宗教能够处理生活是因为这不可能为阿拉伯民族服务。它只会把这个民族分裂成不同的宗教、无数的教派和思想派别。"[②] 萨达姆认为，复兴党人与宗教只有两种关系：从主要教义和日常的宗教功课中得到神灵启示；作为普通公民不受干预地进行礼拜。同时，他宣称伊斯兰教与复兴社会主义之间没有冲突，"阿拉伯革命与任何在真正的伊斯兰教精神激励下发生的革命之间不存在任何矛盾"。

作为执政者，萨达姆也必须考虑民众的信仰。因此，为了打消许多穆斯林对推崇非伊斯兰的古代文化的疑虑、争取民众尤其是什叶派的支持，20世纪70年代以来，政府也不失时机地宣传自己的伊斯兰信仰，特别是两伊开战以后。总统在清真

---

① Phebe Marr, ed., *The Modern History of Iraq*, Boulder: Westview Press, 1985, p. 282.

② 殷罡、秦海波主编《萨达姆·侯赛因——注定要震惊世界的人》，警官教育出版社，1990，第266页。

寺礼拜的电视镜头频繁出现，巴格达街头矗立着萨达姆手持《古兰经》或跪地祈祷的宣传画。仅在 1982 年，政府向卡尔巴拉和纳贾夫的宗教机构拨款即达 4800 万美元。1987 年，复兴党的机关报《革命报》宣称，萨达姆总统是先知穆罕默德和阿里的直系后代。据伊拉克学者考证，他母亲所在的纳赛尔部落属于先知后裔。这一断言的意义毋庸置疑。同时，政府也将伊斯兰宣传与对阿拉伯历史的张扬相结合，突出伊拉克的阿拉伯特性和领导地位。例如，20 世纪 70 年代新命名的省份中有"萨拉丁省"、"卡迪西亚省"（卡迪西亚是阿拉伯穆斯林军队最终战胜伊拉克的波斯萨珊军队的地点）和"穆桑那省"（穆桑那为战胜萨珊军队的阿拉伯将领）等，两伊战争也被称为"卡迪西亚之战"。

在萨达姆已成为历史人物的今天，我们应当如何看待他的历史作用和政治思想？有关研究又有什么意义呢？很明显，萨达姆是伊拉克历史、社会和传统的产物。一方面，他实行了当代阿拉伯世界最为严厉的独裁统治，尤其是在对库尔德人和什叶派的政策上，而且他还使盛产石油的伊拉克人民陷入了两场战争的浩劫和延续十余年的制裁，国家贫弱，人民困苦。另一方面，他也曾大力推动石油国有化和国家的工业化，使伊拉克摆脱了外国资本的控制，步入了小康社会。只有考虑到伊拉克多民族、多教派、党派斗争激烈的历史和现实，以及伊拉克作为一个现代国家不足百年的历史，人们才能理解复兴党独裁统治出现的背景，这或许是伊拉克政治发展不得不经历的一个历史阶段。

萨达姆的复兴社会主义思想一方面继承了阿弗拉克的思想，另一方面也反映了伊拉克独特的地理环境、辉煌的历史、丰富的资源和经济的迅速发展、阿拉伯世界分国而治的现实，以及伊拉克力图主导阿拉伯世界的"雄心"。阿弗拉克曾经对萨达姆及其思想作出如下评价："我最初，也是最持久的印象就是他的沉着、理性和清晰的思想"，"我越来越确信，复兴党第一次培养了一位具有所有优秀品格的领袖，而这些品格是党过去所缺少的"。马塔尔认为，阿弗拉克把萨达姆视为自己的"自然继承人"，阿氏宣称"复兴党真正的基地在伊拉克"。[①] 值得注意的是，在海湾危机之前，有的西方学者也对萨达姆作出过积极的评价。彼得·曼斯菲尔德在 1982 年发表的论文中认为萨达姆是"第三世界有影响的领袖"，他与纳赛尔是"第二次世界大战以来东方阿拉伯世界出现的两位最具影响力的革命领袖"。[②]

无论人们如何评价，毫无疑问的是，萨达姆的政治思想和政策对伊拉克及阿拉伯世界的当代历史产生过重要的影响，这是研究它的主要价值所在。

（原载张宏毅等主编《世界现代史新论续篇》，
中山文史出版社，2004）

---

① 〔黎巴嫩〕福阿德·马塔尔：《萨达姆·侯赛因》，殷罡等译，世界知识出版社，1991，第 168、170 页。

② Peter Mansfield，"The Emancipation of Iraqi Women," in Tim Niblock，ed.，*Iraq: The Contemporary State*，New York：Palgrave Macmillan，1982，p. 62.

漫谈埃及民族主义及其对埃及现代造型艺术的影响

作为阿拉伯世界人口最多、文化悠久的大国，埃及在阿拉伯近现代民族主义运动中发挥了巨大作用。埃及的民族主义发源于 19 世纪后期，起初带有明显的泛伊斯兰主义色彩，主要代表人物为客居埃及的阿富汗民族主义者贾马鲁丁·阿富汗尼。[①] 受其影响，一批当地的民族主义领导人脱颖而出，其中的佼佼者有穆罕默德·阿卜杜、艾哈迈德·卢特菲、穆斯塔法·卡米勒、萨阿德·扎格卢勒等。与主张泛阿拉伯主义的新月地带阿拉伯民族主义不同，埃及民族主义从一开始就表现出鲜明的国家民族主义特点，即强调埃及人是一个独立的民族，甚至否认其阿拉伯属性。民族主义领导人把古埃及视为埃及民

---

① 参见黄民兴《中东民族主义的源流和类型探析》，载肖宪主编《世纪之交看中东》，时事出版社，1998。

族的起源，塔哈塔维主张现代埃及是法老土地的合法继承者，而埃及的当务之急是恢复古代的繁荣和辉煌。同时，也有人（如塔哈·侯赛因）将目光转向一海之隔的欧洲，认为埃及与欧洲同属地中海文明，其未来在于重建与欧洲文明的联系。埃及民族主义的另一个特点是世俗性。尽管一些民族主义领导人如塔哈塔维和阿卜杜支持宗教复兴，但他们向往的是开明的伊斯兰教。阿卜杜的弟子拉希德·里达的思想则沿着宗教激进主义方向发展，并最终促成了穆斯林兄弟会（以下简称"穆兄会"）的成立。然而，穆兄会大部分时间在埃及政治中未占据主导地位。

埃及民族主义两大特征的形成有着多方面的原因。第一，埃及国家一直围绕着尼罗河谷发展，国土的四周有海洋、沙漠等明显的自然屏障，历史上早已形成了以农耕社会为基础的中央集权国家，民族成份相对单一，不存在大量游牧民和部落组织，宗教的分歧也没有一些国家那么严重。这些都与叙利亚、黎巴嫩、伊拉克等新月地带国家形成了鲜明对照。因此，内部构成的单一性加强了埃及人对自身的民族认同。第二，强烈的民族文化认同感促进了埃及民族主义的形成。从远古到伊斯兰时代，埃及人一直以自己悠久、独特而辉煌的文化而自豪，尤其是古埃及的文化曾通过古希腊影响到整个欧洲，金字塔成为埃及的象征。况且，近代以来发源于欧洲的埃及学的发展向世界充分展示了古埃及文化的魅力，18~19世纪的阿拉伯文化复兴突出了阿拉伯文化遗产，使埃及知识分子对自己的历史有了新的认识，加强了民族自豪感。虽然埃及人属于阿拉伯人，但他们在文化、风俗等方面受到了古代法老文化的影响，从而使自身对本国文化的独特性有了强烈的认同感。第三，埃及是长期保持中央集权的国家，形成了世俗权力相对于宗教权力的优势。在古埃及，法老拥有强大的权力，被高度神化，金字塔就是这一地位的鲜明写照。进入伊斯兰时代以后，埃及仍长期保持强大的中央政府，在奥斯曼帝国时期仍然具有很强的独立性。所以，埃及的乌里玛在经济和政治方面地位软弱，不得不依附于世俗政府。同时，长期保持独立地位使知识阶层把很大一部分注意力放在世俗的社会改革方面。第四，相对发达的社会经济和现代教育的较早发展促进了民族资产阶级和现代知识阶层的形成，他们更加倾向于世俗的意识形态，并为欧洲的民族主义和民主主义思想所吸引。第五，基督徒的存在也有利于世俗的民族主义的形成。埃及有大量的科普特人，即说阿拉伯语的基督徒，另外还有一批来自黎巴嫩、叙利亚的基督徒定居于埃及。他们最先开始民族主义的宣传活动，并倡导民族主义思想，因为只有如此才能维护自身的利益、促进民族团结，这一思想也影响了阿拉伯穆斯林。①

第二次世界大战后，随着世界和地区形势的变化，埃及的民族主义思想开始从国家民族主义向阿拉伯民族主义发展，强

---

① 参见彭树智主编《伊斯兰教与中东现代化进程》，西北大学出版社，1997，第三章；黄民兴《中东民族主义的源流和类型探析》，载肖宪主编《世纪之交看中东》，时事出版社，1998。

调与阿拉伯民族和伊斯兰世界的联系。由此，纳赛尔提出了著名的"三个圈子"理论（阿拉伯圈、伊斯兰圈和非洲圈），并把伊斯兰教作为阿拉伯社会主义的内容之一。1956年的埃及宪法正式宣布埃及人属于阿拉伯民族。即便如此，埃及的民族主义思想仍然带有浓厚的国家民族主义和世俗性特点。

埃及造型艺术的历史发展大体经历了古埃及艺术、希腊化艺术、基督教艺术、伊斯兰艺术和现代艺术几个阶段。其中在现代艺术之前，最能体现埃及民族特色、源远流长并享誉世界的是法老时代的古埃及艺术。古埃及帝国衰落以后，埃及成为许多地跨三大洲的大帝国的一部分，如波斯帝国、罗马帝国、奥斯曼帝国等，埃及文化因此也吸收了大量外来文化，而民族特色大大削弱。

19世纪初，以穆罕默德·阿里的改革为肇始，埃及进入了由封建君主领导的现代化改革时期。欧化不仅仅反映在经济、军事、行政、风俗领域，其影响还扩散至艺术领域，这在建筑和雕塑艺术领域尤为明显。这一时期，亚历山大和开罗出现了一大批欧式建筑，包括住宅、花园和纪念性建筑，尤以亚历山大国王的夏宫最为著名，城市面貌开始发生变化。

随着19世纪后期埃及民族主义的兴起，现代艺术的发展受到了深刻影响，20世纪初涌现出一批富有民族主义思想的现代艺术家。这些艺术家均留学西欧，深谙以法国为代表的西方艺术的表现手法。但是，他们不满足于模仿西方，而是力求吸收埃及民族艺术的精华，从而融贯东西，创造出符合时代潮流的作品。不过，阿拉伯-伊斯兰艺术似乎对他们启发不大，一方面是因为这种传统艺术见长于建筑、几何图形、植物花纹和阿拉伯文书法，而逊于动物、人物造型（因为伊斯兰教反对偶像崇拜）；另一方面，伊斯兰艺术具有广泛的地区性，因而也难以凸显埃及的民族特点。受19世纪考古发现及埃及学的影响，艺术家们的眼光自然而然地转向几乎已为人淡忘的古埃及，拂去历史的灰尘，发掘法老艺术的精髓。

古埃及艺术（包括部分地师承其风格的托勒密希腊化艺术）为当代艺术提供了多种借鉴。第一，古埃及艺术以其独特的文化内涵、宽广的表现题材、纯熟而独到的艺术风格而享誉世界，卓尔不群，具有浓厚的民族性。第二，古埃及艺术丰富的表现题材和独特风格为现代艺术提供了足资借鉴的宝库。古埃及宗教不反对偶像崇拜，而赋予神以人的形象和特点，多少有些类似于古希腊"神人同形"的特征，因此有大量的动物和人物造型。尤其值得一提的是，古埃及绘画中的女性形象线条优美，婀娜多姿，服饰轻薄飘逸，富于质感，足堪称道。第三，古埃及艺术大量表现宗教内容，例如神庙建筑、金字塔、壁画、雕塑等。但是，在现代艺术家手里，这些表现素材已褪去了其宗教的光环，而演变为古埃及悠久灿烂文化的载体，成为"世俗"的艺术形式。

埃及现代艺术发端于20世纪初。1908年，开罗创办了一所美术学校，任教的是法国和意大利教师。学校后来升格为美术学院。与此同时，一批埃及学生前往欧洲留学，著名雕塑家马哈茂德·穆赫塔尔（1891～1934）即为其中之一，巴黎卢浮宫中珍藏的埃及古代艺术品为他提供了思想启迪和艺术灵感。1920年，他完成了雕像《埃及的复兴》，它的展出轰动了巴黎，成为埃及现代造型艺术的经典之作。雕像于1928年立于开罗大学正门外，它以整块花岗岩制成，塑造了一位掀起面纱、极目远眺的农妇形象，她的身旁是一尊昂首挺胸的狮身人面像。雕像蕴含着三重意义：具有悠久历史的埃及民族觉醒，走向美好的未来；妇女摆脱传统束缚，追求自由和新的生活；开罗大学成为埃及走向新时代的开路先锋。从风格上说，雕像明显地具有古埃及雕刻作品洗练、凝重、简约的特点，加上花岗岩的材质，显得十分古朴、庄重。穆赫塔尔在1930年树立的民族运动领导人扎格卢勒的雕像基座上的浮雕《宪法》、《司法》、《伊西达》（古埃及女神）及《尼罗河上的新娘》等作品中，也使用了古埃及洗练概括和侧脸正身的表现手法，雕塑《上埃及》中一位妇女手持远古的"生命之钥"，寓意尼罗河为埃及带来了繁荣。除了从古埃及艺术中汲取养料外，穆赫塔尔还创作了大量现实主义的作品。

高耸在开罗解放大桥前、由穆赫塔尔创作的扎格卢勒雕像是古埃及艺术与现实主义风格相结合的佳作。雕像的基座以长方体红色和黑色花岗岩刻成，四面有浅浮雕，其上是一座由四根古埃及神庙中常见的荷花芽柱组成的台柱，顶着一个长方体双层平台。在雕像的四周，是流淌不息的尼罗河和新开罗的象征——巍然屹立的开罗塔、伊斯兰风格的埃及博物馆、错落有致的歌剧院、鳞次栉比的高楼大厦。20世纪30年代兴建的扎格卢勒陵墓，更加体现出古埃及艺术的特点。该陵墓为长方形礼堂，外形风格类似于古代神庙，东西两面各有两根花岗岩荷花芽柱，大门上的浮雕有古埃及神庙和王陵建筑中常见的太阳（寓意太阳神）、眼镜蛇（传说中国王的保护神）、鹰神、圣甲虫的图案，厅内则有12根纸草花柱（古埃及神庙中另一种常见柱形）。另外，陵墓的正门朝西，这也符合古埃及的传说，而且与西侧的扎格卢勒故居遥相呼应。在纪念性建筑中，较有代表性的是位于开罗新区的无名烈士纪念碑。它是由四根倾斜的柱子构成的，虽然是金字塔型结构，但具有现代风格，柱身上镌有阿拉伯文的烈士人名，整体呈棕色，显得古朴浑厚（这里也是萨达特墓的所在地，因为与纪念碑相邻的马路即是萨达特遇刺的地方）。

古埃及艺术不仅是现代艺术的素材和风格的源泉，还表现在一些重要的象征性装饰艺术中，例如埃及国旗和大学校徽。作为国家象征的埃及国旗图案曾屡经变动，阿联时期为双星，后来改为雄鹰，而鹰的图案代表古埃及的鹰形太阳神荷鲁斯。埃及的大学校徽也颇值得玩味。著名的开罗大学建校于1908年，其校徽上的人物是古代司掌书写的智慧之神、鸟头人身的塞特；亚历山大大学校徽图案为著名的古代七大奇迹之一、希腊化时代的建筑亚历山大灯塔；开罗的艾因·夏姆斯大学的校徽中央为矗立于距大学校园不远的希腊化城市奥恩的方尖碑（"艾因·夏姆斯"在阿拉伯语中意为"希腊城市"），两侧为两只鹰，代表着古埃及的太阳神拉及哈拉卡特；阿休特大学和米尼亚大学均离古埃及以宗教改革而闻名的法老埃赫那吞新建的首都阿玛尔那遗址不远，因此前者的校徽为埃赫那吞崇拜的太阳神阿吞的象征日轮（这位君主废除对太阳神阿蒙的信仰，而崇拜另一个太阳神阿吞），后者的校徽则为埃赫那吞之妻、以绝世美艳著称的纳芙蒂迪王后的肖像；埃及大学高等委员会的徽章图案则是一只类似于国旗图案的鹰神。[1]

漫步开罗街头，人们时时处处都可以感受到古埃及艺术的存在。埃及主要的工艺美术品是纸草和铜盘，其主要素材均是古代建筑及国王陵寝中的各类浮雕和壁画，雕刻工艺品中则有大量的金字塔、法老及王后（其中最常见的即以发现大量随葬品而闻名的图坦哈蒙、托勒密末代女王克娄巴特和纳芙蒂迪）、古代神灵、狮身人面像等。同样，金字塔、纸草、荷花等成为随处可见的艺术图案，像著名的《金字塔报》题头即为著名的吉萨三座金字塔。

可见，随着 20 世纪埃及社会历史的演进，古埃及的历史文化开始走出考古学家的象牙之塔，成为民族主义汲取养料、构建民族自尊心的源泉，为"埃及民族"概念的内涵提供了一个崭新的架构。虽然部分知识分子在埃及民族属性问题上由此进入了另一个极端，但 1952 年革命后建立的共和国重新强调埃及的阿拉伯和伊斯兰特性，从而较好地解决了这个问题。在

---

① Donald Malcolm Reid, *Cairo University and the Making of Modern Egypt*, Cambridge：Cambridge University Press，1990，pp. 117–118，224.

这一历史进程中，埃及的造型艺术充分发挥了自己的作用。通过西方艺术与古埃及艺术的融合，埃及艺术家力图革新传统的阿拉伯-伊斯兰艺术，创造具有民族特点的现代艺术。同时，古埃及艺术也为政治的艺术表征和民间文化的发展提供了丰富的养料，使古埃及艺术融入百姓的日常生活，向世界提供展示埃及文化的橱窗，以法老文物、古迹为主要内容的旅游业成为埃及经济的支柱之一。古埃及文化与阿拉伯-伊斯兰文化同为当今埃及人之魂的历史渊源。

（原载《中东研究》1999 年第 1 期）

试析阿富汗君主制民族主义
运动的分期及其特点

  阿富汗是一个经济落后的内陆山国，与中东其他国家相比，阿富汗的资产阶级及其知识分子力量一直较为弱小，而君主在民族主义运动中发挥着极为重要的作用。本文简要分析近现代以君主制为主导的阿富汗民族主义运动发展兴衰的历史及其特点。

  亚非拉的民族主义思潮是一种反对殖民主义、反对帝国主义、争取建立独立的民族国家和发展自主的民族经济的进步思潮。阿富汗的民族主义运动也不例外。粗略看来，我们可以把 19 世纪中期至 1973 年的阿富汗君主制民族主义运动划分为三个大阶段。

  第一个阶段始于 1863 年舍尔·阿里国王继位，终于 1919 年哈比布拉国王遇刺，主要有三位君主在位，即舍尔·阿里

（1863～1866 年、1868～1879 年在位），阿卜杜·拉赫曼（1880～1901 年在位）和哈比布拉（1901～1919 年在位），这是阿富汗争取国家独立，同时对封建的社会、经济和军队进行初步改造的时期。

近代阿富汗国家直到 18 世纪中叶才在部落社会的基础上初步形成，构成统治阶级上层的是普什图族（占人口一半以上）中的杜拉尼贵族。建国以后，王室成员之间争夺王位的内战几乎持续不断。同时，19 世纪初英俄两大帝国开始向中亚扩张，其中英国曾于 1839～1842 年发动第一次侵阿战争。因此，维护国家独立、加强中央集权成为阿富汗王室的当务之急。

舍尔·阿里国王第一次进行了现代化改革，如创建正规军、以货币税代替实物税、修复渠道、开办邮政等，但收效不大。在对外事务上，他试图联俄抗英，两国为此订立了攻守同盟。然而 1878 年《柏林条约》的签订标志着俄英达成了妥协。俄国立即背弃了阿富汗，而英国随即发动了第二次侵阿战争（1878～1881 年），王室以夷制夷的策略宣告破产。

第二次侵阿战争结束后，英国控制了阿富汗的外交事务。此后，俄国在中亚地区不断推进，新登基的国王拉赫曼依靠英国的支持对其进行抵制，并于 1885～1895 年与英、俄共同划定了阿俄边界。与此同时，英国为保证英印的安全，力图控制自由的普什图部落居住的印阿边境地区，它于 1893 年迫使阿富汗签订《杜兰协定》并割让了上述地区。尽管如此，拉赫曼还是尽力保持了内政的完全自主，并拒绝了英国关于在阿富汗铺设电缆线的要求。

铁腕国王拉赫曼在内政方面进行了一系列意义深远的改革。第一，加强中央集权。拉赫曼把不满于王室的普什图部落（主要是吉尔扎伊普什图人）迁往少数民族居住的北方，让主要的部落酋长居住在首都，设立财政、商业、司法等内阁部门，任命行政官员而非王子出任各省省长，把神职人员列入公务人员编制，设立遍及全国各地的情报网。第二，军事改革，以征兵制代替募兵制，增加军饷，改进装备，设立军官学校。第三，经济文化改革。包括引进西方技术，发展军事、造币、木材、纺织、皮革等现代工业，修善道路，向商人提供贷款，开办医院学校。

拉赫曼的改革极大地加强了中央政府的权力，近代国家的基础由此奠立。1901年，王储哈比布拉登基，这是阿富汗历史上第一位未经兄弟仇杀即成为君主的国王。哈比布拉未向英国的殖民当局发起真正的挑战，但在国家现代化方面做了一些努力。政府致力于修建道路、架设桥梁、铺设首都与外省的电话线，投资建造了纺织厂和水电站各一座，王宫使用了电灯，商品专卖制度也被废除。此外哈比布拉还创办了以英语授课的哈比比亚中学及军事、职业学校等。

稳定的政局和改革措施推动了私人资本的发展，新兴的官吏阶层和知识阶层加速形成，资产阶级民族主义思想开始萌芽。1906年，以哈比比亚中学为中心，一个名为"民族秘密联盟"的组织成立了，其成员包括官吏、教师、贵族、工匠等，此即早期的青年阿富汗派。鉴于国王与英国签署了维持阿富汗依附地位的条约，"民族秘密联盟"决定武装其成员，然而政府随即逮捕了40余名成员，处死了其中7人。这一悲剧性的事件预示了以后70年间君主制与知识阶层的关系。

不过，青年阿富汗派以马赫茂德·塔尔齐（1865~1933）为首形成了新的中心。塔尔齐经国王批准，于1911年创办了阿富汗第一份刊物《光明新闻》，宣传反帝爱国和民主革新思想，他本人成为宫廷顾问和翻译局局长，与具有革新思想的王子阿马努拉（1890~1960）建立了密切联系。

第二阶段始于1919年阿马努拉登基，终于1946年哈希姆首相辞职。此为阿富汗王室争取并维护国家独立，寻求外援发展经济和尝试现代化改革的时期。

1919年，哈比布拉遇刺身亡，阿马努拉战胜了宫廷中的守旧势力，登基为王。在亚洲民族解放运动风起云涌的大潮下，阿马努拉领导军队和人民，展开了第三次抗英战争，挫败了英国维持其殖民统治地位的企图，后者被迫正式承认了阿富汗的独立地位。阿马努拉的对外政策开始具有中立的特色，这反映出阿富汗地缘政治的特点及其历史传统。阿富汗最先获得苏俄的承认，两国建立了密切的关系。1921年双方签署了友好条约，苏俄允诺归还沙俄夺占的阿富汗领土，并向其提供经济和军事援助。但是，阿富汗对苏军进入希瓦、布哈拉极为不满，遂向中亚的叛乱武装巴斯马奇提供援助，并在北方驻扎重兵。1925年两国还发生了边界冲突，但此后签订了互不侵犯条约。

虽然苏俄（苏联）一直没有归还领土，但它仍提供了枪支、飞机和驾驶人员，帮助铺设了电话线，两国贸易发展迅速。阿富汗与英国历经曲折，于1921年签订了友好条约，条约正式承认了阿富汗内政外交的独立，确认了杜兰线为阿富汗与英属印度之间的边界。值得注意的是，阿富汗与土耳其、伊朗等独立的亚洲国家建立了密切的关系，并积极发展与在中东地区从未进行过殖民活动的德国、意大利的关系。

在内政方面，阿马努拉大刀阔斧地推行现代化改革，他的改革受到了土耳其凯末尔和伊朗礼萨汗改革的影响。第一，行政改革。建立国王领导下的大臣内阁制，结束了王室成员分享权力的混乱局面，地方行政建制也得到完善。第二，法制改革。颁布了宪法、民法、刑法和商法，设立世俗法院和两院制议会。第三，经济改革。实行货币税，废除包税制和封建土地税，实行现代预算制，发展公路、电信和工业，鼓励民族资本的发展。第四，文教改革。实行义务初等教育，发展中等、外语、职业和女子教育，派遣留学生，普及普什图语，发行报纸杂志，兴建图书馆、博物馆和电影院等文化设施。第五，社会习俗改革。废除奴隶制，取消部落和宗教领袖的特权，禁止买卖婚姻和多妻制，废除佩戴面纱的规定，提倡穿西服。第六，军事改革。实行义务兵役制，建立大型兵工厂，创立空军，开办军事学校。可见，阿马努拉的改革范围远远超过了以行政和军事改革为中心的拉赫曼改革，强调经济、社会、文化等各个领域。但是，由于改革脱离了阿富汗的国情，阿马努拉改革引起了1929年宗教、部族和少数民族势力的叛乱，"红色国王"阿马努拉被迫流亡国外。

阿马努拉的表兄、军队前总司令穆罕默德·纳第尔汗（1883~1933）在平息叛乱之后自立为王，建立穆沙希班王朝。王室与宗教部族势力实现了和解，废除了阿马努拉的许多改革措施，乌里玛委员会获得立法否决权。著名的宗教家族穆贾迪迪家族的成员担任了内阁大臣和外交官，而支持纳第尔汗平叛的东南地区部落被恢复了免服兵役的特权。不过，1931年颁布的新宪法保留了君主立宪制、现代内阁制和议会，并规定公民享有财产私有、出版报刊及选举的权利，禁止财产充公和强制劳动，实行免费的小学教育。从此，纳第尔汗确立了向资本主义渐进式发展的方针，这应该说是正确的选择。在对外政策方面，政府承认了1921年英阿条约，英国则向阿富汗提供了1万支步枪和现金援助。同时，纳第尔汗疏远了与被认为是阿马努拉支持者的苏联的关系，但仍与之续订了中立条约。

支持阿马努拉的贵族和青年阿富汗派对此极为不满，他们因此而遭到政府的镇压。青年阿富汗派成员随后进行了一系列暗杀，遇害者包括国王的兄长、驻德大使阿齐兹和国王本人，而该派成员也被大批逮捕或处死，青年阿富汗派受到沉重打击。至此，知识阶层与王室结下了怨仇。

1933年纳第尔汗遇刺后，19岁的王储查希尔继位，因其年幼，由王叔兼首相哈希姆执掌朝政。哈希姆继承了纳第尔汗的方针，继续推行稳健的内外政策。这一时期阿富汗的私人资本发展迅速，形成了国内最大的财团"国民银行"集团，该集团的经营范围涉及农业、制造业、金融业和外贸等领域。但在政治上，政府仍维持高压政策。

20世纪30年代，阿富汗与英苏两国依然保持不冷不热的关系。对于印度边境普什图部落和印度民族主义者的反英斗争，哈希姆不予支持，英国为此向阿富汗提供了一些武器装备和50万英镑的贷款。阿富汗与苏联共同延长了1931年中立条约，签订了合作灭蝗协定、商品过境协定和第一个长期换货协定。但是，哈希姆把主要精力放在发展与德国、意大利、日本和美国的关系上。德国在阿富汗积极从事修建水电站、工厂、公路、桥梁的工作，提供了大量贷款，并计划参加阿富汗重整军备的计划。阿富汗也加入了国际联盟，与土耳其、伊朗和伊拉克签订了旨在维护地区和平的《萨阿达巴德条约》。显然，上述努力的目的在于抵消英苏影响，维护国家独立。1941年，英苏在联合出兵伊朗之后，又向阿富汗发出了驱逐轴心国侨民的最后通牒，而阿富汗的回答是要求所有交战国侨民离境。

第三阶段始于1946年马茂德亲王担任首相，终于1973年推翻君主制的政变。此为阿富汗王室致力于维护中立外交、大力争取外援发展经济、积极进行社会改革并尝试政治改革的时期，同时这也是君主制民族主义和伊斯兰民族主义激烈交锋并走向没落的时期。

二战的结束极大地改变了世界格局。在南亚，印巴两国宣告独立，美苏冷战取代了英苏对峙。同时，民族独立运动风起云涌，民主观念日益流行，发展经济成为民族独立国家的首要任务。因此，阿富汗的主要目标是：坚持中立政策以巩固国家独立，大力争取外国的经济援助、军事援助，发展国民经济，建设现代化军队，巩固中央集权，收复原本属于阿富汗的领土。

马茂德试图通过发展与美国的关系实现上述目标。但是，阿富汗在美国的西南亚政策中并未占有重要地位。因此，华盛顿仅向阿富汗提供了2100万美元贷款，用于水利工程，而军事援助则分文未给。马茂德外交的另一个重点是利用英国撤出南亚的时机收回普什图部落地区。然而，英国对阿富汗提出的关于允许普什图部落居住的西北边境省在投票中有选择地加入阿富汗或独立的权利的要求置若罔闻。根据投票结果，该地区最终被并入巴基斯坦。阿富汗对此不予承认，宣布废除《杜兰协定》及1921年英阿条约，巴基斯坦则终止了与阿富汗的过境贸易。在争取经济、军事援助及"普什图尼斯坦"（阿富汗对西北边境省的称呼）问题上全面受挫的情况下，阿富汗开始改善与苏联的关系，后者与阿富汗签订了新的过境协定。1953年国王的堂兄达乌德亲王（1909～1978）担任首相后，苏联开始向阿富汗大量提供经济、军事援助，并承担了训练军官的工作。

不过，阿富汗并没有放弃中立外交。它继续谋求美国等西方国家的经济援助，在教育方面几乎只接受西方援助。1963年达乌德下野以后，阿富汗进一步加强了与西方和邻国的关系，缓和了在"普什图尼斯坦"问题上的强硬立场。同时，阿富汗也是不结盟运动的创始国之一。但是，苏联始终保持着其作为阿军唯一装备供应国和军官培训地的地位，这对阿富汗的主权构成了潜在威胁。

依靠东西方的大量援助，阿富汗开始了大规模的经济建设，1956年颁布了第一个五年计划，"一五"和"二五"计划把投资重点放在公路、能源、水利等基础设施上，同时工矿业的地位也在逐步上升，其投资在"二五"和"三五"计划中均占到30%。由于政府的大量投资，阿富汗建成了一个全国性的公路网，机场、港口等基础设施和电力、煤炭、纺织、天然气等工业部门发展迅速，教育不断普及。不过，私人资本的发展仍受到限制，依靠苏联援助建立起来的国有企业效率低下，农牧业生产率低下并受到政府低价收购的不利影响，地区发展不平衡，政府机构官僚主义严重，这些都阻碍了经济的进一步发展。

二战把民主改革提上了议事日程。号称"自由亲王"的马茂德上台后，于1949年举行了第一次自由的议会选举，有许多新成立的党派参加。议员们和自由报刊要求实行政治改革、允许成立政党、实行自由选举，建立责任制内阁，开放新闻自由，限制大资本的权力等，对外支持"普什图尼斯坦"运动，此即"自由主义议会"运动。惶恐不安的政府停止了自由化试验，于1952年查封了所有私人报刊，逮捕了自由主义党派的领导人。达乌德执政后，依靠现代化军队打击宗教部族势力，大力推进社会改革，于 1959 年废除了妇女佩戴面纱的规定。他任命了许多知识分子担任政府中的高级职务，采纳了他们有关社会经济发展的一些建议，但拒绝实行政治民主化，并对鼓吹自由化的知识分子进行无情的镇压。达乌德大权独揽的做法，其强硬的对外政策和推行土地改革的企图，引起了国王和许多人的不满。

1963 年达乌德下台后，查希尔国王第一次任命平民为首相（内阁中有 6 名博士），实权则操诸他本人之手。国王释放了"自由主义议会"时期被捕的政治犯，主持颁布了新宪法。1964 年宪法规定实施三权分立，要求政府制定有关报刊、政党、选举、省议事会和市议事会的法规，授予妇女以选举权，并限制王室成员参政（旨在防止与国王政见不合的达乌德东山再起），议会长老院 1/3 的议员由国王任命，其余民选，人民院全部由民选产生，同时在遇到重要国内外事件时召开国民大会。1965 年，阿富汗颁布新闻法，允许私人创办报刊，此后围绕着自由报刊出现了代表小资产阶级左翼（人民民主党、火焰派）、民族资产阶级（进步民主党）和伊斯兰原教旨主义（穆斯林青年会）的组织。其中，人民民主党为亲苏政党，其领导人主要是吉尔扎伊部族的普什图族及部分少数民族知识分子；火焰派主张走中国式的革命道路，其主要成员是信仰什叶派的少数民族（如哈扎拉族）；穆斯林青年会的主要成员是神学院的教师和学生，包括普什图人和少数民族。

随着上述政党反政府活动的展开，20 世纪 60 年代阿富汗出现了大规模的学生运动和罢工浪潮，这是前所未有的。政府采取了一些镇压行动，并有意识地纵容宗教部族势力的活动以遏制激进势力的发展，而宪法允诺的政党法、省议事会法和市议事会法一项也没有颁布。政府的这些做法迫使反对党寻求夺取政权的非法途径，人民民主党内的旗帜派和进步民主党都设法在军队中建立自己的组织。1973 年 7 月，旗帜派联合前首相达乌德亲王发动军事政变，一举推翻了王朝统治，建立了阿富汗共和国，阿富汗的君主制度从此结束。

从阿富汗君主制民族主义百余年的兴衰史中可以看出，它始终如一地致力于维护国家独立，有步骤地从行政、军事、经济、社会、司法和文化教育等方面改造阿富汗，使之成为一个以普什图族为主导的多民族的、中央集权的现代化国家。其自身也从以部落制为基础的君主制演变为世袭的立宪君主制，尽管其阶级基础仍是封建大土地，但这并没有妨碍它发挥上述具有进步意义的历史作用。

然而，在向独立、繁荣和发展前进的历史进程中，阿富汗王室也犯下了一些致命的错误。第一，在对外政策方面，对"普什图尼斯坦"问题和与苏联关系问题处置不当。阿富汗急于收复失地的心情是可以理解的，但其做法过于偏激，而阿巴关系的恶化（其原因不完全在于阿方）是其对苏依赖的主要原因之一。而这种依赖关系的不断加深和发展，又为苏联日后进一步干涉阿富汗事务创造了条件。

第二，经济政策方面存在许多失误，这些失误削弱了经济发展的活力和后劲，加剧了地区和社会发展的不平衡。因此，经济发展不得不严重依赖外援（约占前三个五年计划实际投资的80%），而一有天灾就会引起巨大的社会震荡。例如，1970～1971年的大旱之后，阿富汗农牧业生产大幅下降，全国有1/5的人口面临饥荒的威胁。

第三，在民族问题上给予普什图人以特权地位。普什图人在政府、军队中占有大部分高级职位，而塔吉克、乌兹别克、土库曼和哈扎拉等非普什图民族则受到不同程度的歧视。而且，民族歧视又与宗教歧视相交织，因为一些少数民族同时属于人数不多的什叶派。即使在普什图人内部，它也分为杜拉尼和吉尔扎伊两大部族，而前者自18世纪建国以来一直据有王位，因而享有政治军事上的特权。这种优待普什图人，尤其是杜拉尼人的政策潜藏着民族、宗教冲突的火种。

第四，政治上始终垄断权力，而拒绝资产阶级、知识阶层参与决策。从近代到现代，王室一直把政权牢牢地控制在自己手中，三权分立从未实现过。在阿马努拉时期，知识阶层积极参与国王的各项改革，双方关系良好。但纳第尔汗称王后，他对知识阶层采取了一种压制、利用的政策，既任用人数不断增长的知识分子担任政府工作，推进现代化进程，同时又将其排斥在最高决策层之外，压制其反对派活动。这一手法促成了知识阶层的分化。"宪政"时期（1963～1973年），保守的知识分子在内阁中占有优势，但国王仍掌握着最高决策权。同时，激进的知识阶层则从苏联、中国的意识形态和传统的伊斯兰文化中寻求政治出路。王室因而被保守势力和激进势力两面夹攻，地位日趋动摇。不仅如此，王室内部在内外政策上的分歧和权力斗争导致了查希尔国王与达乌德亲王的冲突，促成了达乌德与亲苏势力的联手。作为王室最后支柱的军队，也因为苏联的渗透而成为反对国王的潜在力量，君主制的覆灭在所难免。

总之，君主制民族主义在阿富汗近现代历史上曾经发挥过积极作用，这是不容置疑的。但是，它的支持者们也犯下了一系列严重的错误，其中既有策略性的（如"普什图尼斯坦"问题），也有战略性的（经济发展、政治民主化、对苏关系等问题）。这些错误最终促成了王朝统治的崩溃。1973 年政变中上台的达乌德力图通过某些革新挽救君主制民族主义，但是也无力回天。此后，亲苏的人民民主党和以抗苏的"圣战者"武装为代表的伊斯兰民族主义先后成为阿富汗政治舞台的主角。

阿富汗的君主制从其发展程度来看介于沙特阿拉伯的家族统治和伊朗的君主独裁之间，美国政治学家塞缪尔·亨廷顿将其列为 20 世纪"几乎都是高度集权的"传统君主政体的例外之一。但这并不意味着它就可以避免其他君主制所面临的困境。亨廷顿精辟地分析了当代第三世界国家君主制的这种困难处境："一方面它们必须集权于君主以图推行社会与经济改革；

另一方面，集权却又使扩大传统政体的权力和吸收现代化所产生的新集团变得更为困难，甚至不可能。"[1] 因此，阿富汗君主制民族主义的遭遇在世界历史上并不是独一无二的。

---

① 〔美〕塞缪尔·P. 亨廷顿：《变化社会中的政治秩序》，王冠华等译，生活·读书·新知三联书店，1989，第 161 页。

阿富汗的伊斯兰原教旨主义
与抵抗运动

20 世纪 50 年代，阿富汗部分知识阶层建立了若干伊斯兰原教旨主义组织，以反对王室的现代化政策。亲苏势力上台，尤其是苏联入侵后，上述组织开始了抵抗运动，同时组织内部也出现了意识形态、种族及宗教上的分化，加上支持前王室的伊斯兰传统力量加入抵抗运动，派别分歧愈演愈烈。苏联撤军及纳吉布拉垮台后，抵抗运动各派开始了内战，给阿富汗国家的重建带来了巨大的困难。

苏联支持的纳吉布拉政权倒台后，阿富汗建立了以抵抗组织为主体的新政权，名为"阿富汗伊斯兰国"。本文试图分析阿富汗伊斯兰原教旨主义和抵抗组织的起源、发展与抗苏战争期间的社会变动，从而为人们了解今天阿富汗错综复杂的形势并预测其走向提供一些参考。

阿富汗是一个多民族国家。普什图人（又名"帕坦族"，即阿富汗族）占人口的55%～59%，在阿富汗近现代政治生活中一直占据主导地位。塔吉克人占人口的30%，其他少数民族，还有乌兹别克人、哈扎拉人、土库曼人、艾马克人、俾路支人、努里斯坦人等。阿富汗的国语为普什图语和波斯语，其中波斯语是塔吉克人、艾马克人、哈扎拉人和其他民族部分居民（包括普什图上层社会）使用的语言。在地理上，普什图人主要分布在东南部、南部，北部有少数移民（此外巴基斯坦邻近阿富汗的边境地区居住着数百万普什图人）。塔吉克人、乌兹别克人、土库曼人等分布在北部，与塔吉克斯坦、乌兹别克斯坦和土库曼斯坦隔河相望，哈扎拉人居住在中部的哈扎拉贾特高原。在社会关系方面，普什图人仍保持部落结构，而其他民族大多生活在非部落的宗法式社会。阿富汗传统的伊斯兰教包括三个组成部分，即正统伊斯兰教（逊尼派）、民间伊斯兰教（苏非派）和作为少数派的什叶派。逊尼派的代表是乌里玛（宗教学者）和分布于农村的毛拉，他们掌握着教育和司法大权。苏非派的势力主要分布在北部、坎大哈地区和喀布尔、赫拉特等大城市，其中某些派别与乌里玛相互融合，最著名的就是穆贾迪迪家族和盖拉尼家族，它们分别拥有苏非派纳克什班迪教团和卡迪利教团的首领"皮尔"职务。什叶派的主要信徒为哈扎拉人，其次是基齐尔巴什人和波斯人等，他们的社会地位最低。

19世纪后期以来，阿富汗王室开始执行限制宗教的政策。

阿卜杜·拉赫曼国王（1880~1901 年在位）把教产瓦克夫收归国有，并使乌里玛等神职人员成为享受俸禄的公职人员。对于这种限制，宗教界是十分不满的。1919 年，阿马努拉国王（1919~1929 年在位）推行世俗化改革，10 年后终于被乌里玛所策动的叛乱倾覆。[①] 在随后建立起来的哈希姆王朝中，宗教界占据了强有力的地位，穆贾迪迪家族的成员先后担任过司法大臣和驻埃及大使，该家族和盖拉尼家族还与王室联姻。但好景不长，第二次世界大战后王室恢复了世俗化政策，大力发展包括女子教育在内的现代教育和现代宗教教育（如现代宗教学校和喀布尔大学神学院），提高妇女地位，限制宗教法官的作用，并在政治上对乌里玛采取高压政策。穆罕默德·达乌德亲王的措施最为严厉，他曾于 20 世纪 50 年代末派兵平定坎大哈反对妇女解放的暴乱，并逮捕了穆贾迪迪家族的成员[②]。因此，二战后初期乌里玛的社会影响呈下降趋势。

二战后，阿富汗开始接受苏联的军事援助，建立现代化军队，并大力发展交通运输、工业和水利，经济文化有了一定的发展，各地区的经济联系逐渐加强，部族关系日益淡化。随着现代教育的发展，出现了一个迅速壮大的知识阶层，其中包括社会下层和少数民族的不少成员。他们对王朝的政治独裁、官

---

① 法国学者奥利维埃·罗伊认为，1929 年由塔吉克族的巴恰·沙考领导的叛乱是一次"原教旨主义叛乱"。而且，巴恰·沙考的家乡现在是伊斯兰组织和伊斯兰党的根据地之一，参见 Olivier Roy, *Islam and Resistance in Afghanistan*, Cambridge: Cambridge University Press, 1986, pp. 65-68。

② 参见黄民兴《1919—1973 年的阿富汗妇女运动》，《中东》1988 年合刊。

场腐败、经济文化的落后和地区发展的不平衡极为不满，企图改变现状。形成中的反对派力量包括小资产阶级左翼、民族资产阶级和原教旨主义派。

1958 年，喀布尔大学神学院的一群教授建立了"伊斯兰组织"，它标志着阿富汗原教旨主义的诞生。这些教授包括古拉姆·穆罕默德·齐亚尼（神学院院长）、布尔汉努丁·拉巴尼和阿卜杜勒·拉苏尔·萨亚夫。[①] 他们均毕业于国立学校，并曾赴埃及爱资哈尔大学深造，受到穆斯林兄弟会的影响。事实上，这只是一个意见相近的团体，其主要工作最初仅限于翻译国外著名伊斯兰学者（如赛义德库特卜和毛杜迪）的作品、改进教学方法、革新宗教词汇等。与巴基斯坦的伊斯兰促进会不同，齐亚尼等人的目标是建立"一个群众运动"。[②]

1963 年达乌德下野后，国内政治空气趋于活跃。1965 年颁布的新宪法允诺要制订政党法、省议事会法和市议事会法等，但并未兑现，反对派力量纷纷加强活动。1965 年前后，亲苏的小资产阶级左翼建立的人民民主党分为人民派和旗帜派，而主张走武装革命道路的一派形成"火焰派"。伊斯兰组织也不甘落后，它在喀布尔大学和中学积极发展力量，于 1968 年成立了由学生组成的分支机构"穆斯林青年会"（其政敌称之为"穆斯林兄弟会"），其领导人包括古尔布丁·希克马蒂亚

---

① 西卜加图拉·穆贾迪迪也是神学院教授，但 20 世纪 50 年代后期因涉嫌谋杀赫鲁晓夫而被捕入狱达 4 年之久，此后曾流亡丹麦，从事伊斯兰研究。

② Olivier Roy, *Islam and Resistance in Afghanistan*, Cambridge：Cambridge University Press, 1986, p. 70.

尔和艾哈迈德·沙阿·马苏德（两人均为工程学院学生）。此外，受伊朗影响，阿富汗的什叶派在 20 世纪 50 年代以后也出现复兴，神职人员的影响增强，而新兴的什叶派知识阶层卷入了火焰派和民族主义派的活动，也建立了若干原教旨主义组织。作为传统伊斯兰力量的乌里玛、毛拉则参加了议会活动，他们在 1965 年和 1969 年召开的两届国会中均构成了人数最多的职业集团。①

以"宪政"时期闻名的 1963～1973 年是阿富汗政治动荡的年代，各种政治势力相互较量，主要战场有国会、街头和校园，主要目标则只有一个——夺取政权。原教旨主义派并未参与国会活动，它逐步建立起从中央到省、县、支部的完整的组织结构，在校内活动方面致力于建立校内清真寺、举行政治讨论会等，1970 年以后开始深入城乡清真寺进行祈祷宣教，有时也与其他派别发生公开冲突。在 1970 年的喀布尔大学学生会选举中，青年会赢得了多数派地位，引人注目地超过了当时十分活跃的人民民主党和火焰派。1972 年，青年会开始在军队中建立支部，但它已经落后于人民民主党。在苏联的支持下，失意的达乌德亲王与旗帜派联手于 1973 年 7 月推翻君主制，建立共和国。青年会强烈反对主张世俗主义和民族主义的达乌德东山再起，因而在同年年底发动了一次小规模暴动。暴动失败后，青年会的大多数领导人逃往巴基斯

---

① Christine F. Ridout, "Authority Patterns and the Afghan Coup of 1973," *Middle East Journal*, Vol. 29, No. 2, 1975, pp. 165-178.

坦。此后，党内出现了公开的意见分歧。以希克马蒂亚尔为首的激进派主张发动全民"起义"，以拉巴尼为首的温和派则坚持在军队中策反的长期战略，最后大多数人决定采纳前一个方案。1975 年，青年会在潘杰希尔山谷、帕克蒂亚、拉格曼、喀布尔、巴达赫尚等地举行了反抗活动，马苏德和希克马蒂亚尔分别领导了前两地的行动。但是，民众并未响应青年会的号召，行动再次受挫。政府对此进行了无情的镇压，1973～1978年共有约 600 名青年会成员被捕遇害，其中就包括尼亚齐。①行动的失败也促成了组织上的分裂。1977 年希克马蒂亚尔另立伊斯兰党，而以拉巴尼为首的温和派则保留了"伊斯兰组织"的名称。

1978 年人民民主党推翻达乌德的政变给予原教旨主义运动以强有力的刺激。政变以后，新政权对外彻底倒向苏联，使阿富汗几乎沦为后者的"第十六个加盟共和国"；对内则以强制手段大力推行激进的土地改革、农业合作化和妇女解放政策，这使宗教感情浓厚的阿富汗人民难以接受，而反对派力量则遭到血腥镇压。例如，著名的穆贾迪迪家族的男性成员全部为塔拉基政权所杀害，只有身在异邦的西卜加图拉·穆贾迪迪幸免于难。于是，原教旨主义势力迅速壮大，并发展成为真正的群众运动，尤其是在苏联入侵以后。

1978 年以后建立的反政府组织包括以下几类。第一类是逊

---

① Tahir Amin, "Afghan Resistance: Past, Present, and Future," *Asian Survey*, Vol. 24, No. 4, 1984, pp. 373-399.

尼派原教旨主义组织，包括激进派和温和派两类。激进派组织包括希克马蒂亚尔领导的伊斯兰党和萨亚夫领导的伊斯兰团结党。希克马蒂亚尔是普什图人，其组织的伊斯兰党规模不是很大，主要成员是工程学院学生、教师和前政府官兵，装备精良。伊斯兰党在南部的普什图人和东北部的普什图移民中影响较大，得到当地一些乌里玛的支持，是抵抗运动中一支实力雄厚的队伍。萨亚夫也是普什图人，他领导的伊斯兰团结党成立于1989年，其成员不多。温和派原教旨主义组织包括伊斯兰组织和伊斯兰党（哈里斯派）。伊斯兰组织的骨干主要是喀布尔大学神学院学生及其他知识阶层，它得到北方的苏非派和乌里玛的广泛支持，并拥有马苏德和伊斯马仪汗等卓越的军事指挥官，其领导人拉巴尼和马苏德均为塔吉克人，因此伊斯兰组织在北方的塔吉克人、乌兹别克人、土库曼人等少数民族中影响很大，但它也竭力在南方的普什图人中争取支持者。伊斯兰党（哈里斯派）系1979年从伊斯兰党分离出来的，其领导人尤努斯·哈里斯毛拉为普什图族胡格亚尼部落人，他与南方帕克蒂亚、楠格哈尔和坎大哈诸省的普什图部落和乌里玛均保持着良好的关系。

第二类是逊尼派、苏非派传统主义组织，包括伊斯兰行动党、伊斯兰民族阵线和民族解放阵线。伊斯兰行动党领导人为穆罕默德·纳比·穆赫默迪，主要成员来自乌里玛和毛拉群体，在东南部和南部影响较大，尤其是在农村。其在抗苏战争初期是实力最为雄厚的抵抗组织。伊斯兰民族阵线的领导人为卡迪利教团的"皮尔"赛义德·艾哈迈德·盖拉尼，民族解放阵线的领导人为西卜加图拉·穆贾迪迪，这两个组织的社会基础主要在东南部和东部，它们得到当地部落首领的支持，但成员不多。

第三类是什叶派组织。什叶派政党力量较小，其中大多数得到伊朗的支持，如伊斯兰运动、胜利组织、"伊斯兰圣战卫队"、伊斯兰雷电党等 8 个党派，而伊斯兰革命联盟委员会和"阿富汗被压迫者圣战者联盟"与伊朗没有联系。[①] 此外，哈扎拉贾特地区还建立了阿富汗伊斯兰联盟革命委员会，实现了事实上的自治。

抵抗运动的其他组织均是非宗教性的，包括左派、部族、地区和民族主义组织。左派组织系由火焰派分化而来，如阿富汗解放组织等，其影响不大。部族和地区组织有库纳尔部族委员会、坎大哈部族阵线和"努里斯坦圣战者阵线"等，但大多数规模不大，行动局限于其所在地区。民族主义组织为数不多，其中比较突出的是阿富汗社会民主党。

抵抗运动中各种派系的存在，导致了伊斯兰抵抗组织内部的种种分歧和矛盾。分歧之一是抵抗运动是否需要一个统一的机构来领导。从军事合作及争取国际援助的角度看，建立一个统一战线无疑具有重要意义，以美国为首的西方国家因而力促

---

① 参见 Robert L. Canfield, "Afghanistan: The Trajectory of Internal Alignments," *Middle East Journal*, Vol. 43, No. 4, 1989, pp. 635-648。还可参考 Olivier Roy, *Islam and Resistance in Afghanistan*, Cambridge: Cambridge University Press, 1986 和 Ed Girardet, *Afghanistan: The Soviet War*, London: Routledge, 1985。

抵抗运动建立一个统一的组织。苏联入侵后不久，各抵抗组织决定组建一个松散的"伊斯兰联盟"，而伊斯兰党表示反对，力图保持其组织上的"纯正"。在经历了一次又一次挫折以后，联盟最终在 1981 年 4 月宣告解体。之后，各传统主义组织于翌年建立了"阿富汗圣战者伊斯兰联盟"，而原教旨主义各组织也创立了名称相同的联盟。1985 年，两大联盟最终合并，此即七党联盟。同年，以伊朗为基地的什叶派组织也建立了自己的联盟，即八党联盟。但是，影响力日益增长的游击队指挥官更盼望实现政治和军事上的统一。1986 年，阿富汗北部成立了以马苏德为首的抵抗运动总指挥部。

分歧之二是未来阿富汗国家的结构和前国王的作用。传统主义派和部族首领希望恢复 1973 年以前的政治体制，坚持政教分离，以确保自己的原有地位。因此，他们支持前国王查希尔复辟。以纳比的伊斯兰行动党为代表的乌里玛反对恢复旧王朝及其世俗化政策，主张全面恢复沙里亚（教法）的地位。原教旨主义派不仅要求恢复沙里亚，而且呼吁建立伊斯兰国家，如希克马蒂亚尔就极力主张建立伊朗式的、中立的逊尼派伊斯兰共和国。他们强烈反对查希尔重新发挥作用，认为他和达乌德是把苏联引入阿富汗的罪魁祸首。此外，在抗苏战争中崛起的非普什图民族和什叶派也坚决反对恢复过去由逊尼派普什图人独占政治权力的状况，要求在国家事务中占有一席之地。

分歧之三是抵抗运动内部的权力分配。例如逊尼派和什叶派组织在临时政府问题上的冲突。1989 年 2 月初，七党联盟主席穆贾迪迪与八党联盟签订协议，约定后者在即将建立的协商议会和临时政府中分别占 100 个（总计 526 个）和 7 个席位。然而，由于原教旨主义派的反对，七党联盟最终决定只给八党联盟 80 个议员席位并取消原定的内阁名额。于是，八党联盟拒绝参加协商议会，七党联盟于 2 月 23 日选出了自己独家控制的临时政府。1990 年 6 月至 7 月，两大联盟再次就临时政府部长名额问题举行谈判，结果又是不欢而散。

分歧之四是对有关各方和平倡议的态度。为了结束内战，苏联曾提出建立临时政府、制订宪法、召开大国民议会或举行选举的建议。在七党联盟中，温和派倾向于支持苏联的建议，而强硬派则竭力反对，斥之为"干涉内政"。1990 年 11 月，苏联与七党联盟达成协议，同意把权力移交给伊斯兰临时政府。以强硬著称的希克马蒂亚尔对此进行了抨击，宣称协议对"圣战"不会有任何影响。此外，他还反对联合国的和平方案及美国、巴基斯坦的政治解决提议。

抵抗运动内部的分歧不仅影响到其军事行动的有效性，而且导致了各派间的火拼。1989 年 7 月，伊斯兰党的部队据称伏击了参加军事会议的马苏德派游击队成员，死亡 30 人（其中 7 人为指挥官）。其后两派之间爆发了大规模战斗，死亡人数达 300 人。由于在伏击事件上受到其他六党的谴责，伊斯兰党于 8 月断绝了与它们的联系，希克马蒂亚尔也于年底辞去了临时政府外长的职务。之后临时政府曾呼吁伊斯兰党重返联盟，但遭到后者的拒绝。

抵抗运动中种种派系的存在及其相互间的矛盾分歧反映出一个重要的事实，即第二次世界大战后的社会经济变迁和国内潜在矛盾的表面化。对自身的社会经济乃至政治地位感到不满的各个阶层和民族都企图借助抗苏战争的契机来宣泄自己的情感，用行动来争取未来在阿富汗政治中的地位。考虑到阿富汗各地区间社会经济联系的薄弱和中央政府对地方事务的鞭长莫及，中下阶层及宗教、民族少数派的崛起意味着阿富汗内部分裂因素的增加。一些西方人士甚至公开预言，阿富汗将会四分五裂：东南部普什图人地区将并入巴基斯坦，北部少数民族地区将分别与塔吉克斯坦、乌兹别克斯坦和土库曼斯坦合并，西部则将并入伊朗。① 这一前景当然是国际社会不希望见到的。

首先，必须看到，抵抗运动也产生了有利于阿富汗统一的效果，其中首要的一点是伊斯兰教地位的提高。伊斯兰教复兴是 20 世纪 70 年代以来中东地区的普遍现象，阿富汗的原教旨主义本质上是小资产阶级知识分子通过对王朝时代现代化政策的批判而向传统文化的复归，它因迎合了大批普通人民的宗教情感和政治愿望而获得了强大的发展动力。因此，抗苏战争是以"圣战"（吉哈德）的名义进行的，游击战士被称为"穆贾希丁"（即"进行圣战的人"，但常意译为"自由战士"）。抵抗运动中的乌里玛和原教旨主义派都特别强调"沙里亚"和

---

① 〔美〕《基督教科学箴言报》（*Christian Science Monitor*）1992 年 4 月 28 日。

"乌玛"（穆斯林社会）的重要性，而不太重视民族和部落的分野（某些派别例外）。不仅如此，主张政教分离的抵抗组织力量弱小，而乌里玛和原教旨主义派先后成为抵抗运动的主要军事力量。

其次，抗苏战争也带来了有利于国家统一的社会变动。在战争中，大批居民逃往巴基斯坦和伊朗，其中主要是维持部落制度的普什图人，而且普什图人又是在部落首领的率领下举族外迁的。分布在北部、哈扎拉贾特和努里斯坦边缘地带的普什图移民也大批返回南方。另外，受战争影响，许多牧民放弃了游牧生活，转而迁居巴基斯坦、就地定居或加入抵抗运动，继续游牧的也改变迁徙路线并缩短了距离。[①] 上述变化一方面提高了少数民族在阿富汗社会、政治中的影响；另一方面也意味着作为社会分裂因素的部族和游牧民地位的下降。同时，战争期间空前的人口流动加强了各民族、各部族人民相互间的了解和交流，驱逐外敌、复兴国家的共同目标在阿富汗人民中发展出了一种民族认同感和相互信任、相互帮助的兄弟情谊，促使他们了解世界、面向未来。这些都有助于在新的基础上重建和平统一的多民族国家。

分裂和统一因素的并存意味着阿富汗走向新生的道路艰难而多舛。苏联撤军后，游击队各派的攻势软弱无力，相互间的内讧屡有所闻，以致纳吉布拉政权在苏联的大力支持下能够维

---

① Olivier Roy, *Islam and Resistance in Afghanistan*, Cambridge：Cambridge University Press，1986, p. 70.

持三年，1992 年 4 月，纳吉布拉终于下台，伊斯兰组织与伊斯兰党之间随即爆发了战斗，首都喀布尔自 1979 年苏联入侵以来第一次陷入了大规模炮战。此后，伊斯兰组织武装以及与之结盟的杜斯塔姆民兵与伊斯兰党部队之间，萨亚夫的武装与什叶派联盟党之间均多次发生恶战，交战各方使用了坦克、重炮、飞机等重型武器，居民纷纷逃离喀布尔，首都成为一座鬼城。在临时政府内部，各党派在内阁职务的分配上也矛盾重重，分歧甚大。显然，由于阿富汗国内各派系处于势均力敌、拥兵一方的态势，政局的动荡将会维持一段时期。人们衷心希望，阿富汗各派能以国家、民族利益为重，摒弃前嫌，携手合作，共建和平、中立、繁荣的新阿富汗！

［原载《西北大学学报》（哲学社会科学版）1995 年第 1 期］

试论作为民族主义的劳工犹太复国主义的特征

第一次世界大战后，民族主义运动的浪潮席卷亚洲和北非地区。以领导民族斗争的阶级划分，这一时期民族主义运动主要有 5 类，分别为由民族资产阶级、小资产阶级、无产阶级、爱国封建主和爱国部落酋长领导的民族运动。[①]

巴勒斯坦及世界其他地区的犹太复国主义运动则另有自己的特点。这一运动包括了以下不同流派，主要如下。第一，政治犹太复国主义，以西奥多·赫茨尔和哈伊姆·魏兹曼为代表，主张争取奥斯曼帝国、德国、英国等大国发表正式文件，同意犹太人建立民族家园，从而获得国际认可。第二，文化犹太复国主义，以阿哈德·阿姆为代表，高度重视犹太文化和

---

① 彭树智：《现代民族主义运动史》，西北大学出版社，1987，绪论；彭树智、黄倩云：《第三世界的历史进程》（中国青年出版社，1999，第 189~190 页）增加了一类，即宗教领袖领导的民族运动。

历史，主张在巴勒斯坦建国并复兴希伯来语。第三，宗教犹太复国主义，由正统派拉比亚伯拉罕·库克等倡导，主张在巴勒斯坦建立基于犹太教的犹太国家。第四，一般犹太复国主义，为犹太复国主义运动中的温和派，代表中产阶级和自由主义思想。第五，劳工犹太复国主义，也有称"社会主义的犹太复国主义"的，代表犹太复国主义运动的左派和工人组织，主张通过在巴勒斯坦定居、以农村基布兹和城市无产阶级为组织形式的犹太工人阶级的阶级斗争创建犹太国家。第六，修正派犹太复国主义，由亚博廷斯基领导的犹太复国主义运动中的民族主义右翼，主张对政治犹太复国主义和劳工犹太复国主义进行"修正"，实行最高纲领，即在包括外约旦在内的整个巴勒斯坦建立由作为主体的犹太人领导的自治共和国；该流派的一些组织后期转而进行反对委任统治当局的暴力活动。[①]

各党派在伊休夫（巴勒斯坦的犹太社团）内都拥有自己的定居组织、工会、青年组织、文化机构、学校、报刊、劳工介绍所，甚至准军事组织等，并按单一比例代表制的原则参加犹太工人总工会的选举。其中，劳工犹太复国主义对以色列国家的诞生起了关键作用：它是在巴勒斯坦的犹太劳工政党所奉行的思想，1977 年以前以色列政府执行的也是这一思想，尤其是1963 年本-古里安（以色列首任总理）辞去总理职务以前。独

---

① 徐向群、余崇健：《第三圣殿：以色列的崛起》，上海远东出版社，1994，第 31~35 页。

立前，巴勒斯坦的劳工政党为数不少，并几经分合，到建国前夕主要有巴勒斯坦工人党（马帕伊）、统一工人党（马帕姆）、劳工联盟和巴勒斯坦共产党。在上述党派中，巴勒斯坦共产党的思想最为激进，但它主要是反对犹太复国主义，因而政治影响不大。其他党派则较为温和，而观点最温和、影响最大的当属马帕伊。本文主要从7个方面分析以马帕伊为首的劳工犹太复国主义在建国前和建国初期的主要思想及活动的特征。

作为一种民族主义思潮和运动，劳工犹太复国主义具有如下特征。

一　思想起源上受到俄国和其他国家社会主义思想的重大影响

一般来说，亚非民族主义思潮的主要来源是西欧尤其是法国的民族主义思想。劳工犹太复国主义的领导人主要是俄国犹太人，他们同时受到了近代俄国和其他国家具有空想社会主义色彩思想的深刻影响，如民粹主义、托尔斯泰主义、车尔尼雪夫斯基和傅立叶的思想等。从这些思想中，他们吸取了发动和依靠群众尤其是工人，崇尚体力劳动、平等主义、集体主义和国际主义，强调阶级斗争，建立理想社会等思想。一些晚期的劳工犹太复国主义领导人对布尔什维克和十月革命也甚感兴趣，尽管对苏联的看法有所保留。20世纪20年代，本-古里安在日记中这样写下了自己对列宁的印象："这个人非常伟大……他有着敏锐和有远见的目光，能穿过生活及其迷乱，能从现实生活的深处挖掘出指导未来的那种主导力量。"①

当然，劳工犹太复国主义者对欧洲社会主义并非完全赞同。他们认为俄国社会主义者对犹太人问题毫不关心，俄国的一些工人、农民甚至有反犹倾向。俄国犹太工人政党崩得则认为犹太复国主义纯属乌托邦，并公开嘲笑犹太教的清规戒律，指责犹太复国主义者与资产阶级合作，主张在拉比（犹太神职人员）的领导下建立国家。因此，劳工犹太复国主义者认为俄国社会主义不能解决犹太人问题，并反对参加俄国革命。② 到20世纪20年代后期，本-古里安对苏联的看法也改变了。

二　推崇社会主义、平等主义、集体主义和劳动至上的思想，强调建立一个理想社会

早期的劳工犹太复国主义思想家纳赫曼·西尔金认为，文化犹太复国主义提倡的犹太人文化自治并不能解决犹太人问题，而资产阶级犹太复国主义关于由富有的犹太人出钱即可建立犹太国家的想法也只是谬论。他宣称："犹太复国主义从一开始就应当是以公社为基础的社会主义殖民，这样从一开始，

---

① 〔以〕米迦勒·巴尔-祖海尔：《现代以色列之父：本-古里安传》，刘瑞祥等译，中国社会科学出版社，1994，第 65 页。

② 参见〔英〕沃尔特·拉克《犹太复国主义史》，徐方、阎瑞松译，三联书店，1992，第 336 页。

犹太国家就能够避免现代社会的弊病。"① 具体而言，他主张实行土地国有，建立多达万人的大公社从事工农业生产，缩小城乡差距。西尔金甚至断言，阶级斗争是犹太历史上的中心议题之一，犹太教的历史就是犹太劳动群众为社会主义生活方式而斗争的历史。② 另一位早期思想家贝尔·博罗霍夫提出了"结合论"，他认为巴勒斯坦犹太资本和工业的发展将会导致工人阶级的形成和发展，工人阶级将成为民族解放运动的先锋队，并为未来的无产阶级革命做好准备。其他社会主义思想家则强调体力劳动对改造隔都（犹太人社区）生活方式的作用。作家阿哈龙·大卫·戈顿指出，长期的流亡生活使犹太人脱离了体力劳动，从而丧失了生命力，"只有通过劳动，一个民族才能扎根于它的土地和文化"③。而且，劳工犹太复国主义者希望新生的犹太社会将是人类的表率，实现《圣经》的预言，使以色列成为"照亮世界的光芒"。本－古里安因此在建国初期发出了这样的豪言，"我们人人有权坚持这个信念；仅仅跟所有其他国家人民一样是不够的。我们要自豪地实现先知的话：'作为主……我要你们成为异教徒的楷模'"④。

---

① Mitchell Cohen, *Zion and State: Nation, Class and the Shaping of Modern Israel*, Basil Blackwell, 1987, p. 88.
② 〔英〕沃尔特·拉克：《犹太复国主义史》，徐方、阎瑞松译，三联书店，1992，第 336 页。
③ 〔美〕劳伦斯·迈耶：《今日以色列：一个不安宁国家的画像》，钱乃复等译，新华出版社，1987，第 13、41 页。
④ 〔美〕劳伦斯·迈耶：《今日以色列：一个不安宁国家的画像》，钱乃复等译，新华出版社，1987，第 41 页。

在第一次阿里亚（离散犹太人移民巴勒斯坦的大规模行动）中，许多人因条件恶劣而离去，留下来的部分人成为农场主，他们宁愿雇用工资较低的阿拉伯人而非犹太人。1904～1914 年的第二次阿里亚带来了大批新移民，他们决心改变这种状况，用集体劳动战胜恶劣的自然环境。1909 年，一批年轻人创办了克武察，之后发展为基布兹（二者均为社区形式）。基布兹实行各尽所能、按需分配的原则，甚至对家庭生活也有规定。1921 年，犹太人创办了另一种类型的莫沙夫（集体农场），实行家庭经营、合作互助、集体销售。在政治上，1905 年成立了以本－古里安和本－兹维（Ben-Zvi）为首的巴勒斯坦锡安工人党，它信奉博洛霍夫的思想。同年成立的青年工人党以戈顿为首，主张工人阶级应当首先致力于民族复兴而不是阶级斗争。然而，随着时间的流逝，锡安工人党内部主张首先建立犹太社会和政权的务实派占据了上风。1919 年，它与以伯尔·卡茨内尔森为首的无党派社会主义者联合为劳工联盟，1920 年成立了包括各个劳工党派的犹太工人总工会。1930 年，劳工联盟又与青年工人党正式合并为马帕伊。此后，马帕伊先后控制了伊休夫（巴勒斯坦的犹太社团）的犹太代办处和世界犹太复国主义大会，成为犹太复国主义运动的中坚力量。在此期间，犹太工人总工会逐步发展为一个拥有自己的工厂、学校、医院、银行和准军事力量的国中之国。犹太工人总工会和基布兹奠定了以色列公有制经济的基础。

但是，对农业和体力劳动的重视并不意味着劳工党派反对现代化。事实上，在建国后，马帕伊领导的以色列政府立即把主要精力放在发展现代工业和高新技术上，国民经济的现代化取得了显著成就。同时，马帕伊领导人把过去用于描述定居者的"先驱"一词用来称呼知识分子和专家，经济政策上日益强调私有经济，而放弃了早先的公有制经济至上的做法。

三　反对完全依赖大国的恩赐，而以犹太移民作为建立犹太国家的主要手段

政治犹太复国主义领导人赫茨尔和后期的魏兹曼均强调争取大国对复国运动的支持，而积极奔走于英、法、美及奥斯曼帝国的首都，并最终争得了《贝尔福宣言》的发表。劳工犹太复国主义领导人对上述活动并不反对，但更加强调犹太国家首先将是犹太移民社团发展壮大的结果。本-古里安指出："如果我们不设法把犹太人带进巴勒斯坦，在这片土地上做好大规模定居的准备，那么《贝尔福宣言》和国际联盟委任统治的目标就仍然是一堆纸片而已。移民和定居本身将会创造实现独立的不可否认的政治事实。"[①] 他甚至认为，来到巴勒斯坦的非犹太复国主义移民对建立犹太国家的贡献，也超过那些自称是犹太复国主义者却拒绝移民的人，包括为移民事业慷慨解囊的犹太

---

① David Ben-Gurion and Moshe Pearlman, *Ben-Gurion Looks Back in Talks with Moshe Pearlman*, New York: Simon and Schuste, 1965, p. 53.

富商。

因此，马帕伊全力以赴地推进移民工作，在巴勒斯坦的犹太人从 19 世纪末的 2.5 万人猛增到 1948 年的 65.0 万，其在当地总人口中的比例也从 1/20 上升到 1/3。在此期间，伊休夫逐步形成了完善的经济、文化、社会、福利和军事体系，建立了犹太城市和星罗棋布的定居点，为以色列国家的诞生打下了坚实的基础。

四　对英国委任统治当局采取了合法与非法斗争相结合、既坚持原则又策略灵活的方针

与强调依靠大国支持的政治犹太复国主义和一味主张暴力手段的修正主义派不同，劳工犹太复国主义始终对英国政府抱有戒心，因而根据形势的变化相应地调整自己的斗争方式。委任统治建立后，马帕伊利用英国的支持放手进行移民工作，基本上采取合法的斗争手段。1936 年，阿拉伯人发动反对犹太复国主义和委任统治的起义，次年 2 月英国皮尔调查团提出阿犹分治的计划。本-古里安对此立即表示支持，他认为："一个不完整的犹太国不是尽头，而只是开端……只有有了国家，我们深入这个地区的能力才会与日俱增，我们对付阿拉伯人的实力才将日益强大。"[1]

---

① 〔以〕米迦勒·巴尔-祖海尔：《现代以色列之父：本-古里安传》，刘瑞祥等译，中国社会科学出版社，1994，第 111 页。

但是，1937 年以后英国改变了对犹政策，希望以此获得阿拉伯人的支持，从而在未来的大战中确保中东的稳定。马帕伊针锋相对，拒绝了英国关于建立巴勒斯坦联邦的方案。在 1939 年英国颁布停止犹太移民的白皮书及二战爆发以后，本－古里安提出了支持英国对德战争，同时抵制白皮书的果断方针。一方面，伊休夫发动了大规模的反英示威和罢工，派遣自卫武装哈加纳对付警察，并在 1942 年通过了第一次明确提出建国要求的"比尔特莫尔纲领"。另一方面，伊休夫又向英国提出并最终获准建立犹太旅参加战争，并在后期反对修正主义派的伊茨尔成员的反英恐怖行动。1944 年 11 月到 1945 年 3 月，哈加纳发动了打击伊茨尔分子的"狩猎行动"，逮捕和审讯了许多伊茨尔成员。二战结束后，英国不再支持犹太移民。马帕伊一面组织非法移民，一面组织突击队攻击拘押非法移民的拘留营，破坏铁路和舰艇，甚至参与了伊茨尔炸毁驻大卫王饭店的政府机关的行动。但总而观之，劳工犹太复国主义的斗争强调依靠群众而非恐怖行动。

在与英国周旋的同时，马帕伊积极争取美国对犹太复国主义运动的支持。在后者的努力下，联合国最终通过了阿犹分治决议。

五　以多党制议会民主和国家主义作为未来国家发展的方向

如前所述，犹太复国主义运动中存在着许多党派，因此如何处理与其他党派的关系成为劳工犹太复国主义面临的一个重要课题。从一开始，世界犹太复国主义组织即以比例代表制作为选举制度，因为这一制度能最大限度地反映各个党派的实际力量，保证其发言权。1918 年巴勒斯坦犹太人临时委员会成立，决定举行"直接的、平等的、秘密的、普遍的和按比例的"选举，年满 20 岁的移民均有选举权，年满 25 岁的男子有被选举权。此后，犹太人成立了具有议会性质的伊休夫代表大会。在 1925 年召开的代表大会第二次选举中，代表工人阶级、资产阶级和宗教阵营的 29 个党派均有人参加，劳工阵营获得 42.6% 的选票。

劳工党派并未因为自己在伊休夫自治机构中占据主导地位而排挤其他党派，它们继续推行多党制，并在犹太工会里同样实行民主选举，以确定各党派的委员名额，因为唯有如此才能最大限度地巩固伊休夫内部的团结。这显示出马帕伊思想的民主社会主义性质（该党加入了社会党国际）。建国后，议会选举继续采纳比例代表制，由得票最多的党派联合其他小党组成联合政府（因为没有一个党派获得过半数以上选票）。但是，本–古里安主张以多数选举制代替比例代表制，原因是比例代表制造成大量小党进入议会，难以形成多数党的稳定执政，而执政联盟中的小党可以利用其在联盟中的特殊地位向大党讨价还价，甚至造成政府危机。另外，由于全国是一个选区，议员竞选人当选与否更多地取决于他在该党竞选名单上的排名顺序，与选民的支持关系较小，政治家对选民的意愿并不十分重视。在建国时举行的立宪议会选举中，本－古里安曾试图引进多数选举制，但未能如愿。1956年，马帕伊在国会中再次提出类似建议，又一次遭到其他党派的反对，它们担心此举将进一步巩固马帕伊的地位。[①]

在坚决维护多党民主的同时，本－古里安也提出国家主义的方针。由于长期的流亡生活，犹太人已经不习惯服从国家权威，特别是在建国前的巴勒斯坦，犹太党派都拥有各自的工会、军事组织、社会团体和劳工介绍所，并积极展开接纳移民及社会福利工作，从而形成一个个"独立王国"。国家主义的目标就在于以国家的权威取代党的权威，从而使一个崇尚意识形态的移民社团发展为"正常"的国家。本－古里安在1949年曾经谈道："随着国家的建立，一个至上而强有力，但并非无所不能的工具被创造出来了……国家是一个有约束力的、无所不包的主权机构。"西方学者彼得·梅丁认为，国家主义包括三个方面的内容，即由国家提供原先由政党提供的部分基本服务，国家在社会生活某些领域的排他性，以及国家结构的非政治化。[②] 由于本－古里安的努力，建国前后以色列成功地统一了军队、教育、劳工介绍所和文官制度，从而为民族国家的确立奠定了基础。

---

① Peter Y. Medding, *The Founding of Israeli Democracy, 1946–1967*, Oxford: Oxford University Press, 1990, pp. 135, 171–173.

② 〔奥〕西奥多·赫茨尔：《犹太国》，肖宪译，商务印书馆，1993，第82页。

六 主张世俗主义

政治犹太复国主义要求建立世俗的犹太国家。赫茨尔在《犹太国》一书中即提出"把我们的教士保持在神殿之中"。[①] 他甚至接受了在乌干达建国的方案，而看淡巴勒斯坦对犹太国家的特殊意义。在犹太人的另一宗教极端主义阵营中，正统派中的极端派根本反对犹太复国主义，认为只有救世主才能使犹太国家复活。代表宗教犹太复国主义精神的中心党则主张把复国运动与正统派犹太教结合起来，但要求把以色列建成一个"律法国家"。

劳工犹太复国主义基本上主张世俗主义。本-古里安在回忆建国时的情形时说："（当时）我们做出了决定，以色列应当是一个世俗国家，由世俗政府而非宗教当局来治理，我尽可能地使宗教远离政府和政治。"但与政治犹太复国主义不同，劳工犹太复国主义特别是马帕伊承认传统文化对犹太复国主义运动的价值，这表现在几个方面。首先，坚持在巴勒斯坦重建犹太国家。1941 年，英国大臣莫因勋爵向本-古里安建议，以东普鲁士作为犹太国家的所在地，后者明确表示拒绝。本-古里安还引证了乌干达计划的例子："正是在欧洲犹太社团中受压迫最深的俄国犹太人摒弃了这一恩赐。他们对乌干达不感兴

---

① David Ben-Gurion and Moshe Pearlman, *Ben-Gurion Looks Back in Talks with Moshe Pearlman*, New York：Simon and Schuste, 1965, p. 220.

趣，即使是作为暂时的避难地。我们只有在这一块土地上才能定居并获得独立。"① 而且，本-古里安主张在古代希伯来国家的疆土（以色列地）上重建国家，尽管他并不拘泥于这一点。② 其次，犹太复国主义符合犹太传统文化。本-古里安指出，流散的犹太人正是从犹太教中获得了"民族和领土的动机"，并引用了《圣经》中的话，"现在，主对亚伯拉罕说：你要离开你的故乡和亲属，离开你父亲的家，到我将要指示给你的地方去；我将使你创立一个伟大的民族"③。他进而认为，在故土上重建"犹太民族生活"标志着救世主弥赛亚的复归。本-古里安甚至利用《圣经》证明，犹太人不是"上帝的选民"，而是"选择上帝"的民族；先知并未期望犹太人统治全世界，而是强调其精神上的无与伦比，即对正义的无上崇拜。④ 最后，恢复古希伯来语和一些犹太传统习俗。极端正统派和赫茨尔均反对恢复希伯来语，劳工党派却大力支持，最终使这一曾为《圣经》所使用的"死语言"成为以色列的主要语言。基布兹和马帕伊也恢复了许多古犹太节日，其宗教内容

---

① David Ben-Gurion and Moshe Pearlman, *Ben-Gurion Looks Back in Talks with Moshe Pearlman*, New York：Simon and Schuste, 1965, p.95.

② 1937年，本-古里安根据《圣经》划出了未来以色列的理想版图，它包括外约旦、叙利亚南部、黎巴嫩南部和西奈半岛。参见〔法〕罗杰·格鲁迪《以色列问题》，艾哈迈德·穆萨译，世界知识出版社，1986，第15页。

③ 《创世纪》，12：1—2。

④ David Ben-Gurion and Moshe Pearlman, *Ben-Gurion Looks Back in Talks with Moshe Pearlman*, New York：Simon and Schuste, 1965, pp.227, 230-231.

被抽去，而代之以民族主义的含义。① 不仅如此，由于马帕伊在伊休夫代表大会和建国后的议会中始终未能获得过半议席，它被迫寻求精神中心党和正教党的支持，以便建立联合政府。马帕伊因此在宗教问题上做出了一些让步，如允许宗教党派保持对宗教学校、法院的控制权，并在婚姻、安息日等方面通过了遵守教规的法规。以色列国的宗教气氛如此浓厚，以至于有学者称其为一个"半祭司半世俗化"的国家。②

劳工党派之所以给宗教保留一定地位，主要有两个因素。其一，犹太教和犹太历史是激发犹太复国主义运动的重要原因之一，这种历史的联系是无法割断的。而且，由于各国犹太人在语言、风俗、传统甚至种族方面都存在着重要区别，因此只有犹太教的共同性才能加强他们之间的联系。其二，这种做法出于实际的政治考虑，即避免伊休夫内部的分裂。建国初期，世俗派曾要求颁布宪法，但由于在政教问题上无法达成一致，马帕伊决定暂时搁置宪法问题，代之以一系列单独的基本法。因此，劳工党派对宗教问题的态度有些类似于苏加诺的综合型民族主义，后者主张民族主义者、共产主义者和伊斯兰教徒的大联合。③

---

① 类似的例子还有很多，如犹太教仪式中使用的大烛台成为以色列国徽，祈祷用的白底蓝边披巾成为国旗的基本图案（中间加上大卫星）。
② 〔美〕纳达夫·萨弗兰：《以色列的历史和概况》，北京大学历史系翻译小组译，北京人民出版社，1973，第266页。
③ 参见彭树智《东方民族主义思潮》，西北大学出版社，1992，第二章。

七 对阿拉伯人从早期的和平共处转向后期的实力政策

与其他所有国家的民族主义者不同，犹太复国主义的任务是在一块由另一个民族居住的土地上建立国家，由此潜藏着民族冲突的危险。在早期，劳工党派并未意识到阿拉伯人问题的重要性，认为犹太移民为阿拉伯人带来了就业和利润，双方没有矛盾。在 20 世纪 20 年代，本－古里安曾经反对"把以色列地看作无人居住的地区"，主张阿拉伯人和犹太人在该地区享有同等的权利，甚至提出阿犹工人阶级联合起来，反对在他们中间制造不和的富人。① 然而事实上，正是力主犹太人应当从事体力劳动的劳工犹太复国主义招致了阿拉伯人的最大敌视（因为这使阿拉伯人失去土地，并且无法在犹太农庄就业），他们把这个旨在建立纯粹的犹太社会的思想视为真正的威胁。

在 1929 年的阿拉伯人反对犹太移民的行动之后，本－古里安改变了看法。他意识到阿拉伯人不会允许犹太人成为多数，并且存在着"阿拉伯民族运动"。因此，马帕伊采取了自卫政策，即增加移民数量、在犹太企业中全部使用犹太劳工、加强防卫组织哈加纳。同时，马帕伊也力图与阿拉伯领导人建立联系，以缓和双方的关系。在其他党派中，青年卫士和马帕伊领

① 〔以〕米迦勒·巴尔－祖海尔：《现代以色列之父：本－古里安传》，刘瑞祥等译，中国社会科学出版社，1994，第 98~99 页。

导人之一、犹太代办处政治部主任哈伊姆·阿尔洛索罗夫则主张"双民族主义",即阿犹两大民族携手合作,将巴勒斯坦建成两大民族和平共处的二元化国家。这一主张听起来不错,但实际上难以实现。因为阿犹双方都主张建立以本民族为主体的国家,相互之间的冲突愈演愈烈,矛盾难以弥合。所以,以本-古里安为首的马帕伊领导层决定以伊休夫实力的壮大来抵御阿拉伯人的反对和英国的钳制,这一立场占据了上风。

由于伊休夫建立了完善的政治、经济组织和军事力量,并有海外犹太人和东西方国家的大力支持,它在英国结束委任统治之后立即宣布成立以色列国,并成功地与军事上居绝对优势的阿拉伯联盟军队相对抗。然而,巴勒斯坦的阿拉伯人内部矛盾重重,组织不力,在 1948 年战争中未能利用阿拉伯国家的支持粉碎犹太国家,大批阿拉伯人随即外逃,使犹太人轻而易举地在国内人口中占据了多数。1967 年以后,以色列占领了约旦河西岸、加沙地带和戈兰高地,但这并没有使以色列的政治制度失去其总体上的民主性。

综上所述,劳工犹太复国主义在二战后亚非民族主义思潮中可谓独树一帜。它是由一些来自西方国家,但发源于东方的移民在一块由另一个民族居住的土地上形成和发展的民族主义思想,它崇尚民主、平等、社会主义、民族自决、世俗化、现代化和国家主义,在这些思想中折射着近代西方思想的内涵和古老东方文化的色彩。就政教关系而言,劳工犹太复国主义思想仍然没有完全摆脱宗教的影响,在某种程度上依然是"宗教和政治的独特结合"。① 在对帝国主义和殖民主义的态度上，劳工犹太复国主义尤其与众不同。它没有像一般民族主义那样旗帜鲜明地反帝反殖，而是积极争取它们对复国运动的支持，同时反抗它们设置的阻碍，把民族运动的着眼点放在移民和群众运动的基础之上。而且，劳工党派进行了世界上罕见的社会主义试验，在建国后又毫不犹豫地展开了大规模的现代化建设，进行价值观的重塑，表现出强烈的务实性和卓越的战略眼光（这种务实精神同样表现在对外政策及其他许多领域）。但是，作为一种民族主义思潮，劳工犹太复国主义同样存在着不足，这突出地表现为对阿拉伯人的民族沙文主义立场，因而它被帝国主义所利用，最终加入了西方国家的阵营。尽管如此，与其他犹太复国主义运动相比，劳工犹太复国主义真正掌握了这一运动的实质，并采取了富有远见的战略，取得了巨大的成功。可以说，没有劳工犹太复国主义，就没有以色列国家。

（原载《史学月刊》1996 年第 2 期）

---

① 彭树智：《东方民族主义思潮》，西北大学出版社，1992，第 17 页。

历史的轮回与帝国情结

——战后土耳其外交的三次转型与"阿拉伯之春"

众所周知，近代奥斯曼帝国晚期曾经先后出现过三种重要的政治思潮，即大奥斯曼主义、泛伊斯兰主义和泛突厥主义，它们对帝国的政策起到了不同寻常的作用。第一次世界大战后，奥斯曼帝国解体，诞生了现代土耳其共和国。共和国的创始人凯末尔从根本上抛弃了上述三种思潮，但在二战后，土耳其的外交又先后出现了三次重大转型，而它们在不同程度上可以用这三种思潮进行比附，从而加深我们对当代土耳其内政外交，以至当今发展中的"阿拉伯之春"前景的认识。

一 近代奥斯曼帝国的三种政治思潮

自诞生以来，奥斯曼帝国一直是地中海区域和中东的强国，是 19 世纪后期欧洲的四大帝国（德意志帝国、奥匈帝国、俄国、奥斯曼帝国）之一。但是，近代晚期的奥斯曼帝国面临着深刻的民族危机，这种危机既来自新兴的欧洲强国，也来自帝国内部停滞的经济、僵化的政治制度和国内少数民族民族主义运动的兴起。除了开始现代化改革以外，帝国的统治者也根据形势的变化，逐步尝试不同的内外政策，以加强帝国内部的凝聚力、提高其国际地位和对外影响力，由此先后出现了以下三种重要的政治思潮及相应政策。

大奥斯曼主义——奥斯曼帝国是一个多元化的帝国，其境内有穆斯林、基督徒、犹太教徒等不同宗教的信徒，其中分布于巴尔干和小亚细亚等地区的基督徒在政治、军事上都占有重要地位。因此，大奥斯曼主义力图保全由土耳其人主宰的这个多民族帝国，其重心是保持对巴尔干地区基督教势力的控制，从而保持帝国的民族和宗教多样性，以及作为欧洲大国的地位。奥斯曼帝国一直自认为是欧洲国家，并积极参与欧洲国家的纷争，直到其力不从心为止。19世纪初巴尔干基督教地区的先后独立标志着大奥斯曼主义的彻底失败。

泛伊斯兰主义——巴尔干的独立意味着帝国基本上成为一个伊斯兰国家，素丹从此开始关注泛伊斯兰主义，以加强对帝国境内和境外穆斯林的控制和影响。泛伊斯兰主义是贾马鲁丁·阿富汗尼最早创立的，他指出穆斯林是一个民族，呼吁伊斯兰世界的统一。而素丹对此更多的是从政治上加以利用，尤其是在第一次世界大战期间，帝国政府努力以此笼络阿拉伯地区和中亚的穆斯林。

泛突厥主义——19 世纪，俄国的鞑靼知识分子开始倡导泛突厥主义，它强调图兰是所有突厥人的祖国，主张复兴突厥文化和民族，作为对俄国统治的反抗。这一思想传入奥斯曼帝国，在 20 世纪初青年土耳其党上台后成为主导的意识形态，其目的在于巩固土耳其人在帝国内的领导地位并增加对俄属中亚突厥人的影响，结果却招致了阿拉伯人的反感，反而强化了泛阿拉伯主义。但是，泛突厥主义进一步瓦解了泛伊斯兰主义政策。

二　重视欧洲和西方的外交政策：大奥斯曼主义的幽灵

第一次世界大战加速了奥斯曼帝国的解体，也宣告了泛突厥主义和泛伊斯兰主义的破产，凯末尔一手创立了土耳其共和国，放弃了对阿拉伯地区的统治和对中亚的野心。同时，凯末尔也废除了素丹制和哈里发制，在国内大力推行全盘西化改革，其改革涉及法律、社会风俗、经济、政治等方面。[1] 在政治上，凯末尔确立了"一个政党，一个民族，一个领袖"的原则；在外交上，土耳其与苏联保持了良好关系，在二战中保持中立。

凯末尔政权的支柱是在奥斯曼帝国晚期发展起来的世俗政

---

[1]　彭树智：《现代民族主义运动史》，西北大学出版社，1987，第 92 页。

治精英和军事精英，而土耳其共和国在建国前后通过对凯末尔主义的官方认定进一步把这一意识形态信条列为国家的宪政基础。西方学者穆林森认为："凯末尔主义的严格的民族主义和世俗主义教条已经在主导的国家官僚－威权机器中机构化了。"① 应当说，凯末尔主义的实施在当时的环境下具有重要的积极意义，但凯末尔的民族化、现代化政策也存在着忽视库尔德人少数民族权益、脱离民众情感等隐患。

二战后，土耳其当权者在总体上延续了凯末尔的政策，即坚持国家发展的世俗方向和现代化方针，但同时进行了重大调整：在内政上，开始实行多党制和市场经济；在外交上，加入了西方主导的军事集团（北约）和地区组织（巴格达条约组织），并积极发展与欧共体的关系。同时，它也积极参与了欧洲的体育组织，而不屑于与阿拉伯国家为伍。1949 年，土耳其成为第一个承认以色列的伊斯兰国家，两国"长期保持着以军事、情报合作为内容的隐性战略关系"。② 这一倾向得到军方以及以美国为首的西方世界的有力支持。西方把土耳其视为伊斯兰国家现代化、世俗化、民主化的典范，以及遏制苏联扩张和阿拉伯世界激进思潮的桥头堡。

显然，土耳其的上述政策与当年重视欧洲的大奥斯曼主义有着某种类似性。然而，20 世纪 70 年代以来土耳其在塞浦路

---

① Alexander Murinson, "The Strategic Depth Doctrine of Turkish Foreign Policy," *Middle Eastern Studies*, Vol. 42, No. 6, 2006, pp. 945–964.

② 胡雨：《土耳其"东向"外交与其深层逻辑》，《现代国际关系》2011 年第 4 期。

斯、库尔德人等问题上与西方逐渐发生摩擦，双方矛盾逐渐凸显，从而使上述政策受到削弱。

三 向中亚挺进：泛突厥主义的复兴

在冷战期间，泛突厥主义作为官方政策虽然已经被抛弃，但在土耳其民间仍有很大的市场，一些组织继续活动，并支持境外的泛突厥主义势力。

随着冷战的结束，高加索和中亚各国宣告独立，其中五国的官方语言属于阿尔泰语系突厥语族，即阿塞拜疆、土库曼斯坦、乌兹别克斯坦、吉尔吉斯斯坦和哈萨克斯坦，由此土耳其开始把目光转向东方。中亚的战略位置、广阔市场和丰富的石油天然气资源对土耳其也很有吸引力。1989~1993年任总统的图尔古特·厄扎尔（Turgut Özal）开始关注中亚，他的政策被称为"新奥斯曼主义"（Neo-Ottomanism）的发轫。[①] 关于这一术语的来源有不同说法，一种说法认为它是1974年希腊人描述土耳其军队进入塞浦路斯时创造的，显然具有贬义[②]；另一种说法则认为其是土耳其学者、1991~1993年任厄扎尔总统顾问的森格斯·坎达（Cengiz Candar）首先使用的，而"新奥斯

---

① Alexander Murinson，"The Strategic Depth Doctrine of Turkish Foreign Policy," *Middle Eastern Studies*，Vol. 42，No. 6，2006，p. 119.

② "Neo-Ottomanism,"http：//en. wikipedia. org/wiki/Neo-Ottomanism.

曼主义"也被称为"第二共和国"。① 坎达的概念反映出当时土耳其知识分子的新思想，这一思想事实上已经偏离了凯末尔主义，它认为土耳其应当寻求伊斯兰世界和突厥世界领袖及欧亚大陆中心强国的地位，奉行基于奥斯曼历史传统和积极主动、多样化的外交政策。② 此即土耳其的"新突厥政策"。

此后，土耳其开通了通往中亚的航班，在中亚开设银行，向当地提供贷款、援助和奖学金，与中亚的贸易额达数十亿美元，并向当地播出土耳其电视节目。1992 年，土耳其和中亚五国在安卡拉成立了"突厥伊斯兰六国语言文学联盟"，计划实现中亚语言的拉丁化。五国还参加了土耳其倡议的中西亚经济合作组织和突厥语国家元首不定期会晤等组织和活动。阿塞拜疆和中亚四个突厥语国家还废除了俄语字母，转而采纳基于现行土耳其文的统一新拉丁字母。此外，土耳其还努力成为高加索地区和中亚油气资源通往欧洲的通道。

除了中亚以外，土耳其还关注曾经是奥斯曼帝国属地的巴尔干地区，支持波黑内战中的穆斯林。无论在中亚、高加索还是巴尔干，西方都相对缺乏与之历史上的联系，因此作为北约成员国的土耳其在上述地区势力的积极拓展有助于西方的进入，土耳其在事实上发挥了"桥梁国家"（bridge country）的

---

① Alexander Murinson, "The Strategic Depth Doctrine of Turkish Foreign Policy," *Middle Eastern Studies*, Vol. 42, No. 6, 2006, pp. 945-964.

② Alexander Murinson, "The Strategic Depth Doctrine of Turkish Foreign Policy," *Middle Eastern Studies*, Vol. 42, No. 6, 2006, pp. 945-964.

作用。

有土耳其学者认为，冷战后的土耳其政府在外交手段上也有创新，它从冷战后单一的亲西方政策，更多地转向强调多边主义的合作安全，即通过确立机制、仲裁冲突、多边外交和经济独立来实现本国的地区目标。[①]

然而，好景不长，土耳其不久便发现自己缺乏足够的资源来实现泛突厥主义的雄心。上海合作组织的成立，俄罗斯国力复苏及其在中亚突厥语各国的卷土重来，俄罗斯和伊朗对土耳其政策的敌视，中亚国家保持独立外交的立场等，都重挫了安卡拉的战略雄心。[②] 另外，这一时期的土耳其政府很不稳定，从而影响到外交政策的实施。

但土耳其的外交仍然是在倾向欧盟与"泛突厥主义"之间摇摆。[③] 1999 年，土耳其成为欧盟候选国，然而，它的入盟申请不但迟迟未获批准，反而遭到了越来越多欧盟成员国的反对。在巴尔干地区，随着欧盟不断的东扩，土耳其发挥作用的余地也逐渐受限。

四　重返阿拉伯世界：泛伊斯兰主义的复苏

由此，作为昔日奥斯曼帝国领土的阿拉伯地区再次引起了

---

① Ş. Kardas, "Turkey: Redrawing the Middle East Map or Building Sandcastles?" *Middle East Policy*, 2010, Vol. 17, No. 1, pp. 115–136.
② 于时语：《土耳其的新奥斯曼主义》，〔新加坡〕《联合早报》2009 年 2 月 19 日。
③ 《欲成欧盟"中亚向导"土耳其展露战略雄心》，《亚洲时报》2007 年 5 月 15 日。

土耳其的重视，其关注对象甚至包括并非奥斯曼领土的伊朗。埃尔多安领导的具有浓厚宗教色彩的土耳其正义与发展党（以下简称"正发党"）2002年上台执政以来，其外交出现了"中东化"倾向，成为"新奥斯曼主义"的全面实践。按照埃尔多安总统的外交政策顾问（后任外长）、"新奥斯曼主义"的理论家、国际关系学者艾哈迈德·达乌特奥卢（Ahmet Davutoglu）的说法，这是为了纠正向欧美一边倒的不平衡外交，而发展土耳其的"战略深度"，此即"战略深度主义"。

达乌特奥卢是一位学识渊博的学者，除了国际关系学外，对哲学、经济学、历史、地理、文化等学科均有涉猎。他认为，20世纪前半期的早期现代化人士（暗指凯末尔等人）"力图通过民族或文明的自我保存来抗击殖民列强的进攻"，但他们主张的世俗化是"对非西方社会的自我认知的威胁"，而20世纪末的"文明复兴主义者"则要重新定义自身的本体论和历史的存在。而且，伊斯兰文明不论是在哪个地区还是民族中，都主张对共同的伊斯兰世界（乌玛）的承认，这超越了民族国家的模式，并表现为对殖民主义和现代性的共同回应。因此，土耳其作为奥斯曼帝国遗产的继承人，具有明显的"战略深度"和"地缘深度"，必须改善与具有共同文化传统和历史的周边的中东、高加索和巴尔干国家的关系，主动影响上述地区的政治发展，以确保地区安全。当今的土耳其不再是"桥梁国家"，而必须担当"中心国家"（central country）的职责，在今天伊斯兰世界面临着经济、政治、文化和教育改革重任，土耳其将发挥引领伊斯兰世界复兴的历史作用。[1]

由此来看，达乌特奥卢的"战略深度主义"并非一时冲动的产物，而是冷战后面对西方的"文明冲突论"和"历史终结论"的喧嚣，由东方的一些穆斯林学术精英经过深入思考而作出的理论回应。他本人对西方的上述两种理论进行了批判，同时指出了美国冷战后的"世界新秩序"的虚妄。在正发党的多边外交中，欧洲只是其中的一个领域，这意味着土耳其不再把加入欧盟视为外交战略中的重中之重，而更加注重于确立地区大国的独立的外交大战略。土耳其认为，土耳其的地理位置和对西方的政治、安全领域的战略意义使其不同于一般的欧盟成员候选国，因此必须以平等身份与欧盟进行谈判。[2]

有学者认为，今天的"新奥斯曼主义"，严格说是继承了奥斯曼帝国素丹身为逊尼派伊斯兰世界的最高精神领袖哈里发曾经推行过的"泛伊斯兰主义"。[3] 这种看法是有道理的。除了思想上的探讨和前述国际环境的变化以外，正发党"新奥斯曼主义"外交的形成背景还包括以下几个方面。

第一，正发党上台以来土耳其独特的伊斯兰政治模式的成熟。早在二战后初期，土耳其就出现了伊斯兰复兴的苗头。厄扎尔任总统期间，曾提出"土耳其-伊斯兰"一体概念，认为

---

[1] Alexander Murinson, "The Strategic Depth Doctrine of Turkish Foreign Policy," *Middle Eastern Studies*, Vol. 42, No. 6, 2006, pp. 945-964.

[2] Ş. Kardas, "Turkey: Redrawing the Middle East Map or Building Sandcastles?" *Middle East Policy*, 2010, Vol. 17, No. 1, pp. 115-136.

[3] 于时语：《土耳其的新奥斯曼主义》，〔新加坡〕《联合早报》2009 年 2 月 19 日。

土耳其民族主义与伊斯兰教对土耳其的国际地位作出了决定性贡献，而奥斯曼帝国的历史遗产和伊斯兰文化成为现代土耳其国家"软实力"的来源之一。[①] 在正发党之前，伊斯兰繁荣党曾于1996~1997年短暂执政，引起西方关注。正发党上台以来，维持了长期执政的势头，而土耳其并未出现如西方担忧的国家制度的"伊斯兰化"，其民主体制继续发展，尽管有土耳其学者提出近年来这种势头已经减弱。[②] 同时，土耳其学者认为正发党属于土耳其政坛上的中右派别，其支持者包括保守的逊尼派、自由改革派、民主主义者和库尔德人，这就保证了其拥有较为广泛的社会基础。[③]

第二，主张凯末尔主义的军方和文官势力影响的下降。凯末尔一手建立的共和人民党和军方是坚决捍卫凯末尔体制的主要力量。20世纪80年代，军方曾多次发动政变。但2002年以后，由于伊斯兰政党拥有雄厚的民间基础和出色的执政业绩，军方也无能为力。2007年4月，正发党的阿卜杜拉·居尔（Abdullah Gül）在土耳其大国民议会举行的第一轮总统选举中胜出，随后共和人民党等党派向宪法法院提起诉讼；5月，宪法法院宣布该轮总统选举投票结果无效。这一事件被美籍土耳

---

① Alexander Murinson, "The Strategic Depth Doctrine of Turkish Foreign Policy," *Middle Eastern Studies*, Vol. 42, No. 6, 2006, pp. 945-964.

② S. Ülgen, "Testing Turkey's Influence," September 28, 2011, http://www.carnegieendowment.org/2011/09/28/testing-turkey-s-influence/5d7o.

③ Ş. Kardas, "Turkey: Redrawing the Middle East Map or Building Sandcastles?" *Middle East Policy*, Vol. 17, No. 1, 2010, pp. 115-136.

其学者塔斯平纳称为"司法政变"。[1] 但居尔最终当选成功。另据土耳其媒体披露，2002～2003 年，土耳其的高级军官秘密制定了代号为"大锤"的政变计划。2010 年 2 月，政府一举逮捕了包括土耳其前空军司令、前海军司令在内的 48 名高级军官，粉碎了这些军官企图发动政变的阴谋。[2] 所有这些事件证明土耳其国内的政治力量对比已经发生根本性转变，而这种转变可能代表几百年来土耳其在现代化道路上进入了一个历史转折点。

第三，经济文化的持续发展。近年来，土耳其的经济状况良好，成为伊斯兰世界的发展明星，位列世界第 16 大经济体，以及"新钻"国家之一。2010 年，土耳其国内生产总值超过 7350 亿美元，人均值突破 1 万美元，当年经济增长率达 8.9%。2011 年，土耳其的外贸出口达到 1346 亿美元，同比增长 18.2%。[3] 土耳其由此成为 20 国集团成员，国际地位大大提高。而且，土耳其的国家软实力也在不断提升。根据斯科尔科沃-安永新兴市场研究所的测算（该排名考虑到移民、大学、传媒出口、政治自由、偶像力量、公司、法治、入境游、二氧化碳排放率和公民参选率共 10 个因素），2010 年土耳其的软实

---

[1] Ö. Taspinar, "Turkey's Middle East Policies: Between Neo-Ottomanism and Kemalism," September 2008, http://carnegieendowment.org/2008/10/07/turkey-s-middle-east-policies-between-neo-ottomanism-and-kemalism/z9.

[2] 《土耳其挫败军事政变企图》，新浪网，2010 年 2 月 24 日，http://news.sina.com.cn/o/2010-02-24/145717122308s.shtml.

[3] 戚燕凌：《土耳其经济蓬勃发展》，人民网，2012 年 2 月 20 日，http://finance.people.com.cn/GB/70846/17163374.html.

力在世界上排名第十一，在伊斯兰国家中名列第一。[①]

第四，土耳其成为地区大国的雄心。土耳其作为奥斯曼帝国的政治遗产，始终难以真正摆脱帝国情结，也在孜孜不倦地谋求地区大国的地位。近年来土耳其经济和政治地位的提升及国际形势的变化，使安卡拉的政治领导人产生了将国家建成地区大国的日益强烈的雄心。达乌特奥卢曾指出，土耳其的地区作用是"确立秩序"。他在 2010 年的一次会议上甚至宣称"土耳其行动主义外交的适用范围是全世界"；而到土耳其建国 100 周年的 2023 年时，"土耳其将进入世界十大经济体，积极参与所有全球事务"[②]。

第五，正发党的新外交在总体上得到本国和阿拉伯地区民众的支持。西方媒体倾向于认为正发党的新外交只是该党领导人的心血来潮，但事实并非如此。2009 年的一项民调证明，土耳其民众的外交取向是相当理性的。例如，在有关国家外交重点的提问中，大多数民众选择的是经济利益，而非保护伊斯兰国家。[③] 另据一项调查，阿拉伯地区的民众普遍欢迎土耳其的新外交。在约旦，民众对此的支持率达到 45%，摩洛哥为

---

① P. Johansson, S. H. Park, W. Wilson, "Guest Post: The Rising Soft Power of the Emerging World," *Financial Times*, December 19, 2011, https://www.ft.com/content/ba8a1b02-1253-30b8-8fb7-f0a7f8b2f08a.

② Ş. Kardas, "Turkey: Redrawing the Middle East Map or Building Sandcastles?" *Middle East Policy*, Vol. 17, No. 1, 2010, pp. 115-136.

③ Ş. Kardas, "Turkey: Redrawing the Middle East Map or Building Sandcastles?" *Middle East Policy*, 2010, Vol. 17, No. 1, pp. 115-136.

80%，黎巴嫩为 93%，沙特竟高达 98%！[1]

"新奥斯曼主义"外交主要表现为以下两个方面。

1. 与周边各国积极改善在各领域的关系。为此，土耳其在 2002 年正发党执政后，开始推行"零问题"的睦邻政策：2004 年，接受了有关解决塞浦路斯问题的安南计划；2009 年 10 月，与亚美尼亚签署关系正常化协议；与希腊关系也有很大改善。[2] 在阿拉伯地区，土耳其主要发展与叙利亚和伊拉克的关系，并致力于改善与伊朗的关系，推进伊朗核问题的解决。

2. 疏远与美国和以色列的关系。尽管土耳其是美国的盟国，但在伊拉克和伊朗问题上，它并未完全追随美国的政策，土耳其民众的反美情绪高涨。2007 年，土耳其民众对美国的好感度仅有 11%，而该指标在 2004 年还有 28%。[3] 值得注意的是，土耳其一向亲近西方的共和人民党也开始反感美国，因为后者支持伊拉克库尔德人的自治和土耳其正发党。[4]

同时，土耳其在 21 世纪之初加强与以色列的关系之后，又逐渐与以色列疏远，如支持解除对加沙的封锁，由于以色列袭击为加沙提供人道主义物资的土耳其船只而全面降低与以色

---

① S. Ülgen, "Testing Turkey's Influence," September 28, 2011, http://www. carnegieendowment. org/ 2011/09/28/testing-turkey-s-influence/5d7o.

② 邓红英：《土耳其外交转型析论》，《现代国际关系》2010 年第 10 期。

③ 《美国与土耳其紧张关系可能趋向缓解》，腾讯新闻，2007 年 10 月 20 日，http://news. qq. com/a/20071020/001029. htm。

④ Ö. Taspinar, "Turkey's Middle East Policies: Between Neo-Ottomanism and Kemalism," September 2008, http://carnegieendowment. org/2008/10/07/turkey-s-middle-east-policies-between-neo-ottomanism-and-kemalism/z9.

列关系的等级等。土耳其对欧盟的兴趣也明显下降，尤其是在欧洲遭受金融危机的情况下。2004 年，土民众有 70% 支持加入欧盟，到 2011 年仅有约 30% 的人仍持这一想法。[①] 但土耳其并未完全脱离西方。它仍然是北约成员国，并保持与西方的密切的同盟关系。在经济上，土耳其与欧盟关系密切，后者是其贸易和投资的主要来源（贸易占 42%）。[②] 2011 年 8 月，土耳其外交部宣布，土耳其将根据北约导弹防御计划部署一套早期预警雷达系统，而西方宣称其目的是对付伊朗。[③]

对于土耳其的外交新方针，西方的态度是复杂的。欧洲对土耳其宣称的"伊斯兰"身份感到担忧，西方媒体上出现了有关"失去土耳其"的争论。不过，《纽约时报》披露的 2010 年 1 月 20 日美国驻土耳其大使馆的一份电报指出，土耳其外交的核心仍然是北约、与欧盟的关税同盟，尤其是加入欧盟的努力；当今土耳其外交是"传统的西方"倾向与"零冲突"和"新奥斯曼主义"外交的综合体；事实上，"新奥斯曼主义"外交几乎毫无进展，并且导致了与一些相关国家的摩擦，而土耳其对希腊、亚美尼亚、塞浦路斯和库尔德人的新政策对美国是有利的。然而，这份文件也暴露出美国的担心，就是针

---

① Ö. Taspinar, "Turkey's Middle East Policies: Between Neo-Ottomanism and Kemalism," September 2008, http://carnegieendowment.org/2008/10/07/turkey－s－middle－east－policies－between－neo－ottomanism－and－kemalism/z9.

② Wikileaks, "'Neo-Ottomanism' in Turkish Policy", *Times*, November 29, 2010.

③ 《北约在土耳其部署反导雷达》，央视网，2011 年 9 月 5 日，http://news.cntv.cn/20110905/113872.shtml。

对中东和巴尔干的"新奥斯曼主义"外交可能会给美国带来问题。[①]

不过,"阿拉伯之春"开始后,土耳其与西方国家密切配合,支持当地民众的示威,致力于推动阿拉伯国家的政治变革,并借机推销自己的伊斯兰政治模式,强化对阿拉伯国家的影响,充当地区政治的发言人和领头人,尤其是加强与穆斯林兄弟会领导下的埃及的关系,支持干涉叙利亚。这些做法大大缓和了与西方的关系。

综上所述,二战后土耳其外交的三次转型是土耳其国内社会、政治、历史条件和国际环境变化的产物,而它们对于我们探讨当前的"阿拉伯之春"具有重要启示。土耳其地处欧亚非三大洲和东西方文明的交界处,是近代中东现代化的先驱之一,经历了较为典型的发展阶段。它所揭示的规律是:在经历了长期的西化改革之后,作为中东伊斯兰国家的土耳其走上了更加基于传统的现代化道路,或者说致力于寻求传统与现代之间的新的平衡。因此,在国际上有"土耳其模式"的说法,但该说法仍存在争议。我个人认为,阿拉伯国家的发展道路必然不会完全与土耳其相同(前者内部也存在不同类型),但上面归纳的基本规律已经在此次"阿拉伯之春"中有充分体现,那就是经历了基本上是世俗的政治运动之后,温和的伊斯兰政党出人意料地在一些国家相继崛起,成为主导议会的力量,从而

---

① Wikileaks, "'Neo-Ottomanism' in Turkish Policy," *Times*, November 29, 2010.

在某种程度上暗示了未来阿拉伯国家的发展走向。这可以说是"土耳其模式"的一种定义。埃及穆斯林兄弟会的官方声明证明了这一点："不要把阿富汗的伊斯兰运动和塔利班等同于我们，如果你们要拿我们跟别国比较，你们可以把我们与土耳其的正义与发展党相比，跟他们一样，我们是与世界和谐相处的伊斯兰运动。"① 当然，埃及军方对穆兄会的最新打击说明，阿拉伯国家的发展道路仍然充满变数。

［原载《西北大学学报》（哲学社会科学版）2014 年第 1 期］

---

① 胡少聪：《土耳其外交新思维及其影响》，《国际问题研究》2011 年第 4 期。

论 20 世纪中东国家的
民族构建问题

民族国家是近代以来国际关系的主体，从世界范围看，中东国家的民族构建（nation building）有其特殊性，本文试图就此进行分析。

首先，这里所说的"民族"（nation）是"在政治权力的推动和保障下"人为构建的，而民族构建就是"民族作为文化-政治共同体的构建过程和民族认同的形成过程。这个过程涉及三组主要关系：社会个体—国家、族群—民族，以及族群之间"。① 在第三世界，由于源于西方的民族国家制度的传播，二战后出现了通过改造传统国家（半殖民地）和从头构建国家（主要是殖民地）来确立民族国家体制的进程。因此，在这里

---

① 杨雪冬：《民族国家与国家构建：一个理论综述》，"世纪中国系列论坛"网，2003年 11 月 7 日，http：//www. ccforum. org. cn/viewthread. php？tid = 9274。

民族构建和国家构建（state building）是同步进行、相互补充的，二者共同构成民族国家的构建进程。因此，本文的分析也在一定程度上兼及国家构建问题。宁骚认为，民族国家的主要特征包括：完全自主和领土统一、中央集权制、主权人民化、国民文化的同质性、统一的民族市场。[1] 显然，上述特征的充分实现意味着民族构建的完成。

一 影响中东民族构建进程的诸因素

中东地区地域辽阔，地理气候因地而异，民族众多，存在不同宗教和教派，经济社会和政治发展水平不一、类型不同，意识形态存在分歧；同时，该地区历史上曾存在大一统的帝国，遗留下了分布广泛的阿拉伯民族和伊斯兰教，这些都对民族构建产生了深远影响。此处重点分析一下传统的伊斯兰政治制度的影响。

伊斯兰国家肇始于穆罕默德在阿拉伯半岛建立的麦地那公社，其后经历了漫长的发展过程。从民族构建的角度看，伊斯兰的社会政治体制和思想存在下述特点。

第一，伊斯兰教是国家的意识形态和君主合法性的来源。当代穆斯林学者认为，先知建立的穆斯林公社即乌玛（原意为"民族"）包括两层含义：其一是宗教（伊斯兰）团体；其二

---

[1] 宁骚：《民族与国家：民族关系与民族政策的国际比较》，北京大学出版社，1995，第 270~281 页。

是政治团体。① 后者包括非穆斯林，即穆斯林控制下的地域或国家，等同于"伊斯兰家园"或"伊斯兰秩序"（Pax Islamica）。显然，在伊斯兰国家中，伊斯兰教是主导的意识形态。根据教义，穆斯林必须信仰真主，服从使者，服从代表真主治理世间事务的主事人或执政者。中古的学者们认为，即使是不义的统治者，穆斯林也必须服从之，因为秩序的存在确保了教法的实施和伊斯兰理想的延续。至于通常所说的"民族"，伊斯兰世界相关的情感仅限于语言文学、历史、文化、祖源和风俗，而不涉及政治认同和主权。②

第二，从哈里发的"普世帝国"到伊斯兰列国并立的政治发展。作为唯一、具有"普世性"的伊斯兰国家实际上只存在于早期的穆斯林公社到倭马亚王朝时期，此后一直是伊斯兰列国并立的现实，尽管哈里发仍是精神上的最高领袖。伊斯兰学者认为，哈里发国已经演变为"穆尔科"（mulk），即"王国"。伊本·赫勒敦首次指出，国家是一个独立实体，从哈里发国向穆尔科的转变是不可避免的，而穆尔科保留了哈里发国和伊斯兰的因素。③ 这是伊斯兰国家学说的重大发展。不过，随着伊斯兰教的发展，共同的教义和信仰、标准的古典阿拉伯语、哈里发的至尊地位、共同的历史和命运、致力于规范信仰

---

① 秦惠彬主编《伊斯兰文明》，中国社会科学出版社，1999，第 162 页。
② 〔英〕伯纳德·路易斯：《中东：激荡在辉煌的历史中》，郑之书译，中国友谊出版公司，2000，第 434 页。
③ Gabriel Ben-Dor, *State and Conflict in the Middle East: Emergence of the Postcolonial State*, New York: Praeger Publishers, 1983, pp. 43-49.

的乌里玛和教法的存在，确保了一种"普世性"认同的延续。

第三，以穆斯林为主导的多元社会结构。阿拉伯帝国和奥斯曼帝国均为多民族、多语言和多文化的国家，其主导民族分别为阿拉伯人和土耳其人。由于伊斯兰对部落意识的超越，乌玛对阿拉伯人的重新整合，阿拉伯人对伊斯兰教的重大贡献和阿拉伯语的规范化，以及帝国的扩张，阿拉伯人已逐步发展为一个早期民族。但是，大扩张带来的民族融合和对文化属性的强调也削弱了共同血缘的意义。因此圣训曾指出，不以宗谱或血缘界定阿拉伯民族，谁讲阿拉伯语，谁就是阿拉伯人。① 土耳其人直到 19 世纪为止，也主要是把自己当作穆斯林。因此，传统伊斯兰国家的基本认同是宗教，穆斯林是国家的统治者，民众因宗教信仰的不同而被划分成不同的宗教社团（奥斯曼的米列特），实行宗教和司法上的自治，国家不强迫非穆斯林的迪米人改宗伊斯兰教，他们可以做官甚至从军（阿拉伯帝国时期，但从军的基督教奴隶确实改宗了），不过必须缴纳人头税。正是因为这种民族和宗教的宽容，传统伊斯兰国家少有因此引发的骚乱。但除了宗教信仰外，伊斯兰国家仍然存在挑战伊斯兰的强大的局部认同，如教派、地方传统（残余的民族意识等）、地方崇拜、部落、社区和地区主义（如海湾、马格里布）等。

---

① 《现代穆斯林思想——埃及学者谈当代伊斯兰教》（第 2 册），埃及金字塔报翻译出版中心，1994，第 89 页，转引自秦惠彬主编《伊斯兰文明》，中国社会科学出版社，1999，第 163 页。

第四，政教合一和二元化的政治体制。伊斯兰传统的政治体制是政教合一，国王同时也是宗教首领，而乌里玛则垄断了司法、教育等重要领域。同时乌里玛负责解释经训、发展教法，君主则制订有关土地、税收、行政管理和刑罚的法律。乌里玛和苏非派首领因为其在宗权事务上的垄断权而享有独立的合法性基础，从而形成了伊斯兰社会君主与宗教精英二元化的政治体制。此外，伊斯兰教还倡导民主协商、教众团结、公正平等的政治理念。

第五，国家对土地和农业剩余价值的控制、对商业的政策因时而异。除了瓦克夫和少量位于城市郊区的穆尔克以外，国家至少在名义上控制了绝大部分土地和相当比例的农业剩余价值，而教法的分歧则造成土地所有权的模糊。[1] 阿拉伯帝国时期国家重视商业的发展，但到奥斯曼帝国时期则采取了漠视的政策，商业几乎成为少数族群的专利。

近代以来，随着西欧民族国家的崛起和对外扩张，西方的民族主义思想也传入中东地区，对传统的伊斯兰体制发起强劲挑战。在西方的压力下，18～19 世纪土耳其、伊朗、埃及、阿富汗等国进行了初步的现代化改革。改革的主要内容及相应变动如下。

1. 对传统意识形态的变更。奥斯曼帝国的改革派领导人米德哈特帕夏指出："在伊斯兰国家内，政府的原则，正如人民的

---

① 参见〔英〕佩里·安德森《绝对主义国家的系谱》，刘北成、龚晓庄译，上海人民出版社，2001，第 524～526 页。

主权在那里得到承认一样，是建立在本质属于民主的基础上的。"[①] 同时，帝国也出现诸如奥斯曼民族和奥斯曼祖国的概念，以及泛突厥主义的思想。泛伊斯兰主义的鼻祖阿富汗尼，在主张建立一个由哈里发领导的统一的伊斯兰国家的同时，也强调共和制和宪政制与协商原则相协调，呼吁学习西方的科学文化。在阿拉伯地区，民族文化出现复兴，阿拉伯民族主义思想开始萌芽。

2. 改造传统的政治、经济和社会制度。大多数国家限制了乌里玛的权力。奥斯曼帝国逐步建立了内阁制，坦志麦特改革规定帝国臣民不分宗教信仰一律平等；1867 年，承认地主的土地私有权；1876 年宪法规定设立两院制议会，还规定了一些资产阶级的民主权利。

3. 由于列强的侵略、中东内部的民族独立运动（希腊等巴尔干民族）和外交谈判，土耳其、伊朗和阿富汗划定了新的边界，并获得国际承认。

4. 作为改革和经济变动的后果，传统的部落趋于解体，开始形成稳定的阶级和社会集团，即本土的地主阶级和现代知识分子，以及主要由少数族群组成的买办阶级。此外，西方对少数族群的经济文化扶持和改革新政导致了中东国家内部不同宗教集团间的紧张，甚至是骚动和独立运动。

因此，传统的伊斯兰制度已经出现裂缝，但大奥斯曼主义和泛伊斯兰主义的存在证明了旧体制的强大惯性。

---

① 〔英〕伯纳德·刘易斯：《现代土耳其的兴起》，范中廉译，商务印书馆，1982，第 175 页。

二 20 世纪上半期民族国家结构的初步形成

20 世纪初的中东国家可以划分为三种政治类型：作为半殖民地的奥斯曼帝国、埃及（形式上仍属奥斯曼帝国，一战中沦为殖民地）、阿曼、波斯和阿富汗；作为殖民地的海湾诸酋长国（科威特和特鲁西亚国家）和南也门；由部落酋邦主导的内志地区。

20 世纪中东民族国家的兴起经历了两个阶段。第一个阶段是世纪之初中东的觉醒，它开创了北层民族国家建立的阶段，青年土耳其革命和伊朗革命推动了立宪制度在两国的建立。不过，两国的发展模式截然不同。奥斯曼帝国的革命是新奥斯曼党人改革的继续，同时青年土耳其党人竭力维护业已过时的帝国制度。伊朗则在革命中建立了革新派与宗教势力的联盟，通过了赋予宗教界以大权的宪法。此外，埃及和阿富汗也出现了民族主义的鼓动和相关政党。

第二个阶段是两次大战之间，其间中东民族构建的演变表现在四个方面。

其一，中东大多数民族国家的疆界基本确立。一战后，奥斯曼帝国解体，英、法直接瓜分了新月地带，使其成为委任统治地，阿拉伯民族主义者的统一梦想宣告破产。此后，伊拉克和埃及获得形式上的独立，英国从巴勒斯坦划出外约旦；法国将其托管地划为叙利亚和黎巴嫩两个委任统治地。同时，沙特家族以武力统一了阿拉伯半岛，北也门也宣布独立。在北层，大战催生了土耳其共和国，伊朗和阿富汗正式获得独立。

其二，各国的社会变迁为国家政权提供了政治基础。奥斯曼时代培养的阿拉伯军官和崛起的地方贵族，尤其是地主阶级成为民族主义温和派的支柱，而迅速兴起的以穆斯林为主的各国民族资产阶级则为未来民族主义的发展奠定了根基。在巴勒斯坦，大批到来的犹太移民为以色列的诞生创造了条件。不过，殖民政权也开始刻意扶植少数族群（如叙利亚来自农村的阿拉维派）和部落，对抗民族主义力量。

其三，民族主义的内部矛盾逐渐暴露。在阿拉伯地区，民族主义分裂为两派，即温和派和激进派。温和派包括各国王室、贵族、地主及政党。该派别主张把新月地带的统一作为长远目标，而当前目标是争取当局的让步以实现渐进的独立，进行温和的社会经济改革，在委任统治地的范围内巩固形成中的民族国家。不过，他们一致支持巴勒斯坦人反对犹太人的斗争。激进派包括中下级军官、知识分子和个别宗教人士等。该派别主张对英国采取强硬政策，积极支持巴勒斯坦事业，尽快实现叙、黎、巴三地的统一。[①] 此外，阿拉伯地区还存在着阿拉伯、土耳其的主体民族主义与库尔德民族主义，世俗民族主义与伊斯兰民族主义的矛盾。

其四，通过国家构建和现代化改革确立新的合法性基础，

---

① 参见黄民兴《中东民族主义的源流和类型探析》，载肖宪主编《世纪之交看中东》，时事出版社，1998，第146~147页。

尤其是在北层三国。具体举措包括促进民族文化、民族经济和中央集权的发展，推进族群融合和世俗化改革等。其中，土耳其第一次创建共和制具有重要意义；在委任统治地，新的议会制度的社会基础狭窄，主要是军人和地主、宗教界，因而孕育着与激进民族主义力量的剧烈冲突。

总之，两次大战之间中东经历了一系列深刻的变革，这些变革共同推动该地从传统伊斯兰国家向初具现代民族国家特点的国际体系转变，政治合法性基础也从传统君主主义向民族主义转变，形成中的民族国家成为各国政治、经济、社会发展的基础。

三　二战后中东民族构建的发展

二战后中东民族构建的发展主要表现在三个层面。

第一，政治层面。（1）非殖民化浪潮最终结束了西方在中东的殖民体系，使中东民族国家体系最终得以建立。其中包括两个方面。其一，殖民地的独立。叙利亚、黎巴嫩于 20 世纪 40 年代独立，塞浦路斯、科威特和南也门于 60 年代独立，特鲁西亚列国于 70 年代初独立，巴勒斯坦地区则因阿、犹对立而实行分治，成立了以色列国。其二，国家的联合。特鲁西亚列国在独立前的谈判中，曾就统一问题进行协商，但未能成功，其中 7 个酋长国联合成为阿联酋，卡塔尔和巴林各自建国。1990 年，南北也门合并为一个国家。此前，埃及和叙利亚也一度合并，但以失败告终。令人惊奇的是，尽管委任统治时期的边界划分很不合理，但有关国家却顽强地生存下来。目前，尽管大批巴勒斯坦难民长期逗留海外，但近几十年来在巴勒斯坦难民和被占领土中也出现了民族意识强劲发展的势头。

（2）意识形态与合法性基础的变动。随着民族国家的形成，民族主义已经成为中东的政治合法性基础，大体可分为以下类型：自由主义的共和制民族主义（土耳其、以色列），君主制民族主义（伊朗、阿富汗、约旦、海湾五国），阿拉伯地方民族主义（黎巴嫩、也门），伊斯兰改革主义与君主制民族主义的复合型民族主义（沙特阿拉伯），阿拉伯社会主义（埃及、叙利亚、伊拉克）。尽管制度不同，但各国都将巩固政治独立、发展国民经济、改善社会福利、缩小贫富差距、扩大政治参与、促进世俗化和社会融合作为重要的发展目标，而阿拉伯国家的一个共同目标是统一。从发展方向上看，20 世纪 60 年代末以来的一个重要趋势，是意识形态的实用主义和保守主义倾向的发展，表现在阿拉伯世界实际放弃对统一的追求、谋求阿以问题的政治解决、阿拉伯社会主义的褪色、伊斯兰日益取代民族主义的地位和市场经济的盛行等方面。

（3）国家机构的完善。表现为宪政和代议制的发展、内阁制的确立、官僚制的扩大和完善、文官和专家逐渐取代军人和王室政治、地方行政管理的完善等。因此，国家的资源和政治动员能力、治理能力空前加强。① 这在向来政治发展滞后的海湾地区尤其明显。②

（4）政治参与的扩大。二战后初期，中东仅有以色列和黎巴嫩建立了代议制政府，土耳其紧随其后，埃及不久也恢复了多党制。科威特、卡塔尔、巴林、阿联酋和沙特阿拉伯也先后成立了议会或协商会议。由此，上述海湾国家在理论上成为二元君主制国家，即由君主及少数人掌握实际权力。此外，各国也有相当一部分议员由民选产生。除海湾地区以外许多国家还授予妇女以选举权。

值得注意的是，中东民族国家构建过程中保留了诸多传统因素。例如：在宪法层面，阿拉伯国家均规定伊斯兰教为国教，伊斯兰法为主要的法源之一，国家元首一般均为穆斯林，黎巴嫩和现在的伊拉克均实行教派政治；在私法方面，继续按宗教和教派实施各自的教法（包括以色列）；海湾国家普遍保留了政教合一的制度和浓厚的伊斯兰文化传统；部落家族文化普遍存留，如海湾地区的王室政治和裙带关系；政党带有浓重的部落家族和民族色彩；以托古改制的方法推进改革，如用协商原则阐释民主制的必要性，以经训为依据进行法律改革。有人认为，随着民族运动的深入，穆斯林逐渐取代了基督徒在政

---

① 英国学者伯纳德·刘易斯认为，现代伊斯兰国家的行政权力远远超过古代的伊斯兰国家。参见 Gabriel Ben-Dor, *State and Conflict in the Middle East: Emergence of the Postcolonial State*, New York: Praeger Publishers, 1983, p. 27。

② 参见 Jill Crystal, *Oil and Politics in the Gulf: Rulers and Merchants in Kuwait and Qatar*, Cambridge: Cambridge University Press, 1990。

治精英中的地位，而前者为得到群众的支持，只有采纳他们所熟悉的话语，即伊斯兰话语。[1] 值得注意的是，各国在政治民主化方面仍有很大的空间。

第二，社会经济和文化层面。（1）基于共同认同的民族文化和"公民神话"（civil myth）的发展。各国高度注重发展民族语言（阿拉伯语、土耳其语、波斯语和普什图语），同时也注重包括前伊斯兰时期在内的历史研究和考古发掘，以及博物馆建设。像土耳其官方甚至认为土耳其民族自古以来就与安纳托利亚半岛存在联系，而波斯、埃及、伊拉克和以色列也十分重视对古代史的研究，并将大量的古代符号运用于现实之中。[2] 当然，伊斯兰教也适当地受到强调。在君主时代的伊拉克、约旦、沙特阿拉伯和科威特等国，王室都宣称自己为先知后裔。[3] 所有这些都旨在培养共同的民族认同。

（2）从国家干预到市场导向的经济转型。在建国初期，许多中东国家都对经济进行了有力干预，例如推行国有化、土改和合作化，控制农产品的价格、收购和出口，控制金融机构和外贸，制订发展计划，控制物价、利率、汇率、税收等经济杠杆，大量投资发展基础设施和工业等。然而，20世纪70年代

---

① 伯纳德·刘易斯等人的看法，参见 Gabriel Ben-Dor, *State and Conflict in the Middle East: Emergence of the Postcolonial State*, New York: Praeger Publishers, 1983, pp. 53-54, 58-59。

② 参见黄民兴《漫谈埃及民族主义对埃及现代造型艺术的影响》，《中东研究》1999年第1期；Amatzia Baram, *Culture, History and Ideology in the Formation of Ba'thist Iraq*, New York: St. Martin's Press, 1991。

③ 黄民兴：《试论20世纪中东君主制的变迁》，《西亚非洲》1997年第6期。

以来，各国普遍开展经济调整，促进市场经济的发展，减少国家干预。同时，石油收入的迅速增长对产油国的国家构建和民族构建产生了非同寻常的推动作用，并影响到其构建的方式。

（3）社会融合的进展。许多国家采取了鼓励社会融合的政策，促进少数族群的社会经济发展、缩小贫富差距。例如，1948~1958 年，伊拉克部长级以上的统治精英中，逊尼派占 44%，什叶派占 33%，库尔德人占 19%，后两个集团受到了一定照顾，尽管什叶派的比例低于其在总人口中的比例。1958 年革命后，伊拉克的新宪法宣称阿拉伯人和库尔德人同为伊拉克的两大民族。1978 年，什叶派各省的小学生占全体人口的 20.8%，这一比例只稍低于逊尼派省份（21.8%）。两地区的医院和医生比例基本相当。① 在政府的鼓励下，阿曼的俾路支人逐渐阿拉伯化，并与阿拉伯人通婚。

（4）社会变迁。一系列社会变迁促进了社会融合。在海湾地区，各国普遍废除了奴隶制。由于政府的推动和经济因素的影响，各国游牧民纷纷定居。到 1970 年，游牧民仅占中东人口的 1%。迅速的社会流动和城市化使传统的农民、市民和牧民的分野趋于消失。此外，在非产油国，传统的大地主和商人在土改和国有化运动中遭受沉重打击，农村和城市的财产分布更加平均。新兴的城市中产阶级、小资产阶级、工人和农民成

---

① Phebe Marr, ed., *The Modern History of Iraq*, Boulder: Westview Press, 1985, pp. 282, 284. 参见黄民兴《伊拉克民族构建问题的根源及其影响》，《西亚非洲》2003 年第 6 期。

为一些国家政权的重要支持者。在海湾地区，大批外籍劳动力的存在加强了本国人的国民意识。①

第三，国际层面。这一层面的支持来自两个方面，分别是地区内的国家、地区组织和地区外的国家、国际组织。在第一个方面，典型的案例有阿盟对科威特独立和巴勒斯坦的支持，以色列对黎巴嫩的支持。在第二个方面，典型的案例有西方国家对保守的君主制国家和黎巴嫩的支持，国际社会对巴勒斯坦的支持。

毋庸置疑，中东国家在民族构建进程中也存在许多问题，主要表现如下。

第一，领土争端。由于委任统治时期领土划分的任意性，以及其他历史遗留问题，许多国家之间存在领土和河水争端。例如，阿联酋与伊朗的岛屿争端、海湾国家间的领土争端、两伊间的领土和河水争端、伊拉克与科威特之间的领土争端、阿富汗与伊朗间的河水争端等。这些争端导致了地区形势的紧张，甚至成为引发战争的原因之一。

第二，意识形态与国家属性的问题。首先是泛阿拉伯主义与阿拉伯国家民族主义的关系问题。如果说土耳其、伊朗和以色列已经明确了它们的民族国家属性，阿拉伯国家则尚未完全解决这一问题。阿拉伯国家自认为属于一个民族，因此并非"主权的民族国家"。1981 年，黎巴嫩的《阿拉伯未来》杂志

① 参见 Jill Crystal, *Oil and Politics in the Gulf: Rulers and Merchants in Kuwait and Qatar*, Cambridge：Cambridge University Press，1990，pp. 139-145。

公布了一项对来自 10 个阿拉伯国家的 6000 名受访者的调查结果。调查显示，高达 78% 的受访者认为存在"阿拉伯祖国"，大部分人希望看到统一的实现。同时，87% 的人认为未能实现统一的原因在于"阿拉伯统治者"，而认为统一努力产生了积极作用的不超过 42%，有 51% 的人甚至主张国家在应对挑战时应当接受来自非阿拉伯世界的帮助。某杂志的编辑宣称，对统一的支持业已消失，而支持者更希望的是部分的统一。[①] 20 世纪 80 年代以来，埃及与以色列单独缔和，1993 年一向作为泛阿拉伯主义先锋的巴勒斯坦甚至也走上"民族化"道路，与以色列单独签订了和平协议，而此前爆发的海湾战争更是沉重打击了阿拉伯民族主义。[②] 但统一观念对阿拉伯国家的政策和民众思想的影响仍未消失。另一个例子是以色列。以色列的建国原则是犹太国家与民主制，但二者相互矛盾，因为民主制要求承认阿拉伯人的完全平等地位。

伊斯兰教也涉及超民族思想的问题。土耳其尽管经历了几十年的世俗化，但在二战后却出现向伊斯兰回归的潮流。1978 年在土耳其伊兹密尔一家纺织厂进行的调查发现，28 名工人自称"穆斯林"，58 人自称"土耳其人"，其余 68 人游移不定，而自称"穆斯林"的受访者往往与农村保持着密切联系。[③] 这

---

① Gabriel Ben-Dor, *State and Conflict in the Middle East: Emergence of the Postcolonial State*, New York: Praeger Publishers, 1983, pp. 138–139.

② Ibrahim A. Karawan, "Arab Dilemmas in the 1990s: Breaking Taboos and Searching for Signposts," *The Middle East Journal*, Vol. 48, No. 3, 1994, pp. 433–454.

③ 彭树智主编《二十世纪中东史》，高等教育出版社，2001，第 308 页。

种身份的含混也证明了精英与草根之间的价值鸿沟。至于伊斯兰主义者，他们更是以伊斯兰的传统价值观完全否定民族国家的概念，试图恢复伊斯兰法，而其中的激进派更是以各种暴力活动挑战当局。在伊朗，乌里玛直接建立了一个伊斯兰共和国，出现了向传统国家回归的势头。当然，伊斯兰在某些场合也可以起到巩固民族国家的作用，像土耳其执政的伊斯兰政党所做的那样。

第三，宗教、教派和民族纠纷。这在新月地带尤其突出。尽管各国的政治精英主张社会平等，但实际情况则大不相同。首先在意识形态方面，阿拉伯世界倡导的泛民族主义事实上产生了将少数族群边缘化的效果。阿拉伯民族主义排斥非阿拉伯族群，泛伊斯兰主义排斥非穆斯林，这种边缘化少数族群的行为导致了这些国家内部的社会隔阂。[①] 像在 1958～1968 年的伊拉克，同样在部长级以上的统治精英中，逊尼派所占的比重超过君主时代，达 54%，什叶派和库尔德人分别下降到 30%和 11%。[②] 从实际情况来看，一些国家（如叙利亚、伊拉克和巴林）执政的是人口居少数的集团（阿拉维派和逊尼派），而阿拉伯国家推行的国有化和土改又恰恰进一步沉重打击了政治上居劣势的少数族群的利益，如伊拉克什叶派大

---

① 参见萨阿德·埃丁·易卜拉欣、漆芜《阿拉伯世界中的民族冲突与建国》，《国际社会科学杂志》（中文版）1999 年第 2 期。
② Phebe Marr, ed., *The Modern History of Iraq*, Boulder：Westview Press, 1985, p. 282.

地主和商人，以及沙特阿拉伯的汉志商人。① 而且，族群问题不仅仅是宗教或教派问题，还往往与城乡差别、地区差别和部落问题等相互交织。

此外，激进的阿拉伯国家采取无情的镇压手段对付少数族群，使矛盾更加激化。在土耳其、伊拉克和伊朗，当局与库尔德人之间均爆发了激烈的武装冲突。在黎巴嫩，穆斯林人口的增长导致其他教派的政治诉求受挫，教派政治最终崩溃，国家陷入血腥内战。

第四，经济社会发展中的矛盾。在中东各国致力于改善普通民众生活状况的同时，也出现了新的社会鸿沟。在非产油国，革命后上台的军人和其他势力成为新贵，大批农村移民涌入城市，导致出现城市贫民窟。在产油国，王室成员及与其关系密切的商人在石油繁荣中迅速崛起，成为新兴的大资产阶级，而普通国民只能依靠政府的福利政策改善生活。另外，洪水般涌入产油国的外籍劳工成为当地的另类人群，遭受种种歧视，也成为社会不安定的根源之一，而且人数往往超过本国人口的外籍移民已经对一些海湾国家的国家属性造成威胁。此外，由于经济发展中存在的种种问题，大多数国家未能形成发展健康的资产阶级，从而未能对公民社会的建立作出重大

---

① Kiren Aziz Chaudhry, "Economic Liberalization and the Lineages of the Rentier State: Iraq and Saudi Arabia Compared," in Nicholas Hopkins and Saad Eddin Ibrahim, eds., *Arab Society: Class, Gender, Power and Development*, Cairo: The American University in Cairo Press, 1997.

贡献。

第五，政治发展的滞后。[①] 在一些国家，议会缺乏真正的立法权，妇女和外籍人员没有选举权，少数族群处于边缘地位。无论是君主制还是共和制，中东政治在总体上仍然带有威权主义性质。这无疑削弱了统治精英的政治合法性基础。政治动员的扩大与现实的社会、政治和经济矛盾，促成伊斯兰主义和其他反对派的兴起。

第六，地区形势、战争和外来势力的影响。在后冷战时期，世界经济的集团化和区域化发展加速，而在中东，业已存在的地区组织如阿盟、中东北非经济首脑会议等无法发挥重大作用（海合会例外）。虽然 20 世纪 70 年代以来以石油涨价为契机，阿拉伯国家在金融、劳务、产业、交通运输、外援等方面形成了新的合作关系，但这种关系依然受到非经济因素的干扰。个别外国学者（以色列学者 Gabriel Ben-Dor）认为，这正说明了中东民族国家的"成熟"，不过此种情况终究还是不利于各国经济的进一步发展。

中东重要的战略地位和各种历史、现实原因，使该地区的国家频繁地受到外来势力的干预，有时部分国家还会主动干涉邻国，从而影响到民族国家构建的发展。其中最突出的是阿以冲突，阿以之间先后爆发了五次中东战争；其他冲突还有两次

---

① 有学者认为，现代中东政治的问题，部分地源于传统伊斯兰统治者已经习惯于民众的"姑息"，从而导致对民众要求的漠视和国家机构的虚弱。参见 P. J. Vatikiotis, *Arab and Regional Politics in the Middle East*, London: Croom Helm and St. Martin Press, 1984, p. 140。

阿富汗战争、两伊战争、海湾战争和伊拉克战争。而黎巴嫩内战也严重受到外来势力的影响。所有这些冲突都对相关国家的经济、社会和政治发展产生了严重影响。近年来，美国在中东极力推进"民主"计划，对地区形势产生了新的微妙影响。

总之，二战后中东国家的民族构建取得了重大成就，民族国家体系已经较为稳固。不过必须看到，中东的民族国家依然带有传统伊斯兰体制的痕迹，传统的政治文化甚至在国际关系领域和民间也有影响。显然，在民族构建进程中中东各国也遭遇了重大挫折，极少数国家甚至陷入了长期战乱，有学者认为这些国家（伊拉克和北非的苏丹、索马里）已进入了国家解构阶段。[①] 可以说，现代国家形成的延迟，导致国家构建与民族构建过程同步进行，这是造成上述情况的重要原因之一。[②] 那么，完全回归伊斯兰能否解决问题，伊朗的例子证明情况不那么简单。显然，中东的民族构建之路仍然漫长而曲折。

（原载《西亚非洲》2006 年第 9 期）

---

① 萨阿德·埃丁·易卜拉欣、漆芜：《阿拉伯世界中的民族冲突与建国》，《国际社会科学杂志》（中文版）1999 年第 2 期。

② 有西方学者认为，其实西欧也经历了漫长的国家构建时期，付出了巨大的社会代价。参见 Charles Tilly, "Reflections on the History of European State-Making," in Charles Tilly, ed., *The Formation of National States in Western Europe*, Princeton: Princeton University Press, 1975, p. 71。

从民族国家构建的视角析
当代中东国家的社会整合

　　从民族国家构建的角度看，亚非拉国家在建国后势必进
行社会整合，其目的是在全体国民中间创造出共同遵守的法
律制度和公共文化，以及全体国民的归属感和政治认同，从
而发展出维持政治共同体所必需的凝聚力。在当代中东，社
会整合包括意识形态和基本的国家体制、政治、经济、社会
和文教五个领域。中东国家社会整合可以划分为 6 类情况，
其中 3 类相对成功，另外 3 类则问题较多。因此，当代中东
国家的社会整合具有其特殊性，而从世界角度看中东地区属
于问题较多的地区之一。在始于 2010 年末的剧变中，中东国
家的社会整合问题演变为相关国家内部和区域间的新的对立、
冲突。

一　社会整合的理论渊源与民族国家的整合实践

民族国家构建（nation-state building）包括民族构建和国家构建，二者相互交叉、彼此渗透，其中民族构建是"民族作为文化-政治共同体的构建过程和民族认同的形成过程"[①]，而国家构建指"国家政治结构、制度、法律的建设，包括行政资源的整合和集中，使国家能够对其主权范围内的领土实施统一的行政控制"。[②]

民族国家是现代国际关系的主体，其前身是王朝国家，而王朝国家是传统社会里国家的典型形态。民族国家也是现代化或现代性发展的产物。有学者认为，就国内而言，民族主义的表现方式和历史作用表现为整合性，在亚非拉国家独立后即是国内层面的民族整合与建构。[③] 显然，不同的社会和政治制度有不同的组织方式，而社会的变迁必然导致其自身的重新整合。西方著名的社会学家迪尔凯姆（又译"涂尔干"）指出，传统社会的结合方式较为薄弱，体现为"机械的团结"，而现代社会比较复杂，其整合（integration）程度高，其结合方式

---

① 杨雪冬：《民族国家与国家构建：一个理论综述》，"世纪中国系列论坛"网，2003 年 11 月 7 日，http：//www.ccforum.org.cn/viewthread.php？tid＝9274。

② 王建娥：《族际政治：20 世纪的理论与实践》，社会科学文献出版社，2011，第 59 页。

③ 王建娥：《族际政治：20 世纪的理论与实践》，社会科学文献出版社，2011，第 107 页。

体现为"有机的团结"。① 迪尔凯姆属于西方社会学的旧进化论派，其提倡的整合理论和发展、变迁理论是西方学界的重要知识工具。其后出现的新进化论派进一步从社会分化的状态探讨社会进化问题，强调"社会总体适应能力的提高"。②

结构功能主义学派的创立者帕森斯是新进化论派的一个重要代表。③ 帕森斯运用系统论思想，提出行动系统包括 4 个子系统，即行为有机体系统、人格系统、社会系统和文化系统。行动者被划分为两个部分：具有生理需要、有适应能力的行为有机体系统；具有心理活动特征、体现行动动机的人格系统。行动发生于其中的社会环境构成社会系统。长期发展中积累起来的价值规范等构成文化系统。帕森斯认为，行动系统不仅指具体的个人，在分析中它还包含范围更广泛的群体、组织、民族甚至国家。在行动系统中，他强调的是 4 个系统的相互依存关系及其功能的相互依赖，特别关注社会系统和文化系统。他认为，社会的合法性来自文化，文化在时间上的延续和空间上的传播构成社会的环境因素。帕森斯认为，行动系统的 4 个子系统分别承担着不同的功能，即适应、目标达成、整合和结构维持功能。这就是帕森斯的结构-功能分

① 〔英〕安德鲁·韦伯斯特：《发展社会学》，陈一筠译，华夏出版社，1987，第 24~25 页。

② 〔美〕胡格韦尔特：《发展社会学》，白桦、丁一凡译，四川人民出版社，1987，第 11 页。

③ 本文对帕森斯观点的归纳主要参见张琢、马福云《发展社会学》，中国社会科学出版社，2001，第 60~64 页。

析的基本图式。这一图式可以用于任何系统。例如，社会系统自身也包括了上述四种功能，它们分别由社会系统的 4 个子系统即经济、政治、综合和价值规范来承担。其中，整合功能指协调系统中的各个部分，使之达到有效的合作与协调。

帕森斯的理论对西方社会学产生了巨大影响，但同时也引起不少争议。许多人批评它未能分析社会变迁的原因、过于重视系统的维持而没有探讨系统内部可能发生的变化等。然而，真正对结构功能主义等现代社会学研究方法进行了深刻反思并在此基础上重建社会学研究方法的大师级人物是英国学者安东尼·吉登斯（Anthony Giddens），他提出了著名的"结构化理论"。吉登斯通过将结构性因素与解释性因素"有机地"结合起来，试图解决结构与能动这个传统的社会学二元性问题。他指出，结构既要理解为行动的结果，也要理解为行动的媒介；行动者的行动既维持着结构，同时也改变着结构。因此，他反对将社会结构看作可以脱离人的行动而存在的事物。[①]

在讨论民族国家的社会整合之前，我们要首先界定相关概念，即"民族"（nation）和"族群"（ethnic group）。根据郝时远的观点，现代民族是现代国家政治构建的国民共同体，其与国家是同一的，也即一些学者所称的政治民族，他们把族群

---

① 李猛：《从帕森斯时代到后帕森斯时代的西方社会学》，《清华大学学报》（哲学社会科学版）1996 年第 2 期，第 30 页。

称为文化民族。① 族体（nationality）是那些不具有国家层面民族地位但得到社会承认和特殊待遇的、受到排斥或压迫的、人口在其所在国家中处于少数的群体（包括原住民）。族群则既包括"前族体"阶段的氏族、部落群体，又涵盖族体本身及其内部分支②；这一概念更强调非政治性差异（如语言、宗教和文化习俗等），尽管其与政治存在关联。

近代最早的民族主义理论是 18 世纪下半叶到 1814 年的古典民族主义理论，这一时期"民族"和"民族国家"（nation-state）概念在西欧开始形成与普及。古典民族主义理论认为：民族是自然的，国家是人工的，只有将两者统一起来，才能避免激烈的族际暴力冲突。由此，国家边界应与民族边界相一致；每个拥有自己语言、文化的民族都有权建立属于自己的国家；民族自决是国家合法性的源泉。古典民族主义理论的核心思想是"一个人民，一个民族，一个国家"（one people, one nation, one state）。③

第二次世界大战后，大批亚非国家独立，其内部的族群和文化多样性远胜于欧洲。许多西方学者认为，欧洲的民族认同先于国家产生，因而出现了民族国家；而诞生于二战后的大多

---

① 参见周平《多民族国家的族际政治整合》，中央编译出版社，2012。

② 郝时远：《对西方学界有关族群（ethnic group）释义的辨析》，《广西民族学院学报》（哲学社会科学版）2002 年第 4 期，第 13~14 页。从上述关于族群包括族体内部分支的定义出发，一个族体内部因教派不同的集团可以定义为族群，如伊拉克阿拉伯人中的逊尼派和什叶派。

③ 参见朱伦《西方的"族体"概念系统——从"族群"概念在中国的应用错位说起》，《中国社会科学》2005 年第 4 期，第 89 页。

数亚非国家，民族的产生晚于国家，从而产生了国家民族（state-nation）①，尤其是在那些独立前不存在国家的殖民地。

事实上，无论在西方还是东方，都存在民族国家和国家民族的情况。有中国学者指出："现代世界体系下国家领土范围的确定性和领土上生活的人民在族裔、文化及司法行政传统上存在的多样性，使国家整合过程成为必要。既然是一个政治共同体，其成员之间就要有一定的义务和联系。因此，从任何意义上说，由国家出面制定一个为社会成员普遍接受的共同纲领和社会成员一致遵守的基本规则，采取一些必要手段在政治共同体中创造凝聚力，都是无可非议的。"② 从政治学的角度看，国家整合的目标就是确定其自身的合法性。

事实上，当代世界的各民族国家仍处于构建过程中，只是由此实现的民族整合程度不同而已。在欧美学术界围绕着"民族"的形成问题产生的主要流派中③，最重要的是现代主义（modernism）。尽管现代主义承认"族源"（ethnic origin）问题的存在，但它认为民族主义和民族、民族认同、民族国家、由民族国家组成的国际社会都是全新的现代现象。欧内斯特·盖尔纳（Ernest Gellner）指出，民族是在现代化过程中产生的，是工业化时代的必然现象。本尼迪克特·安德森（Benedict

---

① 转引自 Mostafa Rejai and Cynthia H. Enloe, "Nation-States and State-Nations," *International Studies Quarterly*, Vol. 13, No. 2, 1969, p. 143。

② 王建娥：《族际政治：20世纪的理论与实践》，社会科学文献出版社，2011，第211~212页。

③ 〔英〕安东尼·史密斯：《民族主义：理论，意识形态，历史》，叶江译，上海人民出版社，2006，第三章。

Anderson）甚至认为，民族是"想象的共同体"（imagined community）。[1] 现代主义的观点因此也被称为建构主义，它认为构建民族和形成民族认同的过程即民族构建。而国家构建同样具有重要意义，因为它通过立法等客观性活动，巩固构建民族性过程中取得的成果，使关于民族的一系列主观性的内容获得法律地位，成为新的民族特性。[2] 其实，吉登斯的"结构化"理论与现代主义的观点有相通之处。从经验的角度看，即便是在西方国家，同样存在着民族构建和国家构建的情况。[3]

从民族国家构建的角度看，"现代民族国家的整合过程，是国家确立自己的疆域和空间活动范围即领土的过程，同时也是在国家这一新的共同体成员之间形成一种新的联系方式的过程，是共同体成员之间确定一种明显可见的身份特征并在此基础上确立一种政治认同以区别于其他共同体的过程"。一般地说，这一整合过程包含了横向和纵向整合这两方面的内容。"横向的整合，即对疆域之内的不同地区进行的地域的和行政的整合，对不同地域上的不同民族进行的政治和文化的整合。其中包括中央与地方的关系，行政资源的集中和国家权力的分配，文化和教育资源的整合，等等。纵向的整

---

① 〔美〕本尼迪克特·安德森：《想象的共同体：民族主义的起源与散布》，吴叡人译，上海人民出版社，2005。

② 王建娥：《族际政治：20世纪的理论与实践》，社会科学文献出版社，2011，第60~61页。

③ 关于法国在18世纪末的大革命之后统一国内政治和交通等方面的情况，参见〔法〕费尔南·布罗代尔《法兰西的特性》，顾良、张泽乾译，商务印书馆，1995。

合，是社会的整合，即对传统的社会等级进行的整合，包括废除旧的封建等级制度、把社会所有阶层整合到统一的政治社会、创造在法律上享有平等政治地位的国家公民等。这种横向的和纵向的整合，在全体国民中间创造出共同遵守的法律制度和公共文化，创造出全体国民的归属感和政治认同，创造出维持政治共同体所必需的凝聚力，为国家的政治合法性奠定制度法律的和社会的基础。"① 以上所说的横向整合过程，就是吉登斯所描述的民族国家的"内部绥靖"过程。②

在法国，古典民族主义理论的排斥性导致了大革命以后国内长期奉行的强制同化的族群政策。而这种做法传播到了整个欧洲大陆，并影响到亚非拉民族独立国家的民族国家构建进程。直到 20 世纪 70 年代，西方国家才开始放弃同化模式，转而提出多元文化主义的政策。

二　中东国家社会整合的主要领域

传统的中东国家社会整合依据的是伊斯兰教，即穆斯林是国家的统治者，民众依据其信仰的不同而被划分成不同的宗教社团（如奥斯曼的米列特），实行宗教和司法上的自治，国家不强迫非穆斯林的迪米人改宗伊斯兰教。但是，除了宗教的分歧

---

① 以上参见王建娥《族际政治：20 世纪的理论与实践》，社会科学文献出版社，2011，第 61 页。

② 〔英〕安东尼·吉登斯：《民族-国家与暴力》，胡宗泽、赵力涛译，生活·读书·新知三联书店，1998，第 228 页。

外，伊斯兰国家仍然存在挑战伊斯兰的强大的局部认同，如教派、地方传统、部落、社区和地区主义等，而且国家的行政能力十分有限。近代以来，随着受西方影响的现代化改革的开展，上述情况有所变化，同时奥斯曼帝国境内先后出现了泛伊斯兰主义和泛突厥主义思潮，官方试图以此作为社会整合的基础，其结果是激发了阿拉伯民族主义的兴起和这个多族群帝国的崩溃。

除极少数国家外，当代中东地区①大多数国家都是在两次世界大战前后，尤其是第二次世界大战后独立的。在这些国家中，一些是历史上长期存在或近现代自然形成的，前者如埃及、伊朗、阿曼、也门，后者如阿富汗、沙特阿拉伯；还有一些则是一战后奥斯曼帝国崩溃和英法委任统治的结果，如土耳其、叙利亚、伊拉克、黎巴嫩、约旦、以色列；最后是脱离英国统治的海湾酋长诸国，即科威特、阿联酋、卡塔尔、巴林，塞浦路斯大体也可归入此类。因此，中东大多数国家的版图都是在现当代形成的，其中一些重要国家的形成受到殖民主义的深刻影响②，而且国家的领土面积较为有限。

从以上理论分析可以看出，族群概念首先涉及一国境内具有语言、文化等特殊性的集团，但由于中东各国未给予族群自治地位，因此不存在法律上的"族体"；此外，族群也指教派、

---

① 本文的"中东"指埃及和包括阿富汗在内的所有西亚国家。

② 埃及学者易卜拉欣说，"许多阿拉伯国家是由殖民主义接生婆用剖腹法催生出来的，从而造成了许多严重畸形"。参见萨阿德·埃丁·易卜拉欣《阿拉伯世界中的民族冲突与建国》，载中国社会科学杂志社编《社会转型：多文化多民族社会》，社会科学文献出版社，2000，第319页。

部落等不同的群体。中东国家从族群构成的角度大致可以分为以下类型。一是大体上是单一族群的国家，主体族群占人口的80%以上，包括埃及、除巴林外的5个海湾阿拉伯君主国、约旦、巴勒斯坦，其人口大多属于阿拉伯逊尼派，少数族群为基督徒或什叶派穆斯林，约旦则有一个人数众多、同属逊尼派的巴勒斯坦人社团；海湾国家还存在人数众多的外籍人口。① 二是以一个族群占压倒多数（70%或更多）的多族群国家，包括伊拉克（阿拉伯什叶派为主）、叙利亚（阿拉伯穆斯林为主，尤其是逊尼派）、土耳其（土耳其人为主）、以色列（犹太人为主）、塞浦路斯（希腊族为主）和巴林（什叶派为主）。三是以一个族群占一般多数（50%~60%）的多族群国家，包括伊朗（波斯人为主）和阿富汗（普什图人为主）。四是各族群比例接近的多族群国家。黎巴嫩以基督徒和穆斯林为主，也门以什叶派的宰德派和逊尼派的沙裴仪派为主，但两国仍然存在一个主导族群。因此，地处阿拉伯地区边缘的国家和非阿拉伯的北层国家在人种、语言、宗教信仰、教派等方面存在着较为明显的多样性，此即西方著名社会学家克利福德·格尔兹所说的"原生情感"问题。② 另外，该地区还存在跨国族群，如阿拉伯人、库尔德人、土耳其人、普什图人等。

① 海湾国家的外籍人口所能享受的社会权利十分有限，因此将其列入单一族群的国家；约旦的巴勒斯坦人则享有较多的社会权利。

② 克利福德·格尔兹：《整合式革命：新兴国家里的原生情感与公民政治》，载〔美〕克利福德·格尔兹《文化的解释》，纳日碧力戈等译，上海人民出版社，1999，第295~296页。

由此可见，中东地区独特的地缘政治格局、多元文化传统及复杂历史进程使得该区域各国独立后的社会整合成为一项艰巨任务，同时它也具有其自身的复杂性和特点。事实上，独立前中东国家的民族主义运动对这些国家的民族国家构建①起到了奠基性作用，因此，下面的分析包括了这方面的内容。

中东国家社会整合的主要领域包括以下五个方面。

第一是意识形态和基本的国家体制领域。亚非拉国家的政治体制决定了其社会整合的基本模式，因此这些国家的意识形态在这方面具有决定性意义。在中东，第一次世界大战后流行的意识形态包括阿拉伯民族主义、泛伊斯兰主义和国家民族主义。其中，前两种思潮属于泛民族主义，具有排他性（排斥作为少数族群的非阿拉伯人和非穆斯林），其重要表现是形成了一大批自称为"阿拉伯国家"的国家，尽管其中一些国家存在人数众多的非阿拉伯少数族群；国家民族主义的典型则是土耳其的凯末尔主义。为了建构单一民族国家，凯末尔主义否认库尔德族群的存在，认为库尔德人和土耳其人同为5000年前从中亚地区迁移而来的图兰人种，所谓库尔德语只是混合了波斯语和阿拉伯语的土耳其语变种。② 直到20世纪末，土耳其官方仍称库尔德人为"山地土耳其人"。而且，除土耳其以外的所有中东伊斯兰国家均宣布伊斯兰教为国教，有的国家如阿富汗

---

① 参见黄民兴《论20世纪中东国家的民族构建问题》，《西亚非洲》2006年第9期。
② 详见昝涛《从"突厥主义"到"土耳其史观"》，博士学位论文，北京大学，2006，第七章。

甚至规定了国家元首必须是某个法学派的信徒。但是，在操作层面上，大多数国家的执政者奉行的是意识形态与实用主义相混合的政策，以避免少数族群的敌视，确保社会的稳定。

与此相关的是，在中东地区，除阿联酋采用联邦制度外，其他所有国家在建国初期都建立了中央集权体制，而没有任何国家给予少数族群以自治地位（阿联酋存在少数族群什叶派，主要在迪拜，但联邦的设立基于酋长国而非少数族群的存在）。在目前所查到的中东主要国家的英文版现行宪法中，只有规定实行联邦制的伊拉克 2005 年新宪法草案提及族体（伊拉克是一个"多族体的国家"，即"a country of many nationalities"）①，伊朗 1980 年宪法和阿富汗 2004 年宪法提及"族群"，其他国家的宪法均未提及这两个字。由此可见，中东国家是在有意维护中央集权制度。

中东各国除黎巴嫩和以色列外，均为威权主义的政治体制。尽管法律规定了公民的各种权利，但实际上难以完全兑现。事实上，主体族群与少数族群的地位是相互联系的，正如黎巴嫩学者安托万·梅萨拉所说的，"没有一个阿拉伯政权不是既有一个严重的少数民族问题，又有一个多数人的严重问题"②。

第二是政治领域。首先，建立拥有丰富的政治、经济资源

---

① "Full Text of Iraqi Constitution," October 12, 2005, http://www.washingtonpost.com/wp-dyn/content/article/2005/10/12/AR2005101201450.html；由美联社翻译的这一宪法英译本得到伊拉克政府的确认。

② 萨阿德·埃丁·易卜拉欣：《阿拉伯世界中的民族冲突与建国》，载中国社会科学杂志社编《社会转型：多文化多民族社会》，社会科学文献出版社，2000，第 320 页。

的高效能的行政部门，扩大和完善官僚制、以文官和专家逐渐取代军人和王室政治、扩大民众参政议政的范围。其次，完善地方行政管理，以更为有效的、经过新的地域和行政整合的地区行政系统取代松散的奥斯曼帝国和伊朗等国家的旧的地方行政制度。由此，中东国家的资源和政治动员能力、治理能力和社会整合能力空前加强①，这在政治发展滞后的海湾地区尤其明显。② 再次，建立政党、民间社团和统一战线组织，整合不同政治力量和公民社会。最后，建立现代军队。拥有现代武器装备和统一的制服、受过民族主义思想熏陶、接受过现代军事和文化教育及训练、招收不同族群成员服役的现代军队为社会整合提供了重要途径，而军官阶层直接控制了土耳其、埃及、叙利亚、伊拉克、也门等国家的政权。

在政治领域，政治符号同样发挥了相当重要的作用，其中最重要的就是国名。土耳其、伊朗、伊拉克③、约旦、沙特阿拉伯、阿联酋……正如这些国家的版图是全新的一样，它们的名称同样如此。其他符号包括国旗、国徽、国歌、国家地图④、政治纲领、领导人造型、传统文化图案和建筑（如埃及的金字

---

① 英国学者伯纳德·刘易斯认为，现代伊斯兰国家的行政权力远远超过古代的伊斯兰国家。参见 Gabriel Ben-Dor, *State and Conflict in the Middle East: Emergence of the Postcolonial State*, New York: Praeger Publishers, 1983, p. 27。

② 参见 Jill Crystal, *Oil and Politics in the Gulf: Rulers and Merchants in Kuwait and Qatar*, Cambridge University Press, 1990。

③ "伊拉克"一词原先不是国名，而是指今伊拉克中部和南部。

④ 安德森专门论述了地图在社会整合方面的作用。见〔美〕本尼迪克特·安德森《想象的共同体：民族主义的起源与散布》，吴叡人译，上海人民出版社，2005，第 9 章。

塔和狮身人面像）等。

第三是经济领域。与独立前殖民地或二战前国家不干预经济的做法相反，二战后中东各国普遍奉行国家干预的经济政策。它们利用财政资源，通过经济发展计划支持一些较为落后的地区的发展，从而改善当地少数族群的生活。例如，沙特阿拉伯在 1979 年末发生什叶派骚动以后，什叶派首度被允许庆祝阿舒拉节，政府也对什叶派集中的东方省的经济发展给予了更多关注。在土耳其，政府从 20 世纪 90 年代末开始启动"东南部发展计划"，向库尔德人聚居、经济落后的东南地区投入了更多的资源。

第四是社会领域。这一领域最直接地涉及社会整合，具体包括以下方面。

一是人口交换。土耳其与希腊的人口交换是一个典型案例。希腊曾经是奥斯曼帝国的领土，希、土两国又是邻国，因此有大批居民在对方国家居住。在一战后的希土战争期间，土耳其就开始驱逐希腊裔居民。1923 年 1 月底，两国签署人口交换协议，最终完成交换的人口包括 150 万在土耳其的希腊人和 50 万在希腊的土耳其人。事实上，交换的依据是宗教，而非族群，像被交换的希腊籍土耳其人实际上是祖祖辈辈居住在希腊、后来改宗伊斯兰教的居民。① 阿拉伯国家在 1948 年以后大规模驱逐境内的犹太人到以色列，而以色列则把大批巴勒斯坦

---

① "Population Exchange Between Greece and Turkey," http：//en. wikipedia. org/wiki/ Population_exchange_between_Greece_and_Turkey.

阿拉伯人驱赶到埃及、黎巴嫩和约旦等国。根据联合国巴勒斯坦难民救济和工程处的统计，2010 年在加沙地带、约旦河西岸和阿拉伯国家的巴勒斯坦难民总计 4966664 人。[①]

二是族群同化。例如，在伊朗，政府否认少数族群的存在，认为国内所有居民均信奉伊斯兰教，都属于伊朗国族；伊朗政府只承认国内有信奉基督教、祆教和犹太教等宗教的少数群体。[②] 因此，伊朗政府实行主体宗教同化少数宗教的政策，一方面对大多数非伊斯兰教的少数宗教提倡宽容和忍让，另一方面对本国库尔德人和俾路支人等逊尼派族群及巴哈伊派则实行了压制政策，以巩固伊斯兰教内部什叶派的主体地位。土耳其和伊拉克则对库尔德人实行种种限制。在阿曼政府的鼓励下，当地的俾路支人也逐渐阿拉伯化，并与阿拉伯人通婚。

三是游牧民定居和部落政策。无论是游牧部落还是定居的部落，它们都是各国中央政府努力要控制的对象。二战后，伊朗、阿富汗、沙特阿拉伯等国政府大力推动游牧民定居，加上经济因素的影响，到 1970 年游牧民仅占中东人口的 1%。[③] 在阿富汗，政府于 20 世纪 50 年代末取消了东南部普什图部落的免税、免服兵役的特权。

四是移民。在土耳其，1930 年库尔德人骚乱被镇压之后，政府将卷入骚乱的库尔德人全部迁往西部地区；1934 年，议会

---

① "In Figures as of 30 December 2010," http：//www. unrwa. org/userfiles/20110801239 58. pdf.

② 冀开运：《伊朗民族关系格局的形成》，《民族研究》2008 年第 1 期，第 70、71 页。

③ 彭树智主编《二十世纪中东史》，高等教育出版社，2001，第 291 页。

通过法律，把政府强行迁移库尔德人的做法进一步合法化。从此，大批库尔德人被迁移到土耳其人居住区，但政府同时规定，迁入的库尔德人不得超过当地土耳其人人口的 10%。[①]

五是对少数族群的照顾。如 1948～1958 年，伊拉克任部长级职务以上的统治精英中，逊尼派占 44%，什叶派占 33%，库尔德人占 19%，后两个集团受到了一定照顾，尽管什叶派的比重低于其在总人口中的比重。[②]

六是医疗福利事业。这一领域的投入可以有效地改善少数族群的生活水平。

第五是文教领域。这一领域具体包括以下方面。

一是语言政策。主要措施包括官方语言的民族化、多元化和压制少数族群语言。民族化的典型在北层地区：土耳其进行了以拉丁化为主要内容的文字改革，改革前外来语占到土耳其语词汇量的 57%，改革后下降到 28%[③]，文字改革大大提高了民众的识字率。在阿富汗，政府规定普什图语与波斯语同为官方语言；以色列也规定阿拉伯语为官方语言之一。同时，一些国家的政府对少数族群语言进行压制，如土耳其、伊拉克对库尔德语使用的限制。

二是教育和传媒。二者是影响民众，尤其是青年人思想的

① 马朝琦：《土耳其库尔德问题透析》，硕士学位论文，西北大学，2002，第 7 页。
② Phebe Marr, ed., *The Modern History of Iraq*, Boulder: Westview Press, 1985, p. 282.
③ 张磊：《土耳其语言文字改革与中国维、哈语文字改革的比较》，载周玉忠，王辉主编《语言规划与语言政策：理论与国别研究》，中国社会科学出版社，2004，第 325 页。

重要工具，因而受到各国政府，甚至政党的高度重视。在以色列，教育部长的职位长期以来为宗教政党所控制，后者由此影响教育的发展，并向宗教学校大量拨款。

三是历史研究、考古发掘和博物馆建设。像土耳其官方甚至认为土耳其人自古以来就与安纳托利亚半岛存在联系，而伊朗、埃及、伊拉克和以色列也十分重视对古代史的研究，并将大量的古代符号运用于现实之中。[①]

四是艺术活动。包括诗歌、音乐、戏剧、绘画、雕塑、彩妆游行等。在萨达姆时期的伊拉克，上述形式的各种艺术表现中充斥着复兴党的政治宣传和对萨达姆个人的狂热吹捧。

五是体育活动。它在各国独立后脱离了以往民间娱乐的形式，而更多地成为国家展示其存在和声誉的重要工具，因而被高度政治化。各国政府为此投入了大量经费和精力，以提高本国运动员在国际赛事中的成绩。

社会整合的领域还有其他方面，这里不再展开。

三　中东国家社会整合的类型与问题

我们可以把中东国家社会整合的情况大致划分为以下类型。

第一类是除巴林外的五个海合会成员国和土耳其。这些国

---

① 关于伊拉克的情况，参见 A. Baram, *Culture*, *History and Ideology in the Formation of Ba'thist Iraq*, *1969-89*, New York, 1991, chapters 4-6, 9。

家奉行单一族群的政策，限制或压制少数族群。土耳其的库尔德人因此创立了激进的库尔德工人党，从事激进主义活动。除了沙特阿拉伯的什叶派问题以外，随着 20 世纪 70 年代石油产业的快速发展，海湾五国（沙特、阿联酋、科威特、卡塔尔和阿曼）开始大批从海外输入外籍劳工，后者成为国内私人部门最重要的劳动力来源。但是，海湾国家实行了极为严厉的归化政策，以维护自身人口的民族性和特权地位，从而埋下社会经济不稳定的隐患，未来可能产生严重问题。①

第二类是埃及、约旦和伊朗。三国面对多族群的现实，官方的政策是宽容（针对埃及的科普特人，约旦的巴勒斯坦人，伊朗的基督徒、犹太人和袄教徒）和压制相结合的政策，以巩固主体族群的地位。总体上看，三国的族群状况较为稳定，但伊朗也爆发了库尔德人和俾路支人等少数族群的武装反政府行动。

第三类是以色列。以色列宣称自己是民主国家，同时又希望保持国家的犹太性，它从建国开始就对巴勒斯坦的阿拉伯人展开大规模的驱逐，此后又对国内的阿拉伯人少数族群采取了长期的歧视政策。以色列总体上保持了政治稳定，但巴以冲突的僵局使以色列阿拉伯人的问题持续存在，而犹太人内部也存在着东方犹太人地位低下的问题。②

---

① 有西方学者认为，虽然当前"阿拉伯之春"主要限于非产油国，但未来可能在一些产油国发生。

② 参见李志芬《以色列民族构建研究——意识形态、族群、宗教因素的探讨》，博士学位论文，西北大学，2009。

第四类是黎巴嫩、叙利亚、巴林、伊拉克、阿富汗。这些多族群国家采取了不同政策：黎巴嫩在独立前以国民公约的形式确认了国家的阿拉伯属性，最终以 1932 年人口普查为基础，通过教派分权实现了不稳定的教派共治；叙利亚在复兴党上台后，逐步确立了以少数族群阿拉维派对多数族群逊尼派的统治，而复兴党的意识形态却是代表逊尼派的阿拉伯民族主义；巴林的逊尼派王室通过迅速增长的经济基本维持了国内的社会稳定，同时保持了对多数族群什叶派的歧视；伊拉克在建立共和制以后，在宪法中承认了库尔德人作为国内第二大族群的地位，但拒绝给予其实际的自治权，此后两大族群之间爆发了长达数十年的战争；阿富汗在独立后宣布主体族群普什图人使用的普什图语与塔吉克人使用的波斯语同为官方语言，但普什图人始终是国家的统治者。上述国家先后遭遇了严重的政治危机，包括：内战和中央集权的削弱（黎巴嫩，1975 年）；少数族群利用外国入侵发动武装反抗（阿富汗，1979 年）；非主体族群在外国入侵后控制政权（伊拉克，2003 年）；非主体族群公开的反政府武装斗争（叙利亚，2011 年）；非主体族群的大规模反政府示威（巴林，2011 年）。其中，黎巴嫩和阿富汗的经历可以称为民族国家解构。

第五类是也门。建国较早的北也门居民以什叶派为主，建国较晚的南也门则以逊尼派为主，因此统一后的也门在族群融合方面存在问题，而南北方之间的利益分配分歧、社会经济的落后和南北差异等使情况更加复杂。1994 年，统一仅过了 4 年的也门即爆发内战。此外，也门还存在着突出的部落问题。

第六类是塞浦路斯。主要由希、土两族组成的塞浦路斯在权力分配上存在严重分歧，独立后仅过 3 年即爆发内战，1974年国家正式分裂。这是完全的民族国家解构。

在以上类型中，第一、二、三类的社会整合相对成功，尽管问题不少；第四、五、六类则情况比较严重，尤其是塞浦路斯至今尚未实现国家的重新统一。族群冲突不仅存在于上述国家内部，还因跨境族群的存在而演变为国家间冲突，其中大规模的有阿以冲突、两伊战争、阿富汗与巴基斯坦围绕着"普什图尼斯坦"问题的冲突等。

综上所述，20 世纪以来中东国家的社会整合涉及方方面面，它们有效地扩大了国家的权威和治理能力，国家相对于宗教、教派、部落、社团等的地位大幅度提高，创造了"维持政治共同体所必需的凝聚力"。因此，这种社会整合取得了比较突出的成就。总体上看，中东国家的社会整合表现出以下特征。

第一，除海合会成员国外，各国官方的意识形态均具有鲜明的西方民族主义思想的痕迹（即单一民族国家概念），并由此产生了负面后果。当然，传统观念的影响继续存在，如一些国家少数族群仍享有司法自治地位。

第二，一些国家的政策具有明显的阶段性。在埃及、伊拉克等国家，君主制时期政府的族群政策相对温和，注重社会融合。而到共和制时期，高涨的民族主义和国有化、土地改革运动使少数族群面临更大的限制和打击，从而进一步边缘化。

第三，尽管存在阶段性，但无论是在共和国还是君主国，中东国家的主体族群（有时它甚至在人数上只是少数派，如伊拉克和叙利亚的情况）在宣扬国家"全民性"的同时，其政策却展现出维护和强化自身利益、歧视少数族群或其他族群的特征，这种歧视涉及政治、经济、社会、文化等诸多方面，统治者甚至不惜以武力残酷镇压争取自身权益的少数族群，酿成社会的动荡和后者的独立运动。

第四，跨境族群的广泛存在及其影响。如阿拉伯人主体地位导致的"阿拉伯世界"的形成及其对相关国家社会整合的影响。

第五，与世界其他地区相比，宗教和教派的作用凸显。其原因就在于伊斯兰教强烈的入世性，同时在一些国家，某个教派在大多数国民中的主体地位也有利于社会整合的开展，如沙特阿拉伯的瓦哈比派和伊朗的什叶派。

总而言之，当代中东国家的社会整合具有其特殊性。而从世界角度来看，中东属于社会整合问题较多的地区之一。

四 中东剧变揭示出的社会整合矛盾

中东国家长期普遍存在的社会整合问题在始于 2010 年末的中东剧变中充分暴露出来，在此可做以下初步分析。

首先，无论发生政权更迭与否，族群矛盾在一些阿拉伯国家不同程度地演变为冲突。在巴林和沙特阿拉伯，什叶派走上街头进行了规模不等的抗议活动。在也门，部落积极卷入了总统萨利赫与反对派的斗争；而部落矛盾在利比亚反对卡扎菲的斗争中也暴露无遗。相比之下，叙利亚的族群冲突最为血腥，它表现为以复兴党为一方的阿拉维派、库尔德人、基督徒与逊尼派的持续内战。

其次，围绕着各国的族群冲突，中东地区初步形成了分别以逊尼派和什叶派为中心的两大国际联盟。逊尼派一方包括沙特阿拉伯、卡塔尔、土耳其等国家，它们控制了阿盟，并得到西方世界的支持；什叶派一方包括叙利亚、伊朗、黎巴嫩真主党，它们得到了黎巴嫩、伊拉克等国家的同情和俄罗斯的支持。两大联盟直接干预内部的族群冲突，防止友好政权的解体，如海合会出兵镇压巴林的什叶派示威，阿盟和土耳其对叙利亚内战的干预，伊朗和真主党向叙利亚巴沙尔政权施以援手等。同时，叙利亚的内乱已经影响到了黎巴嫩，充分揭示出中东国家族群冲突的外溢性。当然，两大联盟的对立早在1979年伊朗的伊斯兰革命之后就已露端倪，而剧变更把这种对立推到了前所未有的巅峰。

最后，经历了政权更迭的国家面临着新的族群冲突风险。在这些国家，伊斯兰政党在新的政治舞台上崛起，甚至一度成为执政党，例如埃及的自由与正义党。伊斯兰政党一般具有明显的宗教取向，试图加强伊斯兰教在社会生活中的影响。因此，它们的兴起可能会激化有关国家的族群矛盾，埃及一再上演的穆斯林与基督徒的冲突即为一例。尽管穆斯林兄弟会的穆尔西政府在组建之初曾宣布所有埃及人都拥有平等的地位和权利，但仍无法减少基督徒的担忧，科普特教会的领导层即对军方推翻穆尔西政府的行动给予了支持。

中东剧变中民众的一个重要诉求是建立民主国家，但从目前情况看，这是一项长期任务。即便是建立了民主体制的土耳其和黎巴嫩，也仍然存在着族群问题。而中东剧变中逊尼派和什叶派之间的教派对立向地区层面的扩展，以及西方国家卷入这一对立（尽管其出发点不同），更加暴露出中东社会整合任务的长期性和复杂性。

（原载《西亚非洲》2013年第4期）

试析阿富汗民族国家建构的
阶段和特征

阿富汗的民族国家建构从 11 世纪开始，可以分为五个历史阶段：中古（阿富汗统一国家基础的形成）、近代（阿富汗国家的形成及其早期发展）、现代（阿富汗的独立及民族国家的初步形成）、当代（阿富汗民族国家在曲折中发展）和 1978 年"四月革命"以后（阿富汗民族国家走向解构）。这里面有四个问题值得注意：阿富汗作为欧亚弧形地带多民族国家进行民族国家建构典型之一的意义；第三世界弱小国家的安全保障和中立问题；君主制在第三世界现代化中的作用；阿富汗与伊斯兰世界的密切联系。

当代阿富汗是以普什图人为主体的多民族国家。由于该地区历史上民族迁徙的频繁、政权及疆域的多变，近代普什图国家形成较晚，阿富汗的民族国家建构面临重重障碍。阿富汗的民族国家建构基本上始于 11 世纪，可以分为下列五个历史阶段。

一　中古阶段：阿富汗统一国家基础的形成（11 世纪至 1747 年阿富汗建国）

中古阶段为阿富汗的文化心理、社会体制和民族成份奠定了基础。公元 7~9 世纪，阿拉伯帝国大军经过艰苦血战征服了吐火罗地区，从而使今天的阿富汗在文化上摆脱了佛教、祆教和其他宗教的影响，最终演变成以伊斯兰文化为主的地区，阿拉伯字母也成为当地各民族语言所使用的书写形式。同时，伊斯兰特有的政教合一的社会政治制度、税收制度等也一并传入阿富汗。在民族成份上，在普什图人进入之前，阿富汗的主体民族是塔吉克人。塔吉克人系由大夏人、粟特人、塞种人、突厥人等融合而成的，此过程在 9~10 世纪基本完成。他们以农耕为主，有发达的文化，主要操波斯语。

对近代阿富汗国家有主导影响的是普什图民族的形成和迁徙时期。11~12 世纪大概是普什图人对突厥人和哈萨克人的同化时期。后来由于普什图各部落的散居，及其向印度河流域的扩展，许多当地部落也被同化了。而且，普什图人长期与塔吉克人杂居，彼此也相互同化和融合。在游牧和半游牧经济基础上，普什图人形成了独特的文化和心理素质，以及普什图语言①。后者在与其他语言的接触中丰富了自身，并发展出了独特的文学流派。随着生产力的发展，尤其是人口的增长，普什图部落内部逐渐分离。部分普什图人在苏莱曼山麓定居后，开始向农耕过渡。还有部分普什图人则向苏莱曼山脉以外地区扩展。普什图人逐渐占据了加兹尼高原、白沙瓦谷地和喀布尔地区的个别地方，以及坎大哈、斯瓦特河谷等地区。蒙古人于13世纪的入侵在一些地区导致了人口减少，从而便利了普什图人的扩张。在普什图部落扩展的过程中，其内部的财产分化加剧，一些酋长因跟随统治者四处征战而获得了土地和赏赐，并形成了部落的大联合；同时，普什图人逐渐接受了伊斯兰教，并从塔吉克人处学会了农耕和波斯语。普什图人的扩张实际上是一个民族融合的过程，它奠定了近代阿富汗的民族结构和布局，以及权力的基础。

在政治上，阿富汗不久即摆脱了阿拉伯人的统治，一些总督、军事将领或周边民族（如突厥人和蒙古人）和地方贵族先后在波斯和阿富汗建立了政权。14世纪以后，阿富汗为帖木儿帝国所控制，16世纪以后阿富汗又成为波斯萨法维王朝和印度莫卧儿王朝两大帝国争夺的对象。外族的长期统治使阿富汗各民族滋生了强烈的反侵略意识。独立意识日渐增长的普什图人先后开展了一系列起义并且建立了若干地方政权，如罗沙尼特

---

① 普什图语属印欧语系伊朗语族，使用阿拉伯字母，分南、北两大方言。

运动、胡什哈尔起义、坎大哈的霍塔克斯王朝和阿布达里人的赫拉特国家。[①]

二 近代阶段：阿富汗国家的形成及其早期发展（1747年阿富汗建国至1919年独立）

1747年杜兰尼王朝的建立宣告了近代阿富汗国家的诞生。本阶段可分为前后两个时期，第一个时期是独立发展的时期，第二个时期是英、俄殖民时期，殖民统治对阿富汗产生深远影响。

在独立发展时期，随着阿富汗国家的建立，阿富汗民族国家建构取得了明显进展，有下列主要特点。

1. 建立了松散的君主制度和中央政府。国王既是国家元首，又是中央政府首脑兼武装部队最高司令，只有他才有宣战、媾和及签订条约的权力。宰相是国王的助手，负责管理政府各部门。宰相之下，设有三大行政部门，即财政部、司法部，以及宰相本人的办公机关——王室秘书处。地方上设立了省政府。军队组织严密，势力很大。在对印度和河中地区的早期用兵中，阿富汗军队显示出了明显优势。但是，由于不存在严格的王位

---

① 到18世纪中叶，阿富汗统一国家的建立已具备一定基础：以普什图人为主体的多民族结构有一定的凝聚力、争取独立的意愿和相应的政治军事组织；波斯语成为阿富汗多数民族的共同语言，加上对波斯和印度等文化的吸收，产生了有自身特点的阿富汗文化；长期受外族统治的历史塑造了各民族反侵略的共同心理认知；伊斯兰教逊尼派的哈乃斐学派成为各民族的主要伊斯兰法学派，在宗教法方面提供了共同基础。关于外族统治对普什图国家建立的推动作用，参见孟庆顺《阿富汗国家的诞生——兼论国家产生的第四种形式》，《西亚非洲》1989年第2期，第57~65页。

继承制度，贵族的王位争夺战严重地削弱了国家政治、社会的稳定；尾大不掉的总督也时常发动叛乱；部落的独立性也对中央政府的权威构成挑战。

2. 新国家是由普什图族杜兰尼人统治的多民族伊斯兰国家。值得注意的是，参加首任国王遴选的不但有普什图族主要部落集团的首领，而且有哈扎拉族、俾路支族等其他民族的首领①。非普什图民族在国家经济和政治生活中发挥了重要作用。当然，国家的基础还是普什图人。同时，中央政府和省政府通过组织征战和税收来约束部落。此外，穆斯林在社会中享有优越地位，非穆斯林要服从穆斯林的统治。

3. 新国家的组织方式是传统伊斯兰政治与部落体制的结合。国家的意识形态是伊斯兰教，因此实行政教合一的统治。国王也是最高宗教首领，有权制定有关土地、税收、行政管理和刑罚的法律；但乌里玛具有实际的宗教权威，即对经训的解释权，同时垄断了司法、教育等重要领域。乌里玛和苏非派首领因其在宗教事务上的垄断权而享有独立的合法性基础。从教派方面看，逊尼派占统治地位，这与普什图人的优势互为表里，因为后者属于逊尼派，而什叶派主要是地位低下的哈扎拉人（蒙古人后裔）。

4. 领土的逐步确定。建国之初，阿富汗对外扩张，尤其是对印度频繁用兵，占领大片领土，其疆域濒临印度洋，成为殖

---

① 参见 Mir Gholam Mohammad Ghobar, *Afghanistan Dar Masir-i Tarikh* (*Afghanistan in the Course of History*), Kabul, 1967, p. 355。转引自彭树智主编《阿富汗史》，陕西旅游出版社，1993，第125页。

民时代之前亚洲的最后一个帝国。然而，国家内在的脆弱性导致了开国君主阿赫马德（1747~1772 年在位）去世后领土的迅速萎缩，阿富汗重新成为内陆国。

第二个时期，也是阿卜杜·拉赫曼（1880~1901 年在位）及其子哈比布拉（1901~1919 年在位）在位时期，尽管外交为英国所掌控，但阿富汗在民族国家建构方面经历了重大变化。

1. 国家集权大大加强。拉赫曼把所有王子都留在首都，让他们参与政务，防止其争权。拉赫曼去世后，太子哈比布拉顺利继位，成为第一位和平继位的国王。拉赫曼去世时还保留并新设了许多政府部门；将征兵方式由强迫募兵制改为征兵制，为军队配备新式武器，建立军官学校，并扩大军队规模；实行严刑峻法，建立严密的情报网；严厉镇压叛乱部落，并将其强制迁移；设立由酋长、宗教人士和宫廷成员组成的议事会，以监控重要的酋长；将部分普什图人迁移到北方，以加强对北方的控制，任命非普什图人担任要职；等等。上述改革措施大大加强了中央集权。

2. 推动伊斯兰化的进程，进一步整合部落社会和宗教力量。[①] 拉赫曼自封为信士们的教长、伊斯兰教的国王，下令将宗教基金收归国有，设立专门委员会审查毛拉的资格，将乌里玛列入公务员，由国家发放薪水；他还推动沙里亚在大城市以外地区的运用，规定教法为唯一的司法基础，赋予自己以裁决争议案件和任命法官的权力，并在首都设立了一所培养毛拉的

---

① 参见东方晓《阿卜杜·拉赫曼、伊斯兰教与阿富汗国家的形成》，《西亚非洲》2006 年第 7 期，第 33~39 页。

王室宗教学院。不过，在哈比布拉统治时期，随着民族主义的兴起，传统的意识形态开始面临变革。

3. 领土的初步确定。随着英、俄的进逼，两大帝国不断地蚕食阿富汗的领土，最终夺取了阿富汗在阿姆河以北和白沙瓦地区的大片领土，并通过协商最终划定了阿富汗的北部、东部和东南部边界，阿富汗现代国际边界的框架由此形成。丧失白沙瓦地区的领土对阿富汗产生了严重影响，因为有一半普什图人从此被划入英属印度的版图，阿富汗国家的民族性遭受严峻考验。阿富汗由此卷入与印度（和第二次世界大战后继承印度西北地区的巴基斯坦）的无休止冲突。

显然，在拉赫曼时期，近代阿富汗国家才真正形成，但它仍然是一个传统的伊斯兰国家，不过其向现代化的转变已经开始。拉赫曼之子哈比布拉执政后，民族主义思潮兴起，阿富汗统治阶层内部出现了主张现代化改革的青年阿富汗派，它推动哈比布拉进行了一些初步的改革，包括科技、教育等方面。

三 现代阶段：阿富汗独立及民族国家初步形成（1919 年独立至 1947 年哈希姆政府倒台）

（一）国家获得完全独立，得到国际承认，领土最终确立

1919 年阿马努拉继位后，首先争取到苏俄的承认，并进行

第三次抗英战争，最终使国家获得独立。此后，阿富汗与许多欧洲和亚非国家建交，并于 1934 年加入国际联盟。同时，阿富汗与英国和苏联分别进行谈判，就与英印和苏联的边界最终达成协议，现代阿富汗的领土最终确立。阿富汗随后与苏联签订了互不侵犯条约。

（二）民族国家初步形成，国家意识形态的基础从传统的伊斯兰教转变为民族主义

阿马努拉与青年阿富汗派合作，致力于建立现代民族国家，以民族主义作为思想基础全面推进现代化改革。他的改革涉及面广，包括将国王与王室成员分享权力的传统政体改为三权分立的政体和大臣内阁制，建立两院制议会，颁布宪法，设立省、市议事会，颁布世俗的刑法、民法和商法，并设立世俗法院，宪法规定人身自由不受侵犯、法律面前人人平等，取消王族的年金，废除宗教领袖在军队、教育及司法事务中的垄断权，取消部落首领的补助金并限制其特权，争取外国的经济、军事援助，发展现代世俗教育。阿马努拉的改革标志着与传统伊斯兰政治观的决裂，它在理论上否定了穆斯林、普什图人、逊尼派相对于非穆斯林、非普什图人和什叶派的优势地位[①]，否定了宗教对社会事务的广泛干涉，剥夺了乌里玛作为唯一知识阶层和

---

① 1923 年宪法中并未提出阿富汗是一个普什图人国家，各项条文表示的都是"所有公民"，参见阿富汗政府网站，http：//www.afghangovernment.com/constitution 1923.htm。

贵族的特权地位，建立了现代的政府体制和制衡机制，强化了政府对社会的影响。但1929年的叛乱使这一切归于结束，随之而来的是穆沙希班王朝渐进的改革。

（三）推动经济现代化

在经济上，阿富汗政府以货币税代替实物税，废除了包税制，对工业部门实施了一系列税收优惠，以私有土地制代替封建土地制；财政方面，实行了现代预算制、现代政府账目制和双簿记制，发行新货币阿富汗尼；投资兴建公路、铺设电话线、建设现代工厂、电站，成立商业控股公司和专营进出口业务的国营商业公司等。20世纪30年代，私人工商企业有了很大发展，出现了若干涉及工商、金融和农业领域的财团。

（四）推广普什图文化和对前伊斯兰的古代文化研究

阿富汗政府成立了普什图语学校和研究院，推动普什图语的传播。民间也出现了一些普什图语报刊。政府还与法国签订协议，对国内的考古遗迹进行发掘，并致力于兴建博物馆。

（五）现代知识分子阶层初步形成

现代教育和留学教育的初步发展，在国内逐步造就了一个人数不多的现代知识分子阶层。该阶层成为王室现代化改革的重要支持力量，构成青年阿富汗派的核心之一。同时，知识分子也表现出一定的独立性，这尤其反映在阿马努拉退位后与王室的关系上。

显然，两次世界大战之间的阿富汗经历了国家属性的重大变迁。但是，宪法架构仍然保留了一些传统特征（1964 年宪法依然如此），如规定伊斯兰教为国教，国王必须是哈乃斐教法学派信徒，私人身份事务适用属人法（即根据公民的宗教归属由相应的宗教法院处理相关事务），等等。

四　当代阶段：阿富汗民族国家在曲折中发展（1947 年哈希姆政府倒台至 1978 年 4 月政变）

（一）政府主导经济发展，大大加强了国家对经济的控制

阿富汗政府通过接受外国官方援助而掌握了主要的发展资金来源[①]，通过对私人大公司的收购，以及五年计划和税收、金融、外汇、价格、外贸管制等手段，有效地确保了对经济发展方向和进程的控制，限制了私人经济的发展。一方面，阿富汗的基础设施、工矿业的发展加快了；另一方面，阿富汗的经济也表现出种种问题，其仍然属于落后的发展中国家，于 1971年被联合国列为最不发达国家之一。

[①]　一些西方学者认为，像阿富汗这样靠大量外援推动发展的国家也属于"地租型"国家。参见 Barnett R. Rubin, "Political Elites in Afghanistan: Rentier State Building, Rentier State Wrecking," *International Journal of Middle East Studies*, Vol. 24, No. 1, 1992; Hazem Beblavi and Giacomo Lucianieds, eds., *The Rentier State*, London: Croom Helm Ltd., 1987。

（二）以军队为代表的国家暴力机器初步实现现代化

20 世纪 50 年代，大量苏联军援，使装备落后的阿富汗军队有了现代化的坦克、飞机和火炮。凭借不断发展的现代化公路和通信体系，阿富汗在历史上首次具备了相对于传统的部落军队的优势，从而为推进现代化建设奠定了更加坚实的基础。当然，苏联对阿富汗军队的渗透也暗藏着对阿富汗主权的威胁。

（三）阿富汗和巴基斯坦关于普什图尼斯坦争端引发了有关阿富汗国家属性的争议

二战后的印巴分治改变了南亚的政治格局。1963 年以前，阿富汗与巴基斯坦围绕巴基斯坦西北边境普什图部落地区爆发了 3 次激烈冲突，一些激进的阿富汗民族主义者提出了"普什图尼斯坦"的概念，要求合并普什图部落地区，并得到了苏联的支持，这也是阿富汗外交倾向于苏联的重要原因之一。阿富汗在军力和综合国力上无法与巴基斯坦相比，因此是保持现有的阿富汗多民族国家而寻求妥协，还是不顾现实与巴基斯坦长期对抗，成为阿富汗政府面临的重大课题，而 1963 年以后阿富汗政府选择了现实的立场。

（四）行政机关的逐步完善与民主化的进展迟缓

随着经济发展成为阿富汗国家的重要任务，20 世纪 50 年代内阁部门也不断完善，阿富汗现代内阁的发展基本结束。同

时，政府部门仍存在效率低下、腐败严重等固有问题。20 世纪
40 年代后期，政府进行了首场自由主义试验，允许私人办报，
但试验最终以政府的镇压而草草收场。1963 年开始的"宪政"
重现了自由报刊和非正式政党组织，然而政局动荡使王室允诺
的政党合法化成为泡影。

（五）社会结构的变动

在发展经济的同时，阿富汗政府采取了一些促进社会发展
的政策，如游牧民定居、农村发展计划和妇女解放，同时致力
于在军官中吸收非普什图成员。教育发展也大大加快，军队现
代化是另一个促进社会变迁的因素。其结果是，新兴的社会阶
层如知识分子、政府官员、产业工人等不断壮大，而非普什图
成员和小城镇人口在其中的比例迅速增加。但是，传统的城乡、
民族、教派、部落、地区差别继续存在，并成为亲苏的反对派
和伊斯兰主义的社会基础（见表1），亲苏反对派和伊斯兰主义
的崛起对民族国家构成重大挑战，社会矛盾的激化是 20 世纪 60
年代末大规模罢工、罢课的重要原因，民族整合依然面临着重重
困难。美国学者巴尼特·鲁宾指出："阿富汗的社会结构基于亲属
关系或宗教的分野。只有在涉及国家时，居住在国际公认的阿富
汗边界内的各类人群才构成一个单一的'社会'。但是这个民族社
会（national society）存在一个可以确认的种族分化模式。"①

---

① Barnett R. Rubin, "Political Elites in Afghanistan: Rentier State Building, Rentier State Wrecking," *International Journal of Middle East Studies*, Vol. 24, No. 1, 1992, p. 56.

表 1　阿富汗君主制政府及反对派组织的民族、地域和教育构成

单位：%

精英	普什图人	喀布尔人	军校毕业	公立学校毕业	私立、宗教学校毕业	大学毕业	海外大学毕业
君主制政府	56.1	56.0	82.8	9.5	2.7	89.0	105.0
核心成员	75.0	43.8	92.3	0	7.7	87.5	107.1
旗帜派							
中委会	59.0	43.6	48.6	40.0	0	87.5	51.4
政治局	85.7	57.1	85.7	14.3	0	100.0	28.6
人民派							
中委会	80.1	5.6	3.7	92.6	0	83.3	80.0
政治局	75.1	7.7	0	88.9	0	84.6	100.1
伊斯兰组织							
早期领袖	44.8	0	5.8	46.2	42.3	74.6	21.3
伊斯兰促进会	22.7	0	10.0	45.0	45.0	75.0	22.3
伊斯兰党	66.7	0	8.3	66.6	25.0	92.3	8.3

说明："君主制政府"指宪政时期。"军校、公立、私立和宗教学校"均为中等教育。"海外大学毕业"将不同层次的出国留学次数重复计算，因此会超过100%。数字经作者合并。

资料来源：Barnett R. Rubin，"Political Elites in Afghanistan：Rentier State Building，Rentier State Wrecking，" *International Journal of Middle East Studies*，Vol. 24，No.1，1992，p.56。

五　"四月革命"以后：阿富汗民族国家走向解构（1978年4月政变至2001年"9·11"事件）

（一）政府权威逐步削弱乃至瓦解，国家陷入外国占领和全面内战，民族国家走向解构

1978年阿富汗"四月革命"后建立的人民民主党政权建

立在苏联式社会主义的意识形态基础上，该政权施政违背伊斯兰教教义，因而丧失了政治合法性，政府权威受到严重削弱，反对派的叛乱不断发展，拥有现代化装备的阿富汗政府军却不能应付装备原始的反对派，间接导致了苏联入侵，阿富汗再次丧失独立性。苏联撤军后，阿富汗陷入全面内战，国家几乎解体，民族国家走向解构。有西方学者认为，20世纪的阿富汗属于"弱国家"，而从1978年"四月革命"开始阿富汗已成为"失败国家"。[①]

（二）内战是君主时代社会矛盾的总爆发

长期以来一直处于阿富汗社会最底层的什叶派拿起武器，建立了自治政权及八党联盟。同样，北方伊斯兰政党主要代表了非普什图的塔吉克、乌兹别克少数民族，其建立的逊尼派七党联盟将总部设在同样以逊尼派为主体的巴基斯坦。在亲苏势力方面，人民派领导人往往出身于普什图下层（普什图人占其中央委员的80%）。他们所反对的，是由喀布尔的杜拉尼普什图上层组成的王室及支持它的保守的社会集团（宗教人士、部落酋长、资产阶级等）。长期内战形成了各地军阀割据的局面，它们甚至依附于不同的外国势力，使阿富汗的统一更加艰难。

[①] 参见 Tom Lansford, *A Bitter Harvest: US Foreign Policy and Afghanistan*, London: Routledge, 2003, p.31。

（三）阿富汗成为国内外伊斯兰力量反对世俗民族国家体制的焦点

内战除了使原本就十分不稳定的阿富汗民族的各种原生要素凸显，还突出了一种新的政治力量，即伊斯兰主义，后者成为"圣战"组织的主导。它所反对的不仅是"异教徒"苏联占领军和亲苏的人民民主党政权，而且包括原君主制势力。非但如此，阿富汗还吸引了国际伊斯兰力量，许多激进的伊斯兰反对派纷纷进入阿富汗，将其视为反对世俗的"异教徒"的理想战场。因此，"基地"组织在"圣战"结束后便理所当然地将其目标指向了美国及以其为首的西方世界。

（四）阿富汗伊斯兰主义力量内部的更新

在抵抗组织内部，既有主张恢复君主制的力量，也有温和（如伊斯兰促进会）和激进（如伊斯兰党）的伊斯兰主义。尽管后者反对世俗国家，但其仍不得不在现有的国家躯壳内建立政权，采取某种现实主义的政策，从而证明了理想主义的意识形态与实际情况间的必要妥协。然而，20 世纪 90 年代中期一股新的激进伊斯兰势力（即塔利班）迅速崛起。塔利班的意识形态更加保守，它的胜利代表着当代伊斯兰世界第一次出现伊斯兰主义力量之间的权力更迭。塔利班在更大范围内统一了国家，但其极端的意识形态及与"基地"组织的联盟使塔利班难以得到国际社会的认同，也难以建构真正的民族国家。

（五）阿富汗经济全面崩溃和依赖毒品的畸形经济模式的形成

1978年以后，在国际上日益孤立的阿富汗经济上更加依赖苏联。同时，战争对国家的基础设施和工农业基础造成了重大破坏，导致人口和资本大量外逃与恶性通货膨胀，国民经济基本崩溃。另外，战争还催生了一种畸形经济（毒品经济）的繁荣，使阿富汗迅速成为世界鸦片生产的中心，它为内战各方提供了主要的财源，为农民提供了衣食的间接之源。毒品经济的兴盛成为阿富汗民族国家重建的重大障碍。2001年"9·11"事件迫使阿富汗民族国家建构步入新阶段。美国虽然通过阿富汗战争迅速结束了塔利班政权，但新的卡尔扎伊政权在国家重建方面面临重重困难。同时，阿富汗的事例充分说明，第三世界的民族国家建构和现代化是一项艰巨复杂的历史任务，不是短期内能够完成的。

总　结

综上所述，阿富汗的冲突具有广泛和深远影响。从此案例中我们发现四个值得注意的问题。

（一）阿富汗作为欧亚弧形地带多民族国家进行民族国家建构具有典型意义

实际上，与西欧、北欧、南欧的单一民族国家相比，从中欧、东欧开始的漫长的欧亚大陆"动荡的弧形地带"大多数是多民族国家[1]，有的甚至是多宗教、多教派的国家。该地区大多数国家经济落后、政治动荡，像阿富汗一样，许多国家面临民族国家建构的困境，其主要课题是如何有效地加强各民族、各宗教及教派的联系、促进相互融合，在国家整体现代化进程中加速落后民族的发展，实现共同繁荣；在政治上逐渐建立民主制度，打造各民族、各宗教及教派充分参与的局面；对外加强与国际社会的联系，确立睦邻友好与和平外交的方针。第一次世界大战后，东欧和西亚的民族国家纷纷成立。二战后的非殖民化运动，又催生了西亚的阿拉伯国家和南亚的次大陆国家。最后一次民族分离浪潮始于冷战后的东欧和苏联，迄今尚无完全终止的迹象，造成绵延至今的战乱和动荡。在此期间，一些国家和地区虽然并未经历国家解体的过程，但也遭受了长期战乱的煎熬，如巴勒斯坦和黎巴嫩。可见，多民族国家的民族国家建构在欧亚弧形地带具有极其重要的地区和世界意义。

（二）第三世界弱小国家的安全保障和中立问题

国家的独立和主权完整是走向现代化、完成民族国家建构的基本前提，而欧亚弧形地带历来是世界地缘政治的中心舞台，大国争夺激烈，小国往往成为大国争夺的牺牲品。在该地

---

[1] 关于"动荡的弧形地带"有不同说法，一般不包括中欧、东欧和中国，但从现代历史上看应包括中欧、东欧。该地区的民族国家多数是在第一次世界大战后最终形成的。

区，阿富汗一直扮演缓冲国的角色，奉行中立外交政策。但是，阿富汗与周边国家存在着领土、河水争端，出于发展和维护独立的需要，其不得不与大国发展关系，谋求经济、军事援助和过境通道，从而造成依赖大国的局面。在有关大国的野心面前，小国的中立显得软弱无力。从阿富汗的经历看，与周边国家的争端是形成依赖大国局面的重要原因之一。因此，第三世界国家如何正确应对安全困境、处理周边关系和与大国的关系是现代化进程中的一个重要课题。

（三）君主制在第三世界现代化中的作用

中东是世界君主制国家的大本营，君主制为许多政治上分裂或动荡、经济上落后、遭受外国奴役的中东国家提供了一股实现国家独立、政治稳定、经济社会发展的核心力量。但在第二次世界大战后，君主制的合法性开始面临挑战。从国内看，其主要问题有二：一是经济发展的情况；二是改革中的失误与民众对经济发展和现代化改革的态度。中小资产阶级、知识阶层和军官要求加快经济发展、改变分配不公的现象、参与国家政治事务、纠正西方文化泛滥的情况，而大地主、贵族和宗教界等保守势力则要求保留或恢复其传统的特权地位，从而使致力于现代化的君主处于两面受敌的局面。可见，改革发展与稳定、民主与集权成为君主国现代化运动中面临的最大难题。在外交方面，君主国也面临两大悖论，即民族主义与王朝统治的关系和捍卫独立与依赖东西方的矛盾。在二战后的中东，埃及、伊拉克、也门、伊朗和阿富汗未能很好地处理有关矛盾，最终导致其君主制覆灭。[①]

（四）阿富汗与伊斯兰世界的紧密联系

伊斯兰教具有政教合一的特点，因而伊斯兰国家的政治和宗教联系较为密切，容易相互影响。20 世纪 60 年代以来，西亚的伊斯兰主义也对阿富汗产生了重大影响，而始于 70 年代的抗苏战争更成为整个伊斯兰世界的"圣战"，从而使阿富汗与中东、中亚、巴基斯坦的政局联为一体。阿富汗的情况在伊斯兰世界具有普遍性。

（原载《西亚非洲》2008 年第 4 期）

[①] 参见 Michael C. Hudson, *Arab Politics: The Search for Legitimacy*, New Haven：Yale University Press，1979，Chapter 7；黄民兴《试论 20 世纪中东君主制的变迁》，《西亚非洲》1997 年第 6 期，第 26~32 页。

伊拉克民族构建问题的
根源及其影响

在世界进入 21 世纪之时，美国在伊拉克发动了一场举世瞩目的局部战争。同时，有关伊拉克领土分裂、民族宗教问题、反对派、政治独裁的话题也铺天盖地般地出现在各国报刊上，所有这些报道和评论实际上涉及一个共同的问题，即伊拉克的民族构建（或曰国家建设）问题。本文试图从近现代史的角度对这一问题进行初步的分析。①

一　伊拉克民族构建问题的根源

尽管两河流域曾有过极为辉煌的古代文明，但它在上古和中世纪经历了频繁的外族入侵和重大结构性变动（伊斯兰文明

---

① 　参见黄民兴《中东国家通史·伊拉克卷》，商务印书馆，2002。

取代古代文明）。近现代的伊拉克仍然面临着严重的民族构建问题，这一问题长期困扰着伊拉克的政治、经济和社会发展。导致这一状况的原因主要有以下四个方面。

（一）领土形成的晚近

现代伊拉克国家的版图，是在第一次世界大战后才最终形成的，而且带有殖民主义的痕迹。在奥斯曼帝国统治时期，近代的伊拉克主要分为三个省，即巴格达、巴士拉和摩苏尔。伊拉克尤其是巴格达省因为地处帝国东部边境，而拥有较多的军队和较强的独立性。各省帕夏（总督）由中央任命，但由于伊拉克较为偏僻，有时强大的地方贵族也会出任帕夏，甚至建立世袭的家族王朝，尤其在摩苏尔和巴士拉；而在巴格达，势力日增的马穆鲁克最终垄断权力，建立了马穆鲁克王朝。因此，当时伊拉克各地区之间的政治经济联系较为薄弱。

实际上，阿拉伯语中的"伊拉克"一词源于中古波斯语，意为"低地"，最初指中南部的美索不达米亚低地，而不包括北部山区。除了自然地理以外，三大省份在人文地理上也存在重大差别。北部的主要居民大都是信奉伊斯兰教逊尼派的库尔德人，南部主要是信仰什叶派的阿拉伯人，中部则杂居有信奉逊尼派和什叶派的阿拉伯人。从经济文化上看，北部与叙利亚、土耳其联系密切，巴格达和南方什叶派圣城则与波斯及西部的沙漠地区交往频繁，巴士拉与波斯湾地区和印度关系密切。不过，随着时间的流逝，巴格达对其他省份的影响逐渐扩大，并成为该地区的政治、经济和文化中心，而三省间的联系也在加强。

在第一次世界大战期间，英国外交官赛克斯与法国驻贝鲁特总领事皮科经协商，签署了《赛克斯－皮科协定》。其中关于伊拉克部分规定如下：巴格达和巴士拉两省由英国直接统治，摩苏尔为法国的势力范围。之后，英国出兵占领巴士拉和巴格达，并于一战后将两省转变为自己的委任统治地。由于1920年伊拉克爆发了反英起义，英国被迫于次年成立伊拉克王国，赋予其以形式上的独立，并邀请汉志谢里夫哈希姆家族的费萨尔担任国王。

在一战中，协约国曾许诺同意西亚的库尔德人建国，但凯末尔领导的土耳其独立战争粉碎了库尔德人的这一幻想。此时，仍在英军占领之下的摩苏尔地区并未划入伊拉克的版图，因而成为伊、土两国激烈争夺的对象。安卡拉坚称摩苏尔是在停战后被占领的，而且不是阿拉伯地区，应当归属土耳其。英国出于对凯末尔的敌视，以及对摩苏尔丰富的石油储量的估计，倾向于将其划入自己控制下的伊拉克。在1921年7月举行的关于费萨尔出任国王的全民投票中，摩苏尔地区支持费萨尔，同时要求保证库尔德人等少数民族的权利，而北部基尔库克和苏莱曼尼亚地区的库尔德人则分别以投反对票和弃权票的方式表示反对。[①] 1923年夏，伊拉克政府宣布在库尔德地区进

---

① 〔英〕S. H. 朗里格：《伊拉克（1900—1950年）》（上册），北京师范大学《伊拉克》翻译小组译，北京人民出版社，1977，第290页。

行立宪会议选举，同时许诺任命库尔德人为官员及使用库尔德语，摩苏尔由此结束了它的地位未定状况。

1924 年 9 月，英国把摩苏尔问题提交国联仲裁。1925 年 1 ~ 3 月，国联派调查团到摩苏尔进行实地考察，调查报告建议将摩苏尔归属伊拉克，但要求承认库尔德语为官方语言，并在行政、司法和教育部门雇用库尔德人，而英伊条约的有效期须延至 25 年。1925 年 12 月，国联行政院决议认可了调查团的建议。从此，摩苏尔完全并入伊拉克，现代伊拉克的版图最终确立。

（二）尖锐的民族矛盾

伊拉克位于阿拉伯世界的边缘，这是其国内民族矛盾尖锐的重要背景。民族矛盾主要体现在阿拉伯人与库尔德人之间。

库尔德人是分布于阿拉伯世界东北边缘的一个人口众多的少数民族，约占到伊拉克总人口的 20%。它也分散在与伊拉克接壤的叙利亚、伊朗和土耳其。在奥斯曼帝国时期，奥斯曼帝国的官方宗教是伊斯兰教，而且居于统治地位的民族是土耳其人，因此与土耳其人同奉逊尼派的库尔德人并未感到被歧视。他们擅长军事，从不纳税，其代价是在各地为摩苏尔帕夏服役。从 17 世纪初开始，著名的巴班家族逐步确立了其在摩苏尔地区的强势地位，在基尔库克等县影响日增，建立了事实上的库尔德地方王朝。[①] 传统上，巴班家族总是在巴格达和波斯两个权力

---

① Stephen H. Longrigg, *Four Centuries of Modern Iraq*, Oxford：Oxford University Press，1925，p. 81.

中心之间摇摆，但 1800 年以后它决定性地倾向于波斯，并借助后者的力量扩大了在北方的地盘。1850 年，土耳其将军伊斯马仪结束了巴班王朝最后一任帕夏的统治，但此后有许多库尔德人进入地方政府为仕，并建立了为素丹服役的骑兵部队。

如前所述，第一次世界大战后，英国最终同意将库尔德人居住的摩苏尔地区并入新生的伊拉克王国。伊拉克由此事实上成为以阿拉伯民族为主体的多民族国家。在这一时期，伊拉克的民族主义运动不断高涨①，其流派众多，围绕着伊拉克国家的定位存在着两种看法，即泛阿拉伯派和伊拉克派。前者为信仰逊尼派的阿拉伯人，谋求阿拉伯世界未来的统一，其中又分为两大派：（1）以国王和执政者为主的温和派，该派主张渐进地争取国家独立和实现现代化，把阿拉伯统一作为将来的任务；（2）由军官、自由职业者、学生、中小商人、手工业者等组成的激进派，它强烈反对殖民统治，主张通过军人干政实现国家完全独立和阿拉伯世界的统一，对外企图联络德、意以对付英、法。伊拉克派得到库尔德人和什叶派的支持，它主张维护伊拉克的独立，反对建立统一的阿拉伯国家。主政的温和派采取了融合库尔德人（和什叶派）的政策，曾任命库族成员担任议长，但这一政策的成效有限。

在两次世界大战之间，泛阿拉伯派与伊拉克派围绕着统一

① 参见黄民兴《1900 至 1941 年伊拉克民族主义的发展》，《西北大学学报》（哲学社会科学版）1996 年第 4 期；《试析伊拉克哈希姆王朝的历史地位》，《中东南亚研究》（西北大学史学丛刊第三辑），三秦出版社，2000。

问题爆发了激烈的冲突。埃及、叙利亚和巴勒斯坦的民族主义者大批来到伊拉克，叙利亚的著名民族主义者胡斯里出任教育总监，他对德国的文化民族主义情有独钟，认为拥有共同语言、历史的阿拉伯人同样应当联合起来、建立统一的民族国家。① 亚辛首相宣称要使伊拉克成为"阿拉伯世界的普鲁士"。伊拉克的民族主义者也以多种形式支持叙巴两国的民族斗争，甚至为起义的巴勒斯坦人募捐购买武器。② 但泛阿拉伯派的激情引起了伊拉克派的担忧，1936 年，以西德基为首的军官发动了阿拉伯国家现代史上第一次军事政变，推翻了亚辛政府。同年 8 月，泛阿拉伯派军官又推翻了西德基政权。1941 年，以"金方阵"和巴勒斯坦民族主义领导人阿明·侯赛尼为首的泛阿拉伯派发动了反对英国和温和派的行动。

1958 年卡塞姆领导的革命成功后，继续奉行伊拉克主义政策，新宪法规定阿拉伯人和库尔德人为伊拉克的两大民族。但是，阿拉伯政府与谋求自治的库尔德人无法达成一致，其结果是政府军开始了对库尔德运动的镇压。1963 年主张泛阿拉伯主义的阿里夫政府及 1968 年力倡阿拉伯统一的阿拉伯复兴社会党相继上台后，库、阿关系均经历了同样的三部曲：妥协—矛盾激化—武装镇压。1970 年，副总统萨达姆·侯赛因与库尔德人签署协议，第一次规定在库尔德地区实行自治、库尔德人在

---

① 参见 Bassam Tibi, *Arab Nationalism: A Critical Enquiry*, New York：St. Martin's Press, 1981。

② Reeva S. Simon, *Iraq Between the Two World Wars: The Creation and Implementation of a Nationalist Ideology*, New York：Columbia University Press, 1986, pp. 68-71。

立法机构中可拥有一定比例的代表和副总统等。此后，库尔德语在库尔德人聚集的地区成为官方语言，政府还发行了使用库尔德语编写的小学课本。1971 年，库尔德人与伊拉克共产党等加入了民族进步阵线。不过，几年后阿拉伯人与库尔德人之间再次发生冲突，此时库尔德人开始得到美国和伊朗的支持，同时中止了与苏联的联系。20 世纪 70 年代后期，伊拉克形成了库尔德民主党和库尔德爱国联盟两大反政府组织。

埃及学者萨阿德·埃丁·易卜拉欣指出："阿拉伯民族主义者把非阿拉伯人排除在具有充分资格参与政治体制的人群之外。"① 此说确有一定道理。当然，与完全不承认库尔德族的土耳其相比，伊拉克对库尔德人的政策要更加开明。另外，伊拉克的民族问题不限于此，像土库曼人、亚述人、阿拉伯人之间也存在矛盾。例如，在 1933 年的亚述人事件中，信仰基督教的亚述人遭到伊拉克军队的镇压，超过 300 人被杀。②

（三）复杂的教派矛盾

伊拉克的教派矛盾主要是逊尼派与什叶派之间的矛盾。什叶派占伊拉克穆斯林人口的 60%，其主体为阿拉伯人，也包括少数波斯人，他们主要居住在南部。因此，伊拉克也是唯一的

---

① 萨阿德·埃丁·易卜拉欣：《阿拉伯世界中的民族冲突与建国》，载中国社会科学杂志社编《社会转型：多文化多民族社会》，社会科学文献出版社，2000，第309 页。

② Abbas Kelidar, ed., *The Integration of Modern Iraq*, New York：St. Martin's Press, 1979, p. 105.

什叶派居多数的阿拉伯国家。①

什叶派与伊拉克有着极为密切的历史联系，伊拉克可以说是这一教派的发源地。公元 656 年，穆罕默德的女婿、四大哈里发之一的阿里在巴士拉与反对派的军队交战，此为"骆驼之役"。其后，阿里将首都迁到伊拉克城市库法。此时，叙利亚省长摩阿维亚拒绝向阿里效忠并与阿里的军队展开激战，而阿里的一些部下也反对向处于劣势的摩阿维亚妥协，他们（即哈瓦立及派）于 661 年在库法附近刺杀了阿里。上述斗争具有深远的影响。阿里一派坚持认为，先知去世后应由阿里及其后代继承哈里发职位，前三任哈里发均属非法。这一派被称为"什叶派"（"什叶"意即"宗派"），它后来发展为宗教派别，主要分布于伊朗和伊拉克。与之相对，"正统"的穆斯林则逐渐形成"逊尼派"。

661 年，摩阿维亚建立倭马亚王朝，定都大马士革。阿里次子侯赛因继续反对朝廷，于 680 年在库法城西北的卡尔巴拉村受到政府军的阻击，不幸殉难。阿里和侯赛因均被什叶派奉为伊玛目，两人的陵墓所在的纳贾夫和卡尔巴拉也成为什叶派的圣地。两城位于伊南方，每年中东各国，尤其是伊朗的什叶派信徒都要到此朝圣。

中古以来，伊拉克曾有个别什叶派王朝（如白益王朝和萨法维王朝）实施统治，对于推动什叶派教义、礼仪的发展起到了重要作用。两大教派的矛盾也在发展中，双方发生过多次严

---

① 有的外国学者认为，由于库尔德人比例较大，伊拉克不能被认为是一个"阿拉伯国家"。

重的流血冲突。972 年，巴格达的逊尼派与什叶派发生大规模冲突，据说有 1.7 万人死亡，300 座商店和 22 座清真寺被付之一炬。[①] 16 世纪奥斯曼帝国的征服具有决定性的影响，它使伊拉克永久地脱离了什叶派国家波斯萨法维王朝的版图（在此前的萨珊王朝、白益王朝、塞尔柱帝国和伊尔汗国时期，伊拉克一直与波斯处于同一政权的控制下），从而使逊尼派最终在当地占有政治经济上的优势地位。

什叶派一向遭到逊尼派的歧视，而后者在阿拉伯世界占绝大多数。所以，逊尼派支持泛阿拉伯主义，而什叶派则与库尔德人一样，坚决反对，因为一个统一的阿拉伯国家的建立将进一步降低伊拉克什叶派的地位。由于宗教上的特点和社会发展的落后，什叶派比逊尼派更趋保守，宗教情绪更为浓厚，表现在其对伊拉克共产党和政府世俗化政策的反对上。

1920 年，伊拉克的什叶派曾与逊尼派联手起义，反对英国的殖民统治。这是伊拉克现代史上两大教派唯一一次重大的联合政治行动。[②] 此后，什叶派部落多次参加反政府叛乱。二战后，什叶派与政府的关系相对稳定，政府采取了若干措施发展南方（及北方）的经济文化。

在卡塞姆时期，什叶派上层人士开始反对支持政府的伊拉克共产党和政府的国有化政策。1968 年后，复兴党激进的世俗

---

① Joel L. Kraemer, *Humanism in the Renaissance of Islam: The Cultural Revival during the Buyid Age*, Leiden:, E. J. Brill, 1986, p. 51.

② 关于现代伊拉克什叶派的状况和政治活动，参见 Joyce N. Wiley, *The Islamic Movement of Iraqi Shi'as*, London: Lynne Rienner Pub., 1992。

化政策加剧了其与什叶派的矛盾，政府对圣城纳贾夫和卡尔巴拉的宗教势力进行了压制。此后，出现了反政府的"伊斯兰号召党"。1974年，政府秘密逮捕和审判了数十名什叶派首领，据说处死了其中5人。1977年阿舒拉节（什叶派宗教节日）期间发生了什叶派骚乱，政府军经过几天才将其镇压下去。1979年伊朗的伊斯兰革命进一步刺激了伊拉克什叶派的反政府情绪，当年在南方大城市和巴格达的什叶派郊区爆发了大规模骚乱，次年政府处死了宗教首领萨德尔。

在两伊战争中，什叶派正式展开反政府的武装斗争，一些组织在南方沼泽中打游击。据估计，到1984年至少已有什叶派伊斯兰组织的600名成员被处死。1982年秋，什叶派宗教首领穆罕默德·巴基尔·哈基姆在德黑兰成立了伊斯兰革命高级委员会，这实际上是流亡什叶派政府的雏形。复兴党政府逮捕了该家族约80名成员，于1983年5月处死了其中6人（均为宗教领袖）。1987年6月，政府军向南方沼泽地大举讨伐。

显然，无论是库尔德人还是什叶派，其与逊尼派的矛盾都会影响到伊拉克国家的稳定，而且这些少数民族和教派往往得到外部势力（包括邻国和超级大国）的支持。从地理条件上看，北方的山地和南方的沼泽也有利于当地的反政府组织展开武装斗争。

（四）游牧民的频繁袭扰与部族社会的长期存在

由于地处土壤肥沃、农业发达的平原地区，缺乏可以防守的天然屏障，又位于三大洲交通要道，控制着令人垂涎的东西方商路，伊拉克在历史上遭受过无数次的入侵。事实上，该国绝大多数的中古王朝都是由征服者建立起来的，其中有波斯人、阿拉伯人、蒙古人、土库曼人和奥斯曼土耳其人等。连年战乱对社会经济的发展造成了严重影响，像奥斯曼帝国在征服伊拉克以后，为确保对该地区的控制与波斯进行了长达一个世纪的拉锯式争夺。可以说，伊拉克的历史是农耕文明与游牧文明冲突的典型例证。

9 世纪阿拔斯王朝的衰落导致游牧民族频频侵入，此后部落组织日趋兴盛。来自波斯、中亚和蒙古的入侵者对伊拉克造成了严重的影响，一些地区水利失修，运河淤积，洪泛更为频繁，造成南方沼泽面积的进一步扩大，为瘟疫的频发埋下了隐患。由于兵荒马乱和重税盘剥，农民或者进入城市，或者弃农从牧。同时，长期以来来自阿拉伯半岛的游牧部落不断迁入伊拉克。其结果是定居地区的逐渐缩小、大量土地抛荒和盐碱化，以及游牧半游牧地区的扩大。18 世纪该地的耕地只有 10 世纪的几分之一，而在 1800 年，定居人口仅占 60%。

16 世纪中东的定居地区实际上如同孤岛般地分布于大城市附近及大河河岸，集中于巴士拉、迪亚拉和北方地区，而只有拥有稳定而丰富降水的北方保持了定居地区的相对稳定，这些定居地区是地方政府真正实施统治的地域。与之相对，伊拉克大部分地区则为部落所控制。17 ~ 19 世纪，一些来自阿拉伯半岛的大游牧部落联盟陆续迁入，其中有阿尼扎人、沙马尔人、孟塔菲克人等。① 迁移的原因是奥斯曼帝国与波斯的长期战争、政府控制力的衰落和瓦哈比派的入侵，这些部落因此要寻求新牧场及捍卫和扩大自身利益，从而导致伊拉克部落分布状况的改变和社会动荡。

伊拉克部落一般分为以畜驼为主的北方游牧部落和兼事农牧业的南方半定居部落。前者拥有高度流动的、强大的军事力量；后者往往凭借武力控制邻近的定居地区，向农民征税。一些部落联盟甚至拥有自己的城市。另外，部落也向过往的商队和商船征收过路费和保护费。

部落与各省政府的关系是复杂的。一方面，酋长们谋求帕夏或阿加（高级官员）的恩宠，以得到采邑、官职、免税权及征收过路费的特权，或出任部落联盟的埃米尔（首脑）。同时，他们有义务向政府提供部落军队（粮草由政府负责）、缴税，帮忙维修本地区的水利设施和维护道路安全。有时，个别贵族通过讨好帕夏而获得酋长职务。另一方面，部落又畏惧政府的控制和盘剥，酋长们一般不住在省会，他们时常联合其他部落举兵反叛，或谋求波斯出兵援助。浩瀚的沙漠、广阔的沼泽和曲折的河汊成为躲避政府军清剿的理想场所。就政府而言，它一方面将部落作为对所在地区的控制工具和军事资源，另一方面则通过任命酋长、授予采邑官职、在省会容留酋长的人质、军事讨伐、离间各部落或同一部落酋长家族成员间的关系等对

---

① Tom Nieuwenhuis, *Politics and Society in Early Modern Iraq*, The Hague: Martinus Nijhoff, 1982, pp. 122-138.

部落进行控制，或维持部落间势力的平衡。一般而言，政府可以一时压制某个叛乱的酋长，但不可能长期而有效地控制该部落，清剿并不能完全奏效。总的来看，20 世纪之前，部落一直享有很大的自治权，在伊拉克社会、政治、经济生活中发挥着举足轻重的作用。

由于 19 世纪中叶奥斯曼帝国恢复了对伊拉克的直接控制，并实施了将部落公有土地转为私有土地、促使部落酋长进城居住（奥斯曼化）的政策，定居农业开始扩大，人口增长也加速了。1867 年，伊拉克人口为 128 万（英国领事馆的估计），到 1890 年达 172.6 万（奥斯曼帝国的人口调查数），1905 年达 225 万（英国估计数）。同时，人口的职业结构发生重大变化。1867 年，游牧民占人口的 35%，农民占 41%，市民占 24%；1890 年，上述比重分别为 25%、50% 和 25%；1905 年为 17%、59% 和 24%。[①] 显然游牧民大批定居了，但城市人口的比例没有变化。而且，受游牧部落的影响，定居农村和城市中也不同程度地保留着部落关系及其价值观念。

二　伊拉克民族构建问题的影响

伊拉克民族构建问题的影响是广泛而深远的。下面仅举几点主要的表现。

---

① Charles Issawi, ed., *The Economic History of the Middle East, 1800-1914*, Chicago: The University of Chicago Press, 1966, pp.154-160.

（一）经济规模的小型化

小型家庭企业流行，因为企业的资本、人员均来自家族内部，难以形成大规模的社会化企业。1962 年，制造业的大企业（雇工为 10 人及 10 人以上）为 1186 家，占企业总数的 5.5%；雇工共 77690 人，占雇工总数的 64.3%；小企业（雇工低于 10 人）为 20191 家，占企业总数的 94.5%，雇工共 43136 人（其中 24113 人为不拿工资的家庭成员），占雇工总数的 35.7%。到 1981 年，大企业增至 1449 家，占企业总数的 4.6%；雇工共 17.7 万人，占雇工总数的 73.3%。小企业为 30013 家，占企业总数的 95.4%；雇工共 64.4 万人（其中家庭成员为 35539 人），占雇工总数的 26.7%。而且同期小企业的平均雇佣人数不变，均为 2.1 人。[①] 以上数字充分说明了伊拉克工业结构的二元性，即少数资本密集的大型国有企业和大批小型家庭作坊式企业的长期并存。

（二）社会经济发展落后

经济发展的落后前文已述及，它本身可以被视为民族构建问题的表现之一，其后果之一是血缘关系社会的长期存在及阶级关系的不发达。[②] 在农业方面表现为私有土地的不发达。近

---

① Phebe Marr, ed., *The Modern History of Iraq*, Boulder: Westview Press, 1985, p. 257.

② 关于伊拉克的阶级问题，详见 Hanna Batatu, *The Old Social Classes and Revolutionary Movements of Iraq: A Study of Iraq's Old Landed and Commercial Classes and of Its Communists, Ba'thists, and Free Officers*, Princeton: Princeton University Press, 1978, Chapters 5-10。

代伊拉克的所有土地名义上均属于素丹，但实际上分为米利（国有地）、采邑、穆尔克（私有土地）和瓦克夫（清真寺土地）。米利是主要的土地占有形式，但因有很大一部分分布于部落地区而受到限制。部落内部实行土地公有制，公有地在各氏族间分配。直到1858年的奥斯曼土地法把土地廉价授予酋长、商人和前采邑主等，基于私有土地的地主经济才得到较快发展。[①] 同样，伊拉克的民族资产阶级也形成得较晚。一战前的商业和金融均控制在外国人和本国的犹太人、基督徒手中，直到伊拉克王国建立后穆斯林商人和实业家才开始迅速成长。但在1958年以后，地主和资产阶级均受到国有化的沉重打击，而随着石油收入的迅速增加，真正发展起来的是官僚控制的国有经济。因此，伊拉克的公民社会十分落后。

（三）小党派林立，并深受民族、教派、部落因素的影响

由于严重的民族问题和西方各种意识形态的输入，伊拉克社会四分五裂，缺乏在全国范围内具有凝聚力和影响力的社会组织及政治人物。1920年起义之后，英国人不得不从汉志请来费萨尔出任国王。当时，国内的政治力量除泛阿拉伯派、伊拉克派外，还包括社会改革派（倡导激进的社会经济改革，包括

---

① 参见 Stephen H. Longrigg, *Four Centuries of Modern Iraq*, Oxford: Oxford University Press, 1925, pp. 306-309; Charles Issawi, ed., *The Economic History of the Middle East*, *1800-1914*, Chicago: The University of Chicago Press, 1966, pp. 164-169。

民族资产阶级党派和伊拉克共产党）和阿拉伯复兴社会党（主张阿拉伯统一和激进的社会经济改革）。上述党派人数均不多，而且有强烈的传统色彩，如泛阿拉伯派和复兴党成员主要是信仰逊尼派的阿拉伯人，伊拉克共产党早期主要是什叶派和库尔德人等。1958 年以后，逊尼派在政权领导层中的主导地位甚至超过君主时期。1948～1958 年，在部长级以上的统治精英中，逊尼派占 44%，什叶派占 33%，库尔德人占 19%，其中只有库尔德人的比例接近其在总人口中的比例。而到 1958～1968 年，在同一层次的统治精英中，逊尼派占 54%，什叶派占 30%，库尔德人仅为 11%；在最高层中，逊尼派的比例甚至达到 79%。[①]受部落价值观念影响，裙带主义十分盛行。在萨达姆政权内，来自总统家乡提克里特的人在党政军高层中占有绝对优势，共和国卫队的军官均出自提克里特。

（四）政治斗争激烈而血腥，统治者独裁，缺乏社会公平

在君主制时期，伊拉克当局对 1941 年起义的领导者实施了绞刑，并在战后血腥镇压反对政府对英国屈膝让步的示威群众。同时，由于各政党成员不多，且相互矛盾尖锐，党派斗争也显得相当激烈，二战前爆发过多次政变和大规模部落起义。1958～1968 年，伊拉克先后发生过反对君主制、卡塞姆和泛阿

---

① Phebe Marr, ed., *The Modern History of Iraq*, Boulder: Westview Press, 1985, p. 282.

拉伯主义者的三次流血政变，而政变之后往往伴随着对前统治者，甚至参与政变的同路人（如阿里夫对复兴党和复兴党对民族主义军官）的无情镇压。1968年复兴党上台之后长期保持了对政权的控制，但其内部经历了多次流产政变和重大的清洗，并依靠军队、情报机关、准军事力量和告密制度维持统治。虽然政府在改善库尔德人和什叶派地区的社会经济方面采取了一些措施，但其与逊尼派地区的差距依然明显。在这种形势下，统治者却专注于对外扩张，先后发动了二战后第三世界规模最大的两伊战争和入侵科威特行动。1968年以后，库尔德人和什叶派与政府的矛盾先后转变为公开的武装冲突，尤其是在两伊战争和海湾战争期间。当然，正如萨阿德·埃丁·易卜拉欣所说的："只有在多数人的合法人权和政治权利得到尊重的条件下，才有可能实现对少数人和少数民族集团的合法人权和政治权利的尊重。"[①]

诚然，现代伊拉克国家的形成时间不长。在这一领土疆域内，伊拉克经历了重大的社会变迁，包括经济和城市化的发展、中产阶级的壮大、社会流动的发展、议会制和普选权的确立、民主观念的普及等，原有的一些问题已经得到解决，新的纽带和意识在形成。例如，复兴党并未放弃阿拉伯统一的纲领，但事实上则采取了国家民族主义（伊拉克主义）的政策。

---

① 萨阿德·埃丁·易卜拉欣：《阿拉伯世界中的民族冲突与建国》，载中国社会科学杂志社编《社会转型：多文化多民族社会》，社会科学文献出版社，2000，第320页。

此外像库尔德人已经停止了独立诉求，而要求在伊拉克国家内的全面自治。在两伊战争中，进入伊拉克的伊朗军队也并未得到当地什叶派的支持。但是，长期积淀的传统因素仍然有着不可忽视的强大影响，因此，伊拉克走向现代民族国家的道路依然是曲折的。

（原载《西亚非洲》2003 年第 6 期）

图书在版编目（CIP）数据

裂土重构：中东民族主义与民族国家构建／黄民兴
著 . --北京：社会科学文献出版社，2025. 6. --ISBN
978-7-5228-5042-9

Ⅰ. D815. 4

中国国家版本馆 CIP 数据核字第 2025RH5396 号

裂土重构：中东民族主义与民族国家构建

著 者／黄民兴

出 版 人／冀祥德
责任编辑／李明伟 宋琬莹
责任印制／岳 阳

出 版／社会科学文献出版社·区域国别学分社（010）59367078
地址：北京市北三环中路甲 29 号院华龙大厦 邮编：100029
网址：www. ssap. com. cn
发 行／社会科学文献出版社（010）59367028
印 装／北京联兴盛业印刷股份有限公司

规 格／开 本：787mm×1092mm 1/16
印 张：19. 75 字 数：205 千字
版 次／2025 年 6 月第 1 版 2025 年 6 月第 1 次印刷
书 号／ISBN 978-7-5228-5042-9
定 价／98. 00 元

读者服务电话：4008918866